창의적 사고가
아동의 학습과 발달에 미치는 영향

모래놀이와
스토리텔링

Sandplay
and Storytelling

Barbara A. Turner·Kristín Unnsteinsdóttir 공저
김도연 · 김호정 공역

학지사

 역자 서문

　모래놀이치료의 대가인 Barbara A. Turner 박사는 역자가 학회장으로 있는 한국발달지원학회와 인연이 깊다. 2009년 당시 김태련 학회장님이 중심이 되어 한국발달지원학회 모래놀이치료 전문가들이 Turner 박사의 대표 저서인『모래놀이치료 핸드북(The Handbook of Sandplay Therapy)』을 공동 번역하였고, 이후 Turner 박사는 수차례 한국을 방문하여 모래놀이치료를 전수해 주었다.

　'모래놀이와 스토리텔링'이라는 제목으로 출간되는 이 책은 Unnsteinsdóttir 박사가 학습과 정서, 행동에 어려움을 가진 아동들에게 모래놀이치료를 실시한 사례들을 중심으로 Turner 박사와 함께 작업한 내용으로 구성되어 있다. 특히 전반부에서는 모래놀이가 어떠한 경로를 통해 뇌기능에 영향을 미치게 되는지 다루고 있으며, 후반부에서는 실제 사례를 통해 모래놀이치료가 아동의 사고, 인지기능, 또래관계, 일상의 행동에 어떤 변화를 가져오는지를 잘 이해할 수 있도록 안내하고 있다. 아울러 아동들의 모래놀이치료에서 나타나는 원형과 상징에 대해 자세히 소개하고 있으며, 특히 부제를 '창의적 사고가 아동의 학습과 발달에 미치는 영향'이라고 명명한 저자들은 성인과 달리 아동들이 모래놀이치료 과정에서 표현하는 풍부한 창의적 내용의 스토링텔링이 또 다른 상징의 의미를 지니고 있으며 아동 발달에 중요한 영향을 미치고 있음을 자세히 설명하고 있다.

　무엇보다 돋보이는 점은 실제 사례와 함께 생생한 컬러 사진들을 제시하여 내용을 소개함으로써, 임상 현장에 있는 모래놀이치료 전문가뿐만 아니라 모래놀이치료를 배우는 학생들에게도 훌륭한 지침서가 될 것이라는 점이다. 역자들이 두 명의 저자가 들려주는 이야기에 깊은 감동을 받은 것처럼, 많은 분이 이 책을 통해 모래놀이치료와 교감하고 함께 공감해 주기를 소망해 본다.

　이 책이 출간되는 데 도움을 주신 모든 분께 감사드린다. 이 번역서가 나올
수 있도록 오랫동안 지원해 주시고 기다려 주신 학지사 김진환 사장님과 백소
현 선생님, 편집부 가족들에게 다시 한번 고마움을 전한다.

2022년 10월
역자대표 김도연

서문

　정규 교육 장면에서 아동의 무의식과 내면의 정신을 탐구하는 책은 거의 없었다. 프로이트와 융 모두 심리학을 교육에 적용하는 것에는 관심이 없었다. 다만 프로이트의 일부 저서는 이러한 분야에 중요한 기여를 했으며, 이 외에 Alfred Adler(1978), Bruno Bettelheim(Zelan & Bettelheim, 1982), Rudolf Dreikurs(Dreikurs & Dinkmeyer, 2000), William Glasser(1975) 및 A. S. Neill(1984) 등이 관심을 가지고 연구하였다. 융 심리학과 관련된 최신 저서로는 Frances Wickes의 『어린 시절의 내면 세계(The Inner World of Childhood』(1988)와 Clifford Mayes(2005)의 연구 등이 있다. 그러나 아직 미지의 분야이며, 교육 장면에서 모래놀이치료에 융 심리학을 적용한 이 책의 출판은 매우 기분 좋은 일이다.

　미국 심리치료사인 Barbara Turner와 아이슬란드 학습전문가인 Kristín Unnsteinsdóttir의 공동 작업으로 출판된 이 멋진 책은 4명의 아이들이 겪는 학교생활의 어려움을 이해하고, 풍부한 상상력의 스토리텔링과 모래놀이 활동을 접목하여 탐구하고 있다. 이 책은 다른 교육자와 심리학자들이 미래에도 이 같은 작업을 계속할 수 있는 토대가 된다고 생각한다.

　최근의 교육 상황은 매우 암울하다. 아이들은 하루에 6시간, 일주일에 5일, 1년에 40주 동안 교실에 앉아 있지만 많은 사람은 아이들의 의식적 경험의 표면 아래에서 무슨 일이 일어나고 있는지 궁금해하지 않는다. 많은 아동은 가까운 사람의 죽음, 이혼, 신체적·성적 학대, 따돌림, 정신적·신체적 질병과 같은 외상을 경험하고 있다. 그리고 이들이 학습에 어려움을 겪기 시작하면 교육자들은 재빨리 편리한 진단명(ADHD, 학습장애, 난독증)을 아이에게 붙이고 '치료교육'을 시작하지만, 아이들의 풍부한 내면의 삶을 반영하지 않는 방법들로 접근한다.

이 책은 학교 장면에서 지나치게 합리적인 방법으로 아이들의 욕구에 접근하는 방법에 대한 훌륭한 해독제이다.

이 책에서 여러분은 읽기에 어려움은 있지만 노래하고 춤을 즐기는 9세 소녀 알다의 '난독증'과 'ADHD'가 개선되어 가는 사례를 접할 것이다. 또한 '아름다운 정글과 위험한 동상' '해적 유원지의 비밀'과 같은 제목으로 모래놀이세계를 구성한 8세 필립의 유머러스하고 장난기 넘치는 활동을 함께하면서 '주의력결핍장애'로 진단받은 그가 모래상자에서 성스럽고 안전한 공간(그리스어로 'temenos'라고 명명되는)을 발견하고 자신의 상상력을 유기적 방식으로 활용하여 치유에서의 변형을 보이며, 궁극적으로 증상이 개선되고 지능검사 결과의 상승이 나타나는 것을 목도할 수 있다. 가장 큰 발견 중 하나는 아이들이 무의식을 탐색하면서 지능검사 결과가 향상되었다는 점이다. 나는 아동 내면의 정신역동적 세계와 지능검사 간의 흥미로운 결과를 밝힌 연구는 이 책이 최초라고 생각한다. 교육심리학 분야에서 우리는 오랫동안 지능검사를 아동의 '잠재력' 지표로 사용해 왔다. 그러나 모래놀이와 스토리텔링은 아동의 잠재력에 더 많은 것이 포함되어 있는지를 보여 주며 내면의 깊이를 나타내 준다. 이 책은 모래를 만지고 내적 자기(inner self)의 원형적 상징을 조작하는 신체적 · 정신적 행위가 아동의 뇌에 긍정적인 영향을 미치는 방식을 이해하도록 도와준다. 신경과학과 아동의 두뇌 발달에 대해 더 많이 알게 될수록, 아동이 좌우 반구 기능을 통합하고 뇌의 변연계와 신피질 영역을 통합하는 데에 스토리텔링과 모래놀이와 같은 다감각 다중 인지 활동에 참여하는 것이 대단히 중요하다는 것을 알게 된다. 나는 변형적 학습과 통합 심리학에 큰 기여를 하고 있는 Turner와 Unnsteinsdóttir에게 축하를 전한다. 이 책이 성공하여, 전 세계의 많은 아동이 스토리텔링과 모래놀이를 통해 그들의 삶에 도움을 받을 수 있기를 기대한다.

2011년 10월
Thomas Armstrong, PhD

차례

PART
03

PART
06

PART 01

개관

Barbara Turner

모래놀이로의 길

Kristín Unnsteinsdóttir

개관

Barbara Turner

나는 융 모래놀이치료 전문가 Barbara Turner이다. 모래놀이치료를 통한 놀라운 변화를 알게 된 후, 나는 모래놀이에 관심을 갖게 되었다. 1988년 스위스에서 모래놀이치료의 창시자인 Dora Kalff 밑에서 공부하였다. 그리고 샌프란시스코에 위치한 캘리포니아 통합학습원의 혁신 학습부서(Department of Transformative Learning at the California Institute of Integral Studies)에서 일하면서 개인적, 사회적, 전반적 변화의 도구로서의 모래놀이에 관한 박사논문을 집필하였다. 나는 모래놀이에 심취하여 모래놀이가 어떻게 정신(psyche)을 움직이는지 연구하였으며, 2005년에 완성한 책 『모래놀이치료 핸드북(The Handbook of Sandplay Therapy)』에서 이에 대해 자세히 기술한 바 있다. 물론 모래놀이치료의 고전인 Dora Kalff의 『모래놀이치료: 정신에 대한 심리치료적 접근(Sandplay: A Psychotherapeutic Approach to the Psyche)』(2003), Estelle L. Weinrib의 『자기의 이미지: 모래놀이치료 과정(Images of the Self: The Sandplay Therapy Process)』(2004), H.G. Well의 『플로어 게임: 아버지의 놀이 해석과 치유의 유산(Floor

Games: A Father's Account of Play and Its Legacy of Healing)』(2004)을 참고하였다. 나는 임상 현장에서 20년 넘게 성인 및 아동과 모래놀이치료를 시행해 왔으며, 지금은 모래놀이치료자 양성과 집필에 전념하고 있다.

인터넷과 과학기술 덕에 나는 온라인상에서 모래놀이치료 이론에 대한 강의를 하게 되었고, 이를 통해 2007년에 Kristín Unnsteinsdóttir를 만나는 행운을 얻었다. 그녀와의 연락을 통해 그녀의 융 심리학적 배경지식과 그녀가 동화와 스토리텔링 분야의 전문가라는 것을 알게 되었고, 강의가 끝난 뒤 그녀의 모래놀이 작업을 컨설팅하였다.

나는 Unnsteinsdóttir 박사가 학습 전문가로 활동하고 있는 학교에서 놀랄 만한 연구를 해냈다는 것을 알게 되었다. 그녀는 정서, 행동, 학습 문제를 가진 초등학생 집단을 대상으로 방대한 사전·사후 검사를 실시하여 아동의 정서적 웰빙, 행동 문제, 정보처리, 학습 유형과 지능지수의 변화를 평가하였다. 놀랍게도 사후 검사에서 절반 정도의 아동들이 정서적 웰빙과 행동 문제에서 향상을 나타냈으며 지능지수에서도 상당한 향상을 보였다.

비록 하나의 연구에 불과했지만, 이 임상 연구는 교육 장면에서 모래놀이를 사용하는 것에 대한 큰 의미를 내포한다. Kristín은 교육과 분석심리 영역의 전문가이고, 나는 종교, 상담심리, 혁신 학습(transformative learning) 영역의 전문가이다. 다학제간 연구는 특정 이론의 한계를 넘어서 새로운 정보, 시각, 통찰, 가능성을 높여 주며, 전문가와의 협업은 많은 것을 배우게 해 주고, 새로운 방식으로 사물을 보게 하였다. Kristín 박사와 나는 모래놀이에 대해 관심을 가지는 교육자 및 정신건강 임상가들과 이러한 협업의 결과를 공유하고 있다. 이를 통해 교사, 학교 심리학자, 치료자, 모래놀이 훈련을 받은 심리학자들의 협업을 새로운 수준으로 발전시킬 수 있을 것이라고 생각한다.

모래놀이로의 길

Kristín Unnsteinsdóttir

아동과의 작업에서 모래놀이와 스토리텔링을 사용하게 된 것은 37년 전, 내가 전문가로서 일을 시작한 즈음이었다. 나는 점점 아동 발달에 관심이 집중되었다. 특히 아동의 정서 발달과 아동들이 상상과 창의력을 사용하여 내면 세계에 접근하는 방법에 대해 관심을 갖게 되었다.

나는 공립 도서관의 사서로서 전문가의 삶을 시작했고 곧 학교 사서가 되어서 교육 분야에 관심을 갖게 되었다. 나의 교육학 석사와 박사 학위 둘 다 구전동화에 대한 연구였다. 박사 논문에서는 아동이 만드는 동화에 대해 연구했고, 어떻게 그것이 아동의 교육과 정서 발달에서 기폭제로 작용하는지에 대해 연구하였다. 나의 연구는 분석심리 이론과 구조주의(structuralism)에 기반한다. 학위 수여 후, 나는 분석심리 연구를 지속해 나갔는데, 이때 처음 모래놀이치료를 배우게 되었다. 나는 내가 살던 영국의 작은 마을 근처에 살고 있는 모래놀이치료자를 찾아가 모래놀이 과정을 시작하였다. 논문을 마치고 얼마 지나지 않아 아이슬란드로 돌아갔는데 그때가 2002년이었다.

모래놀이 과정과 연구를 지속하면서 레이캬비크에 돌아와 공립학교의 학습센터장으로서 일을 시작했다. 나는 학습장애, 읽기 유창성, 주의력과/혹은 정서 문제를 가진 학생을 돕기 위해 모래놀이와 스토리텔링을 사용하였고, 모든 문제를 해결하는 데 있어서 아이들이 가진 최고의 도구는 상상력이라는 결론에 이르게 되었다. 나의 역할은 그들이 스스로의 자원과 만나게 도와주는 것이었다. 모래놀이가 읽기 기술에 미치는 긍정적인 영향에 대해 기술한 논문을 읽은 후 나는 학교 환경에서 모래놀이를 체계적으로 적용하는 방법에 대해 이해하게 되었다. 그 논문은 내 생각을 지지해 주었으며 학습센터에서의 적용 가능성을 보여 주어 매우 흥분되었다.

　　나는 정기적으로 방문하는 아동들에게 모래놀이를 실시하기 시작했다. 모래놀이에 전 시간을 다 사용하기도 하고 가끔은 모래놀이와 다른 활동을 병행하기도 하였다. 항상 학교 심리학자와 협업하였으며 모래놀이 사례에 대해 심도 깊은 논의를 주고받았다.

　　나는 연구비를 지원받아 2005~2009년까지 '아동의 학습, 정신건강, 사회 기술의 발달과 자아상에 있어서 모래놀이와 스토리텔링의 영향'이라는 주제로 연구를 수행하였다. 이 책에 제시된 사례들은 이 연구에서 실시된 사례들이다. 현재는 다른 연구비를 받아 자료를 수집 중이다.

　　초기 몇 년간은 학습센터에서 독자적으로 연구하였다. 아이슬란드에서는 융 접근을 사용하는 Dora Kalff의 모래놀이 전문가를 알지 못하였기 때문이다. 몇 년간의 유학으로 인해 휴식이 필요했으며 공부를 위한 재정적 여유도 없었다. 그러다 2007년 너무나 기쁘게도 Barbara Turner를 만나게 되었다. 2010년, 나의 사례들에 대해 논의하면서 학교 장면에서 모래놀이와 스토리텔링을 적용하고 평가하는 데 초점을 두는 책을 쓰게 되었다. Barbara와 일하게 된 것은 무엇보다 값진 경험이었으며 내 연구에 큰 도움이 되었다. 멘토로서 Barbara는 굉장히 경험이 많을 뿐 아니라 지식이 풍부한 모래놀이치료자였으며, 유머감각을 가진 인자하고 개방적인 사람이었다.

모래놀이치료

모래놀이치료

모래놀이치료의 소개

　모래놀이치료는 아동을 대상으로 융 분석을 실시하는 도구로서 개발된 심리치료 방법이다. 모래놀이는 20세기 초반에 영국에서 내과 의사로 활동하던 Margaret Lowenfeld의 작업에서 시작되었다. 폴란드에서 태어나 영국으로 이민을 왔던 Lowenfeld는 끔찍한 전쟁으로 인해 황폐해진 고국 폴란드를 방문하였는데 거기서 트라우마를 겪은 아이들을 만나게 되었다. 이러한 경험을 통해 그녀는 아이들의 생각을 이해하기 위해 아동과 작업하는 방법을 찾기로 하였다.

　Lowenfeld는 사회비평가 H. G. Wells의 『플로어 게임(Floor Games)』(Turner, 2004)이라는 책을 떠올렸다. 이 책에서 Wells는 어린 소년이 보육원 바닥에서 나무 블록과 피규어를 가지고 만든 상상의 세계에 대해 언급한다. Wells는 아이들의 끊임없는 놀이에 대해 위트 있게 묘사했으며, 이것이 얼마나 창의력 발달에 필수적인지에 대해 기술했다. 그는 부모뿐 아니라 삼촌, 이모들에게 아동기에 놀이의 가치에 대해 상담하였다. 또한 상점에서 군인 외에 일반적인 사람 형태의 피규어를 팔지 않는 것과 관련하여 그 필요성에 대해 조언하기도 하였다.

이 책에 영감을 받은 Lowenfeld는 자신의 병원에서 아동들을 대상으로 다양한 피규어를 사용하였다. 그녀는 아이들이 진료실 한쪽 선반에서 피규어를 가져다가 모래상자에서 노는 것을 보게 되었고, 아이들이 자신의 미니어처 세계를 만들 수 있도록 모래상자를 개발하였다. Lowenfeld는 그녀의 방식을 '세계 기법(The World Technique)'이라고 불렀다. Lowenfeld의 접근은 아동에게 모래상자에 미니어처 세계를 만들도록 요구하고 이것에 대해 같이 얘기하는 것이었다.

고국 네덜란드의 전쟁으로 인해 스위스로 이민 온 Dora Kalff는 Carl Jung과 Emma Jung(Carl Jung의 부인)과 가까이 살았다. Emma Jung과의 분석을 마친 Kalff는 연구를 계속 이어 갔는데, Jung은 자신의 손주들이 Kalff의 집에서 돌아올 때면 기분이 좋아 보인다며 Kalff에게 아동과 분석하는 방법을 찾을 것을 제안하였다.

아동의 능력과 발달 수준을 이해하게 되면서 Kalff는 어떤 방식이든지 놀이에 기반하며 비언어적이고 분석적이지 않은 방식이어야 한다는 것을 알게 되었다. Lowenfeld 박사를 만나 세계 기법에 대해 알게 된 Kalff는 런던에서 Lowenfeld와 연구하면서 아동의 세계에서 일어나고 있는 것들이 Jung이 말한 '개성화 과정(individuation process)'이라는 것을 알게 되었다. 그녀는 또한 이러한 인간 발달 과정은 Lowenfeld 방식에서 사용되었던 질문이나 대화 같은 간섭 없이 아동의 작업을 치료자가 지켜봐 줄 때 충족된다는 것을 알게 되었다. Kalff와 Lowenfeld는 그들의 차이점에 대해 논의하였고 두 가지 방식을 별개로 실시하는 것에 대해 합의하였다. Lowenfeld는 자신의 방식을 '세계 기법'이라고 불렀으며, Kalff는 자신의 방식을 '모래놀이(sandplay)'라고 불렀다.

모래놀이는 원래 아동과 사용하기 위해 개발되었지만, 성인들도 이러한 방식에 매료되면서 치료로서 모래놀이를 시작하게 되었다. 모래상자는 72×50×7cm의 크기이다. 절반 정도 모래를 채우며 상자 안쪽은 파란색으로 칠하여 모

래놀이 하는 사람이 호수, 강 등을 만들 수 있게 고안되었다. 모래놀이치료에
서는 모양을 형상화할 수 있는 젖은 모래상자와 마른 모래상자가 필요하다. 인
생의 모든 부분을 상징할 수 있는 피규어들은 선반에 배치한다. 내담자가 필요
한 것을 찾을 수 없을 때 직접 만들 수 있도록 종이, 줄, 막대기, 풀과 같은 재료
가 필요하다. 이러한 치료적 방법을 '모래놀이'라고 부르며, 모래를 담은 상자
는 '모래상자(sand tray)'라고 한다. 우리는 개인이 완성한 작품을 '상자를 만들었
다.' 혹은 '모래놀이를 완성했다.'라고 부른다. 상자를 시리즈로 만드는 심리학
적 작업은 '모래놀이 과정(process)'이라고 한다.

치료자는 내담자가 원하는 무엇이든지 만들도록 내담자를 격려한다. 내담자
가 작업을 하는 동안 치료자는 조용히 관찰하고 내담자가 무엇을 하는지, 무엇

모래상자와 모래놀이 피규어 컬렉션

을 사용하는지 등을 기록한다. 내담자의 작업이 끝나면 치료자와 내담자는 조용히 상자를 함께 관찰한다. 아동 내담자의 경우에는 상자에 대한 제목이나 이야기가 있는지 물어볼 수 있다. 아이들은 무엇인가를 말하기도 하고, 말하지 않을 수도 있다. 치료자는 기록만 하면 된다. 치료자는 내담자가 떠나면 사진을 찍어서 저장하고 피규어를 정리한다.

모래놀이는 표면적으로는 굉장히 단순하다. 장난감을 모래에 모아 놓는 것은 분명히 어렵지 않다. 그러나 모래놀이 작업에서 일어나는 것은 굉장히 강렬한 인상을 남긴다. 안전하게 과정이 진행되려면 치료자는 무슨 일이 일어나는지 이해해야 하며, 무엇이 나타나든 다룰 수 있도록 준비되어 있어야 한다. 그러기 위해서 치료자는 심리학 공부 외에도 심도 깊은 내적 작업의 훈련이 필요하다. 모래놀이 훈련은 국제모래놀이치료협회(International Society for Sandplay Therapy: ISST)에서 할 수 있으며, 미국모래놀이치료자협회(Sandplay Therapists of America: STA) 같은 지회에서도 할 수 있다.

어떻게 모래놀이치료가 이루어지는가

모래놀이치료는 대부분 우뇌에서 작업하게 되는 이미지 기반의 심리치료적 방법이다. 이는 융의 성격이론, 즉 마음이 자연적으로 전체성(wholeness)을 향해 치유하고 성장하고자 한다는 중심이론에 기반한다. 융 이론은 모래놀이에서 어떻게 마음이 기능하고 변화를 나타내는지 이해하는 수단으로 사용된다. 책 전체에 걸쳐서 융의 성격이론에 대해 언급할 것이며 새로운 개념이 나오면 정의하고자 한다. 이해를 쉽게 하기 위해 '융 심리학 용어 사전' 또한 첨부하였다.

융은 마음은 혼란스러운 상태가 아니며 '자기(self)'라고 부르는 중심 배열(central ordering)의 특성을 갖는다고 보았다. 적절한 조건이 주어지면 타고난 자기의 전체성으로의 치유와 성장하려는 본능이 활성화된다. Dora Kalff(2003)는 모래놀이에서 이러한 조건을 '자유롭고 보호된 공간'이라고 보았다. 모래놀이는 내담자에게 제한 없는 가능성을 제시하기 때문에 자유롭다. 상자 자체가 경계와 용기의 역할을 하기 때문에 안전하다. 이와 함께 잘 훈련된 치료자의 존재는 안전한 영역을 만들게 된다. 치료자는 모래놀이에서 가장 중요한 도구이다.

융은 초기 작업을 통해서 두 가지 사고를 발견했다. 하나는 순서가 있는 '정향적 사고(directed thinking)'로, 논리적이고 이성적이다. 이러한 형태의 사고는 연속적이고 이성적이며 좌뇌의 기능이다. 융은 이러한 형태의 사고는 저절로 출현한 것이 아니라 '비정향적 사고(undirected thinking)'라고 부르는 사고의 형태에서 진화된 것이라고 설명한다. 이러한 형태의 비정향적 사고는 비이성적이지만 그것만의 의미를 갖고 있으며 이미지와 상징으로 특징된다. 이를 기반으로 융은 마음의 무의식과 의식 이론을 발전시켰다. 이에 대해서는 후반부에 다루겠다.

Kalff는 내담자가 상자의 양쪽 끝을 보기 위해 고개를 돌릴 필요가 없이 한눈에 볼 수 있도록 상자 크기를 정하였다. 상자 앞에 서서 이성적 힘을 이완시키고 마음이 사고의 비정향적 방식인 우뇌에 접근하도록 한다. 이렇게 인식이 느슨해지고 경계선에 이르면, 내담자는 무의식의 정신 과정에 들어가게 되고 주의를 끄는 피규어를 선택하게 된다. 내담자의 주의를 끄는 피규어들은 내담자의 내적 이미지의 상징 내용을 담고 있다. 이런 방식으로 사고의 새로운 형태를 예시하는 이미지나 상징이 구체적인 형태를 띠게 된다. 사물들을 여러 조합과 배열로 상자에 배치하고 모래로 형태를 만드는 것은 내담자와 치료자 모두에게 보이는 복잡하고 상징적인 구조를 형성한다. 마음은 치료하고 성장하도록 내재되어 있기 때문에 모래놀이에서 드러난 재료들은 내담자의 정신 발달에서 지금 나타나고 있는 것을 보여 준다. 이러한 상징 재료들은 내담자의 성장을 방해하고 성격 발달을 저해하는 심리적 갈등을 드러낼 수도 있다. 또한 이러한 갈등을 해결할 수 있는 방법을 포함하기도 한다. 상징적 재료는 새로운 정신적 자질(psychic qualities)을 드러내서 전체성을 향한 발달을 향상시킨다. 즉, 모래놀이 과정은 성격의 의식적인 측면이 성격발달에 필요한 정신 내용뿐 아니라 갈등,

트라우마, 상실 등을 표현할 수 있게 한다.

　우뇌의 이미지와 열린 가능성이 좌뇌 사고의 정확한 집중보다 앞서기 때문에 모래놀이에서 상징 재료들은 내담자 발달에 있어서의 다음 단계를 명확히 보여 준다. 연속되는 상자를 통해서 내담자의 치료와 발달이 구체화되고 드러나게 된다. 따라서 모래놀이의 과정을 통해서 내담자는 발달에 필요한 단계를 밟게 된다. 이미지들은 완전히 의식적이 될 때까지 계속해서 좌뇌에 영향을 준다. 이에 대해서 다음 장에서 더 자세히 다루겠다.

모래놀이와 뇌 기능:
어떻게 모래놀이가 신경에 영향을 미치는가

모래놀이를 하는 것은 많은 신체 시스템과 연관된다. 여기에는 몸의 움직임, 촉감, 시각 능력, 피규어를 잡고 옮기는 것들이 포함된다. 내담자가 모래를 만지고 피규어를 선택하기 시작하자마자 감정과 기억들이 생겨나기 시작한다. Badenoch(2008)는 모래를 만지는 신체적 감각은 몸과 변연계, 우뇌의 대뇌피질을 연결하는 신경통합을 촉진하게 한다고 보았다. 즉, 모래놀이는 신경배열(neural configuration)을 활성화시키고 움직인다.

뇌의 신체지도(body map)

학자들은 뇌가 자신을 둘러싼 공간과 몸을 연결하는 정신지도를 만들어 체화된 자기(embodied self)로서 자기감(sense of self)을 만든다고 주장한다(Blakeslee & Blakeslee, 2008). 우리는 몬트리올대학교의 Wilder Penfield(1977)가 만든 뇌지도(brain mapping)에 친숙하다. 신경외과의인 Penfield 박사는 약한 전기쇼크

로 간질환자의 발작을 치료하였는데, 우연히 뇌의 특정 영역에 전기쇼크를 주
자 환자가 신체의 특정 부위의 감각과 생생한 기억을 떠올리게 된다는 것을 발
견하였다. 더욱이 그 감각들은 뇌의 특정 부위와 일치하였다. 뇌의 같은 부위를
재자극하면 같은 반응을 일으켰다. Penfield 박사는 체계적으로 인간의 뇌를 부
위별로 자극하고 간호사에게 반응을 받아 적도록 함으로써 지도를 완성하였다.
재밌는 일화로 Barbara의 시어머니가 Penfield 박사의 간호사였다고 한다.

　놀라운 것은 이러한 정신지도가 피부에만 적용되는 것이 아니라 확장되어 주
변 공간도 포함한다는 점이다(Blakeslee & Blakeslee, 2008). UCLA의 신경과학
자 Marco Iacoboni(2008)는 시각과 촉각-수용 영역의 특정 신경들이 뇌의 특
정 영역과 관련되며, 신체를 둘러싼 공간의 지도를 만든다는 것을 설명하였다.
Iacoboni는 이러한 공간을 '잠재적 활동지도(potential actions map)'라고 하였다.
이것은 치료자가 존재하는 곳에서 내담자가 모래, 상징과 상호작용을 맺는 모
래놀이에도 적용된다. 연구 결과들은 마음지도가 확장되어 대상(object)을 포함
하게 된다는 것을 보여 준다. 즉, 모래, 상징과 상호작용을 맺는 행위는 신경학
적으로 내가 누구인지에 대한 내담자의 마음지도에 포함된다는 것을 의미한다.
내담자는 잠재적 활동 주변의 공간에 상징을 드러내는데, 상징들은 신경 성장을
자극하는 에너지 넘치는 자극제를 뿜어내게 된다.

이미지가 뇌에 주는 영향

　우리는 이미지가 정신 기능에 상당한 영향을 준다는 것을 알고 있다. Ralph
Haber(1983)의 초기 연구에서 사람의 이미지 재인 정확성은 95% 정도라는 것이
밝혀졌다. 사실 이미지는 단어보다 훨씬 더 기억하기 쉽다. 이미지는 상상을 포
함해서 여러 차원의 피질 활동을 활성화시키고, 연상을 만들며, 훨씬 정확하게
창의적 사고와 기억을 자극하는 것으로 보인다. 마음지도에 대한 최근 연구들
을 통해 우리는 개별 모래놀이를 실시한 뒤 오랜 시간이 지난 뒤에도 내담자에

게 나타나는 상징적 이미지의 힘에 대해 이해하게 되었다. 내재화된 상징 이미지의 강력한 힘을 인식하게 되면, 모래놀이를 성급하게 해석하거나 이것에 대해 내담자와 논의하는 것이 얼마나 모래놀이의 내용을 의식적으로 평가하도록 만드는지 알게 된다. 의식적인 평가는 상징적 이미지가 내담자의 뇌에 영향을 주는 신경 수정(neural modification)을 방해하게 된다.

상징적 이미지가 내담자의 신경 신체지도(neural body map)에 통합되면서 이를 목격하는 치료자의 에너지도 내담자에게 흡수되고 신경학적으로 전달된다. 모래놀이를 하는 동안 작지만 내담자와 치료자 사이에는 실제 상호 경험이 일어난다. 치료자의 경험, 정신 발달의 특성, 훈련을 통해서 모래놀이치료자는 내담자가 경험하는 변형 과정(transformative process)에서 든든히 배려하는 존재가 되어야 한다. 내담자의 신경 신체지도를 공유하는 데 있어서 치료자의 강인함과 분명함은 내담자가 이미지의 힘을 통해 신경을 재구조화하는 동안 안정적 힘을 제공해 준다. 신경 재배치(neural re-ordering)의 주관적 경험이 불안정감과 공포를 강하게 느끼게 할 수 있다는 것을 기억하는 것이 중요하다.

신경가소성

최근 이미지 도구와 이에 대한 연구들을 통해 정신지도가 유연하고 변화할 수 있다는 것을 알게 되었다(Boleyn-Fitzerald, 2010). 1973년에 폴란드 신경생리학자 Jerzy Konorski(1948)는 '신경가소성(neuroplasticity)'에 대해 언급하면서 뇌가 조건 반응을 통해 어떻게 변화하는지 설명하였다. Norman Doidge(2001)의 최근 연구에서는 정신지도가 굉장히 유연하며 재형성되고 재건될 수 있다는 것을 보여 주었다. 우리는 내담자가 상징을 자신의 신체지도와 통합하는 방법을 직접 눈으로 볼 수는 없지만 분명히 이미지는 강력한 영향력을 갖는다는 것을 알 수 있다. 신경의 가소성은 이러한 우뇌의 이미지가 신경 변화의 강력한 도구라는 것을 증명할 수 있다.

자기감의 신경학적 형성

신경가소성이 우리의 심리적 기능과 우리가 누구인가라는 감각에 어떻게 영향을 미치는지 살펴보자. 그러기 위해 우리는 먼저 어떻게 뇌가 자기감(sense of self)을 갖게 되는지 알아야 한다. 객관적으로 자기라는 것은 정신 체계, 특유의 행동, 인생 경험의 적극적인 기능의 결과이다. 신경학적으로 주관적인 자기감(subjective sense of self)은 어떤 '것'이 아니며 복잡한 신경 과정이다. '주관적'이라는 데 있어서 이론이나 견해의 작은 차이가 있을 수 있지만 여기서 중요한 것은 자기감이라는 것은 알아가는 작업(operation of knowing)이라는 것이다(Damasio, 2010). 알아가는 과정이란 우리의 믿음과 무엇이 진실인지 이해하는 것과 연관된다. 이러한 과정은 우리가 경험을 인식하고 경험에서 영향을 받도록 만든다. 신경과학자 Antonio Damasio(2010)는 객관적 자기감(objective sense of self)을 다음과 같이 표현하였다.

> … 통합된 신경과정(neural processes)의 역동적 결합으로서 생생한 신체의 표상에 집중하여 통합된 정신과정(mental processes)의 역동적 결합으로 드러난다(p. 9).

Damasio(2010)는 '감정'이란 것은 우리의 정신적 인상(mental impression) 혹은 내적 이미지들을 연합하는 것이며, 이것은 종합적으로 주관적 자기감을 만든다고 보았다. 의식적 인식(conscious awareness)을 만드는 것은 이러한 주관적 자기감이고, '마음'이란 이러한 모든 정신 이미지의 조직화된 집합체이다. 지각은 들어오는 정보의 수동적 흡수를 뜻하지 않는다. 이것은 감각을 통해 받아들여진 단절되고 모호한 정보들로부터 적극적으로 만들어지는 것이다. 정보가 들어오면 뇌는 관습적으로 기대하거나 믿고 있는 것들과 입력된 것을 비교하는 연속적인 피드백 과정을 만들어 낸다. 윗뇌가 입력된 것을 이해하게 되면 현재 우리가 경험한 것이 우리가 생각하거나 믿는 것이라는 것을 아랫뇌에 알려 준다. 가끔 우리가 믿는 것이나 기대하는 것이 새로운 입력을 변화시킨다. '현실'은 우리의 기대나 믿음으로부터 많은 부분이 만들어진다. 믿음은 신경 간의 연결에 기반한다. 믿음은 경험에 의해 조직화되어 세상이 어떻게 작동하는지에 대한 우리의 기대에 따라 점화되는 신경 네트워크(neural network)에 통합된다. Blakeslee와 Blakeslee는 다음과 같이 기술하였다.

> 믿음은 뇌에 있는 세포처럼 만질 수 있는 것이다. 왜냐하면 뇌는 믿음이 만들어지고 저장되고 새로운 정보와 함께 업데이트되거나 재응고화(reconsolidated)되는 곳이기 때문이다(2008, loc. 699).

신경과학자이자 캘리포니아대학교 산타바바라의 SAGE 마음공부센터(Center for the Study of Mind)의 책임자 Michael Gazzaniga(1998)는 이러한 믿음은 '해석자(interpreter)'라는 것을 통해 주관적 자기감과 직접적으로 연관된다고 설명한다. 해석자는 우리의 행동을 설명하기 위한 이야기를 발달시키는 뇌의 기능이다. Gazzaniga의 견해에서 해석자란 믿음 체계(belief system)를 생산하고 '나'에 대한 감각을 구성하는 것들을 예측하는 정신 능력이다. 그는 의식을 파이프 오르간에 비유하면서 자기는 어떤 과정이 아니라 드러나는 특성이라고 하였다. 이러한 자기 특성은 오르간 연주자로 비유할 수 있다(Boleyn-Fitzerald, 2010).

비슷한 맥락에서 하버드 심리학자 Steven Pinker(2007)는 의식에 대해 다음과 같이 표현하였다.

> … 의식은 뇌 전반에 걸쳐 일어나는 사건들의 소용돌이로 이루어져 있다. 이러한 사건들은 서로 주목 받으려고 경쟁하며, 어떤 사건이 다른 사건들보다 우위에 있게 되는데, 뇌는 이러한 결과를 합리화하기 위해 하나의 자기가 모든 것을 대표한다고 여기게 된다(p. 3).

이제 우리는 자기감이 수많은 믿음 체계와 현실에 대한 기대감으로 구성되어 있다는 것을 이해하며, 심리적 기능의 구성요소에 대해 더 자세히 알아보고자 한다. 유전적인 신경 손상의 경우는 다르지만, 우리가 누구인지, 우리가 어디에 있는지, 세상에서의 가치, 무의식적으로 다른 사람이 우리에게 어떻게 반응해 줄 것이라고 기대하는지, 삶이 우리를 어떻게 대하는지 등등에 대한 감각은 경험에서 만들어지는 신경 연결에 의해 형성된다. 만약 개인의 초기 경험이 안전하고 양육적이고 존중받았다면, 개인은 자신이 누구인지, 존중받는 존재인지 등에 있어서 자신이 가치 있다고 기대하는 신경 네트워크를 형성할 것이다. 인생을 살아가면서 개인은 신경학적 렌즈를 통해 세상을 보며, 다른 사람들이 이러한 기대에 맞출 것이라는 기대와 추측을 하게 된다. 긍정적이고 지지적인 관계를 갖도록 하는 마음가짐은 나에게 반응해 주는 사람이나 환경에 끌리도록 만든다. 반대로 개인이 방임, 배신, 학대 또는 다른 해로운 경험을 했다면, 개인은 신경학적으로 예측되는 경험을 그대로 모방하는 사람이나 환경에 끌리게 된다. 좋든 나쁘든, 이러한 기대 패턴을 반복함으로써 우리는 그것을 지지하는 신경 네트워크를 강화하게 된다. 그러나 만약 우리가 습관화된 패턴을 강화하지 않는다면, 그리고 새로운 가능성을 만든다면 새로운 신경 통로(neural pathways)가 만들어질 것이다. 뇌의 신경가소성은 실제로 자기와 현실의 지각을 바꿀 수 있다(Boleyn-Fitzerald, 2010). 물론 이것은 정신치료의 영역이고 사실 '학습'이라고 부르는 영역이다. Damasio(2010)는 여러 세대를 걸쳐서 축적된 증거들을 통해 문화적 변화가 실제로 인간의 게놈을 바꾸는 결과를 가져왔다고 설명한다. 오랜 시간에 걸쳐 사고 패턴의 신경 통로를 변화시킴으로써 우리의 DNA에 생리적 변화를 가져오게 된다. 인간의 게놈이 변화되는 데에는 시간이 걸리지만 변화한다는 것은 분명하다.

정신변화의 신경학적 요소

우리의 신경 통로를 변화시키는 데 있어서 중요한 것은 습관화된 패턴에서 벗어나서 완전히 다른 것을 경험하는 것이다. 이것은 굉장히 어려운 일인데, 그 이유는 우리가 옛 패턴을 반복하는 경향이 있기 때문이다. 모래놀이는 새롭고 변화된 현실을 경험할 수 있는 이상적인 조건을 만들어 준다. 융(1981b)은 인간의 정신이 중심으로 정렬하려고 하는 특징이 있으며, 자연적으로 치유하려는 경향을 가지며 심지어 스스로 발달하려고 한다고 설명하였다. 모래놀이는 내담자의 현실에 대한 좌뇌의 통제를 느슨하게 하고 이미지 기반의 우뇌의 신경을 활성화시켜 트라우마, 상처, 상실 등 건강한 정신 기능을 방해하는 신경 패턴을 치료하도록 촉발시킨다. 내담자가 끌리는 피규어나 상징들은 내담자의 정신 발달에 필요한 전—합리적(pre-rational) 신경 패턴을 정확하게 따른다. 상징적 이미지들은 건강하지 못한 습관화된 신경 점화(neural firing)를 우회하여 내담자 치료와 발달의 다음 단계에 진입할 수 있게 한다. 단계적으로 일련의 모래놀이를 실시하게 되면서 잘못되거나 파괴적인 신경 통로는 '자기'로 재배열(re-ordered)된다. 상자에서 상징들은 개별적 그리고 집단적인 기능을 함으로써 의식적 마음에 선행하는 완전히 새로운 신경 경험을 만들어 낸다. 신경 통로가 자기의 조직화 원리에 따라 배열될수록 정신 기능은 더 강해진다.

학자들은 기존에 주장하던 것처럼 반구의 분리가 분명하지 않다는 것을 증명해 왔다. 좌뇌만이 추론이나 언어를 담당하는 것이 아니고, 우뇌만이 정서나 시각적 이미지를 담당하는 것이 아니다. 좌뇌와 우뇌 모두 추론, 언어, 정서, 시각적 이미지, 지각의 여러 영역과 관련된다(Hellige, Laeng, & Michimata, 2010). 그럼에도 뇌는 다른 쪽의 반구로부터 들어오는 신호를 억제하는 기능을 하는 뇌량(corpus callosum)이라는 두꺼운 신경섬유 묶음으로 분리되어 있어 두 반구는 특징적인 방식으로 조작된다. 좌뇌는 이미 알고 있는 것에 주의를 기울이고, 우뇌는 무엇이 일어날지 주목하지 않은 채 광범위한 가능성에 반응한다. 우리는 무언가 중요한 것을 배울 때 좌뇌를 사용한다. 좌뇌는 현실을 일반화하고, 단순화한다. 반대로, 우뇌는 기대와 다른 것을 추구한다. 기대 이상의 새로운 것이 나타나는 매우 창의적인 공간이다. 그러나 새로운 개념을 발전시키는 데 필요한 상상은 양반구의 기능 모두가 필요하다.

신경변화에서의 이미지

텍사스주립대학교의 스포츠 연구가 Ronald Finke(1986)는 정신 이미지를 형성하는 것은 사물을 실제로서 받아들이고자 하는 시각 체계에 있는 신경 메커니즘을 점화(prime)시킨다고 설명한다. 이미지는 변화를 촉발시킨다. 모래놀이에서 정신 이미지는 뇌의 신경 변화에 영향을 주어서 개인이 정보를 실제인 것처럼 받아들이도록 준비시킨다. 이미지는 현실이 어떻게 된다고 기대하거나 예측하는 우리의 방법을 변화시킨다. 시지각의 신경 메커니즘을 통해서 모래놀이의 이미지는 오래된 지각을 바꾸고 새로운 방식으로 지각하도록 활성화시킨다. 이미지들은 우리가 새로운 것을 새로운 방식으로 지각할 수 있도록 준비시킨다.

Haber(1983)의 이미지 회상 연구와 Finke(1986)의 이미지가 가지는 예기적 특성에 관한 연구는 모래놀이의 상징 이미지가 가지는 강력한 영향력을 지지한다. 이미지는 생생하게 상상과 창의적인 신경 활동을 활성화한다. 게다가 앞에서 언급한 바와 같이, 모래놀이에서 사용되는 상징들은 개인의 존재와 통합되고 신경학적으로 계속 영향을 주게 된다. 모래상자를 만들면 새로 형성된 신경 통로가 새롭게 발달하기 시작하고 내담자는 상징을 신체지도에 통합하면서 성장하게 된다. 새로운 신경 통로가 충분히 발달하게 되면 내담자는 자신의 경험과 삶의 반응 방식에서 미약하거나 극적인 변화가 나타난다는 것을 알게 된다. 새로운 정신 재료 혹은 존재 방식은 점차 좌뇌와 연관되면서 내용을 의미 있고 유용한 의식이 되게 한다. 이전에는 우뇌에서 광범위하게 일반화되었던 것이 좌뇌에 의해서 조직화되고 분류되어 양반구의 상호작용에 영향을 주게 된다.

새롭게 발달된 신경 통로는 현실과 현실이라고 알고 있는 세계에서의 존재 방식을 새로운 방식으로 지각하게 만든다. 이제 정신은 새로운 형태의 현실 혹은 자기감을 출발점으로 하여 변화와 발달과정을 감당할 준비를 하게 되며 이러한 과정이 계속된다. 물론 이는 단순화시킨 설명이다. 실제 모래놀이 작업에서 동시에 여러 수준의 정신 변화가 나타나는 것은 흔한 일이다. 사실 상징 이미지가 갖는 상호작용의 복잡성 때문에 모래놀이 과정에서 일어나는 모든 것을 이해하는 것은 불가능하다.

관계의 뇌: 거울신경 네트워크

거울신경의 발견

신경심리학에서 흥미로운 주제 가운데 '거울신경 네트워크(mirrow neuron networks)'가 있다. UCLA의 Marco Iacoboni(2008)는 거울신경을 타인의 마음을 이해하기 위해 필요한 모방 과정의 신경 연합으로 묘사한다. Iacoboni는 거울 신경 네트워크에서 지각, 행동, 인지의 정신 구조들로부터 받아들인 정보들을 통합한다고 설명한다(Iacoboni, 2008).

거울신경은 1990년대 초반 Giacomo Rizzolatti와 동료들인 Fadiga, Gallese, Fogassi(1992a, 1992b)에 의해 발견되었다. 파르마대학교의 Iacoboni는 원숭이의 운동 움직임이 뇌에 주는 영향에 대해 연구하고 있었다(Iacoboni, 2008). 그는 계획, 선택, 행동의 수행과 관련된 전운동 피질(premotor cortex)에 대해 연구하였는데, 어느 날 연구원이 어떤 행동을 하자 원숭이의 뇌에서 실제 몸을 움직일 경우 발화되는 전운동 피질 영역에서 반응이 나타난다는 것을 발견하게 된다. 실제로 연구자들이 무엇을 하였는지, 아이스크림 혹은 땅콩을 먹었는지에 대해서는 분명하지 않으나, 중요한 것은 관찰하는 뇌(observing brain)가 사람이나 동물이 실제 행동을 할 때와 같은 방식으로 발화되었다는 것이다. 즉, 다른 사람의 행동을 지각하면 운동 신경이 발화한다는 것이다.

거울신경은 우뇌와 좌뇌의 전운동 피질에 위치해 있으며, 운동 행동에 중요하다. 거울신경 연결이 활성화되면, 일련의 단순한 행동들을 시뮬레이션하여 다른 사람의 의도를 이해하게 된다(Iacoboni, 2008). 게다가 섬피질(insular cortex)은 거울신경, 변연계와 해부학적으로 연결되어 있어서, 우리가 타인의 감정을 이해하도록 한다. 거울신경은 신체 조절을 하고, 고통의 정도를 평가하며, 타인이 고통스러운 것을 지켜볼 때 주관적 고통을 경험하도록 하는 곳이다. 간단히 설명하자면, 우리는 거울신경을 통한 시뮬레이션을 통해 타인의 정신 상태를 이해하게 된다는 것이다. 우리의 행동과 타인의 행동 관찰 모두를 입력함으로써 우리는 타인과 소통을 가능하게 하는 신경 코드를 만들어 내게 된다.

상호작용과 신경 연결

Boleyn-Fitzerald(2010)는 우리가 상호작용할 때마다 서로의 뇌를 변화시킨다는 것을 발견하였다. 이것은 존재론적 질문을 던진다. '대인관계에서 미러링(mirroring)과 공유된 이해(shared understanding)를 제외한다면 의미가 있을까? 당신을 제외한 나는 누구일까? 당신이 나를 보지 못하고 경험을 공유하지 못한다면 나는 진짜 여기 있는 것일까?' 우리가 사고나 감정에 반응할 때마다 우리의 인지적, 정서적 경험은 동시에 바뀐다. 거울신경은 상호주관성(intersubjectivity)의 생물학적 기반이다. 사실, 우리는 분리되어 있지 않다(Iacoboni, 2008). 두뇌 간의 동시성(synchrony)은 모래놀이에서 중요한 역할을 한다. 모래놀이에서 치료자는 내담자의 모래놀이의 경험을 같이 공유하게 된다. 치료자는 모래상자의 정서적, 신체적, 인지적 영향을 내적으로 고스란히 시뮬레이션해서 문자 그대로 내담자와 합해진다. 치료자는 단순히 모래놀이 과정을 통해 내담자의 신체적, 정서적, 인지적 경험을 보고 적는 것이 아니라 경험하게 된다. 모래놀이 사례 자료를 살펴볼 때도 마찬가지이다. 사진을 통해서 모래상자를 볼 때 내담자의 운동 활동이 없을지라도 내담자의 정신적 의도(psychic intention)에 공명하게 된다. 상징 이미지를 보는 것으로 우리의 신경 발화는 내담자의 신경 발화 패턴에서 나타나는 변화에 반응하게 된다. 내담자의 거울신경 네트워크는 모래놀이 작업이 치료자에 의해 현실로 인식되고 존중된다는 것을 확인한 후 내담자에게 현실이 된다. 이런 방법을 통해 새로 나타난 것들이 자리를 잡게 되어 의식적 인식으로 진화된다.

모래놀이에서 거울신경 네트워크

모래놀이에서 내담자와 치료자는 자유롭고 보호되는 공간에서 상징적 영역을 함께 경험하게 된다. 상징적 내용이 내담자의 의식을 넘어서기 때문에 내담자는 어느 정도의 정신적 스트레스를 경험하게 된다. 이러한 상황의 일부는 투사적 동일시라고 할 수 있는데, 내담자가 무의식적으로 치료자에게 내담자가 담아 내지 못하는 것을 경험하도록 압박하여 내용을 탐색하고 이해하도록 하기도 한다. 모래놀이 과정에서 내담자는 내용이 매우 긍정적인 성격을 가질 때조차도 정신적으로 긴장한다. 치료자의 역할은 내담자가 재료를 자기 현실의 일부분으로 받아들이고 통합시킬 수 있는 잠재적 공간에 다가갈 수 있도록 관계를 통해 평정 상태를 확립하도록 하는 것이다. 내담자와 치료자 간의 우뇌와 우뇌 간의 상호 공유된 경험을 통해서 내담자는 감각을 통해 알 수 없는 것에 대한 모호함과 불편함을 견뎌 내는 안정감을 제공받게 된다. 우뇌는 또한 부정적 정서와 고통을 중재하는 과정을 담당한다. 내담자는 거울신경 네트워크를 통해 치료자도 부정적 재료에 영향을 받고 동시에 이것을 참고 인내하고 있다는 것을 느끼게 되면 감각을 통해서 안전하다고 느끼게 된다.

거울신경 네트워크와 학습

거울신경 네트워크의 또 다른 놀라운 측면은 학습과 언어 발달에 중요한 역할을 한다는 것이다. 신경과학자인 Oztop, Kawato와 Arbib(2001)의 뇌 영상 작업에서 거울신경의 기능은 개별적 신경이 아니라 교차 신경의 미러링 시스템(cross modal neural mirroring)에 의한 것이라는 것을 보여 준다. 동작 이해, 모방, 언어와 같은 상위 수준의 뇌기능은 이러한 거울신경 체계에 의해서 가능하다. 신경과학자 V. S. Ramachandran(2002)은 초기 형태의 언어는 타인의 입술과 혀의 움직임을 미러링하는 것으로부터 나타난다고 추측하였다.

거울신경 네트워크: 손, 학습, 언어형성

전운동 피질의 거울신경

Rizzolatti와 Arbib(1998)는 초기 연구에서 거울신경 체계는 손가락의 미세 운동을 담당하는 운동 통제 신경과 상호 관련되는 전운동 피질에 있다고 하였다. 그들은 거리의 정확성을 가늠케 하는 시각적 입력이 행동을 인식하는 것에서 시작하여 행동 모방으로 나아가는 진화론적 발달로 이끈다고 보았다. Arbib(2002)는 이 이론을 확장하여 진화론 7단계를 발전시켰는데, 그것은 단순 잡기, 잡기를 위한 미러링 체계, 잡기를 위한 단순 모방 체계, 잡기를 위한 복잡한 모방 체계, 손 기반 의사소통 체계, 목소리 기반 의사소통 체계, 언어의 단계이다.

Oztop, Kawato와 Arbib(2006)는 Rizzolatti와 Arbib의 연구를 통해 거울신경이 언어의 신경 체계에 있어서 중요한 전조라고 보았다. 그들은 또한 브로카 영역(언어 산출에 중요한 영역)의 거울신경 체계가 언어의 공유된 의미를 위한 진화론적 기반을 제공한다고 보았다. 신경학자 Frank Wilson(1999)도 손의 제스처가 말에 앞서며 인지적인 손의 사용은 언어와 연관되어 있다는 점에 동의하였다. Wilson은 인간은 공유된 제스처 행동을 통해 언어를 발명했다고 주장했다. 언어학자인 버클리대학교의 George Lakoff(1987)는 문법은 공간적이라고 설명했다. LaKoff는 '이미지 도식(image schema)'이라고 부르는 반복되는 인지 과정의 구조에 대해 설명하였다. Gallese와 Lakoff(2005)는 최근 연구에서 언어능력이 신체에서 비롯된다고 설명하였다. 이들은 거울신경이 언어에서 하는 역할은 개인의 경험을 타인과 공유하는 사회적 맥락으로 이끄는 것이라고 결론 내렸다. 이 개념은 Iacoboni의 체화된 의미(embodied semantics) 개념과 비슷한데, 이는 우리는 거울신경을 통해 보고, 읽고, 듣는 행동과 연관된 신체 영역을 활성화하는 것을 의미한다(Wilson, 1999). 진화론적으로 손은 미세 조작을 위한 기계적 능력을 갖는 데 중요한 역할을 하는데, 손은 뇌의 순환이 재배열되는 것을 돕는다. 신경과학자들은 사고는 신체 및 움직임과 분리할 수 없으며, 지능을 향상시키는 가장 효과적인 기술은 마음과 신체의 통합이라는 결론에 이르며 이를 '체화된 인지(embodied cognition)'라고 명명하였다(Gallese, 2007). Oliver Sacks(1990)는 자기의 진화는 신경 집단의 연결을 강화하는 것에서 가능해진다고 강조하였다. 그는 이런 과정을 '선택'이라고 불렀다. Sacks는 선택은 단순히 감각에 기반하는 것은 아니며, 움직임이 모든 지각적 조직화의 기반이라고 주장했다. 감각과 운동의 조합은 의미의 핵심적 요소이다.

모래놀이에서 손 움직임의 신경학적 의미

분명히 선행연구들은 손이 사고와 행동에 있어 중요한 역할을 한다는 것을 보여 준다. 손은 언어기술과도 밀접하게 연결되어 있다(Wilson, 1999). 이 연구를 기반으로 모래놀이에서 손의 움직임이 사고 과정과 언어기술의 신경학적 기초에 직접적인 영향을 미친다고 가정하는 것은 어렵지 않다. 물론 우리는 모래

를 통한 손 움직임의 심리학적 연관성에 대해 정확히 알지는 못하지만 이 과정
에서 언어, 사고와 관련된 새로운 신경 통로가 발달하고 강화된다는 것은 분명
하다. 우리 연구에 참여한 아동들의 사전 · 사후 평가에서 나타난 향상은 손과
피규어의 조작을 통해 직접적인 영향을 받은 것에서 기인한 것일 것이다.

모래놀이에서 시각 이미지의 신경학적 의미

모래놀이의 시각적 측면은 학습과 변화의 과정에 영향을 준다. 모래상자 그
자체의 디자인은 신경학적 이점을 갖는다. 연구자들은 시각 영역에서 수평선
에만 반응하는 신경과 수직선에만 반응하는 신경이 존재한다는 것을 알아냈다
(Iacoboni, 2008). 시각 해상도는 수직축에 비해 수평축을 따라 더 느리게 감소한
다. 모래놀이는 상자의 수평 영역에서 작업하기 때문에 이미지 내용에 집중할
수 있다.

우리는 앞서 뇌가 어떻게 신체를 지도화하고 주변의 사물과 협력하여 자기의
신경 지도에 통합시키는지 알아보았으며, 모래놀이를 실시한 후 시간이 경과해
도 어떻게 이미지가 유지되는지 알아보았다. 연구들은 정신 이미지는 풍부한
시각적 자산을 갖고 있어서 개인이 사물에 대한 정보를 수용할 수 있도록 준비
시킨다고 설명한다(Finke, 1986). 모래놀이의 상징적 피규어에 내재화된 이미지
는 뇌가 이미지의 질적인 내용을 수용할 수 있도록 해 준다. 이것은 새로운 신
경 성장을 자극하여 개인이 발달을 지속하는 데 필요한 정신적 자질을 포함한
이미지의 내용에 맞추도록 한다.

손과 스토리텔링

손은 스토리텔링에 있어서 중요한 역할을 한다. Wilson(1999)은 손으로 사물
을 갖고 노는 것은 이야기와 인지적으로 평행하다고 설명한다. 손으로 사물을

움직이는 것은 이러한 움직임에 대한 원인과 결과의 표상적 문법을 요구한다. 이것이 인간 언어의 뿌리이다. 손이 하는 모든 것은 시작, 중간, 끝이 있다. 이것이 손이 하는 이야기이다. 무언가 만들려고 노는 것은 이야기를 창작하는 인지와 평행한다. 손 조작을 통해 창조된 이야기들은 행동의 내용을 단어로 전달하는 기본적 인지 구조이다. 그것도 시작−중간−끝(mary-park-picnic)과 같이 매우 기초적이다. 모래놀이에서 손은 모래와 상징적 피규어를 움직이고 배치하고 자리를 바꾸며 피규어 간 의미 있는 관계를 형성한다. 이를 통해 우리가 누구인가에 대한 새로운 이야기를 위한 틀이 생겨나게 된다. 이것은 세상에 대한 그리고 세상 속에서의 우리의 역할에 대한 지각을 드러내는 창조의 행동이다. Wilson(1999)은 손이 자기감을 정의하는 데 있어서 단순하지만 근본적인 역할을 한다는 것을 다음과 같이 묘사하였다.

> 우리 인간은 이성뿐 아니라 비이성에 의해서 존재한다. 우리의 이성은 무의
> 식에 의해 풍부해지고 궁금증으로 인해 활력을 갖게 된다(p. 312).

아동에게 모래놀이에 대해 이야기를 하라고 함으로써 아동은 뇌의 언어중추를 활성화시키면서 창의적 경험을 확대시킬 수 있는 기회를 갖게 된다. 이것은 모래상자를 만드는 경험에 내재되어 있는 이야기에 목소리를 주는 것이다. 내용과 복잡성 모두를 발달시키기 위해서 말하기, 쓰기, 계산 능력은 더 넓고 이미지 기반의 열려 있는 우뇌의 지각이 필요하다는 것을 기억해야 할 것이다. 모래놀이와 스토리텔링의 조합은 창조적 작업과 언어의 배열 기능을 연결하여 한층 더 정렬된 신경 변화를 촉진한다.

창의적 스토리텔링의
가치

창의적 스토리텔링의 가치

　나는 이전부터 아동이 만든 창의적 스토리텔링이 아동의 발달에 있어서 중요한 역할을 할 것이라는 믿음을 갖고 있었다. 앞서 언급하였듯이, 이것은 나의 박사 논문 주제이기도 하다(Unnsteinsdóttir, 2002). 연구를 통해서 나는 2개의 아이슬란드 전래동화를 내러티브와 심리적 단계에 따라 분석하였다. 이야기 안에서 나타나는 내러티브 구조와 정신 과정 구조를 비교하였다. 그 외에도 10세의 아이슬란드 아동들이 만든 11개의 환상 동화에 대해서도 분석하였는데, 동화 중 3개에서 융의 '개성화' 과정의 패턴이 드러났다. 나는 동화와 환상 이야기에서 나타난 이러한 패턴이 아동의 의식과 무의식 간 창조적 상호작용을 불러일으키는 것이라고 주장하였다. 이것은 동시에 사고의 정향적, 비정향적 방식을 자극시키는데, 이것은 창조적인 개인 성격 발달에 필수적이다. 아이들의 이야기를 분석하면서 나는 아이들이 상상 이야기를 만듦으로써 자신의 무의식과의 창조적 상호작용에 관여하게 된다는 것을 발견하였다. 이야기에서 나타나는 상징을 통해 정서적 문제를 드러내고, 개성화 과정을 경험하게 된다.

창의적 스토리텔링과 모래놀이 작업에서의 마음

모래놀이와 창의적 스토리텔링을 통해 아동은 새로운 능력이 발달하고, 자신이 필요한 것을 찾기 위해 사고의 깊은 층에 접근하게 된다. 융(1981b)은 초기 작업에서 인간의 마음은 상식적으로 생각되는 것 이상이라는 것을 발견했다. 프로이트와의 작업에서 융은 무의식에 대해 알게 되었다. 그러나 그는 곧 무의식이 쾌락의 욕구에 의해 주로 추동된다는 프로이트의 주장에 의심을 갖기 시작하였다. 그는 무의식은 고통스러운 기억이 억압된 '개인 무의식'과 '집단 무의식'이라고 부르는 비개인적 무의식으로 구성된다고 주장하였다. 집단 무의식은 인간 경험의 모든 측면을 구성하는 근본적이고 필수적인 '원형(archetype)'으로 구성되어 있다고 보았다.

사고와 창의력의 방식

조현병 환자와의 치료를 통해서 융(1981b)은 무의식에서 작업하는 이미지 가득한 사고의 형태를 보았다. 융은 무의식으로부터 나오는 사고의 형태를 '환상' 혹은 '비정향적 사고'라고 불렀다. 그는 정향적 사고와 환상 사고는 두 개의 분리되고 동등한 방식으로 공존하는 지각이라고 하였는데, 환상 사고는 정신의 원형 층에 더 가깝다고 언급했다. 환상 사고는 부분적으로 의식적이거나 혹은 전반적으로 무의식적이며, 오직 간접적으로 드러날 수 있다. 융은 환상 사고를 통해서 정향적 사고가 "의식의 경계를 넘어 오랜 기간 묻혀 있는 가장 오래된 인간의 마음 층"(1967, p. 29)에 접촉할 수 있다는 것을 관찰했다.

정향적 사고는 언어와 개념의 의식적 사용과 관련되며 외부 현실을 참조한다. 이는 의사소통의 본질이다. 이것은 문화의 도구이며 지적, 과학적 설명과 상식의 언어이다. 융에 따르면, 환상 사고는 반대로 이미지[각각의 이미지 혹은 주제 형식(thematic form)], 정서, 직관을 사용한다. 논리와 물리의 규칙은 환상 사고에는 적용되지 않으며 도덕적 규칙도 적용되지 않는다.

많은 심리학자와 교육자들은 2개의 다른 혹은 반대 양식의 사고를 관찰해 왔다. 사고의 두 가지 양식은 프로이트의 개념에서 일차적(primary) 사고와 이차적(secondary) 사고로 언급되었다(Frazier, 1975). Piaget(1962a)는 사고의 이중 양식을 자폐적(autistic) 사고와 지적(intelligent) 사고라고 불렀다. 이와 비슷하게 라이더대학교의 심리학과 교수이자 임상심리학자인 John R. Suler(1980)는 각 사고의 양식은 절대로 순수한 양식으로는 존재하지 않는 이상적인 것이라고 하였다. 그는 모든 인지 과정들(매일의 사고, 환상과 꿈)은 일차적 그리고 이차적 과정 간 상호작용의 여러 단계와 관련된다고 하였다.

정향적 사고가 상상적으로 사용되었을 때, 학자들이 창의력이라고 부르는 것과 비교될 수 있다(Kris, 1988; Suler, 1980; Martindale, 1989). 창의력을 특정 짓는 것은 비정향적 사고에 대한 개방성에 있다. 메인대학교의 심리학과 교수인 Colin Martindale(1989)은 창의적 과정에 관한 대부분의 이론은 창의력이 정향적, 비정향적 사고 간의 교류와 관련된다고 설명한다. 핀란드 철학자 Matti Bergström(1998) 역시 창의력에 대해 비슷한 결론을 도출하였다. 그는 인간의 뇌는 다른 기원의 재료 간의 관련성을 끌어내는 능력이 있다고 하였다. 하나는 전두엽에 의해 처리되는 환경으로부터의 재료가 있다. 이러한 형식의 정신 과정은 규칙과 추론의 특징을 갖는다. 또 다른 하나는 개인 내부로부터 기원을 갖는 재료들이 있다. 예를 들어, 뇌간에 기반을 두는 재료는 통제되지 않는 충동과 같은 혼돈의 특성을 갖는다. 매우 다른 형태의 정신 활동 간의 관련성은 중뇌에서 창조되며 그 어떤 요인의 파생물이 아닌 새로운 정신적 산물을 만들어 낸다. Bergström(1998)은 이러한 창조적 동화(assimilation)는 놀이, 꿈, 동화나 신화를 읽거나 들을 때 활성화된다는 것을 발견했다.

발달과 학습에서의 놀이

Vygotsky(1978), Piaget(1962a; 1962b), Lewin(1935), Luria(1932), Huizinga (1955) 외 여러 학자들의 초기 연구를 시작으로 아동 발달과 학습에서 놀이의 필요성에 대한 연구와 문헌은 방대하다. 아동 전문가로서 우리는 이것이 사실임을 알고 있다. 놀이는 창의적 상상의 근원이다. 이것은 비정향적 환상 사고로부터 나오며 아동 발달에 필요한 진화적 적응 과제를 충족시켜 준다(Singer, 1999; Stewart, 1992 & Chodorow, 1997).

터프츠대학교의 교수이자 놀이연구자인 David Elkind(2007)는 학습은 스스로 시작하며 즐거운 활동과 관련된다고 하였다. 기본적으로 학습은 놀이와 사랑에 기반한다. 형식적 지시조차도 이러한 특성을 갖고 있어야 성공적으로 사용될 수 있다. 아동은 몸과 감각을 통해 배울 뿐 아니라, 이 두 가지 모두 학습을 위해서 필요하다. 학습은 움직임, 사물 조작, 보기, 듣기 등을 포함해야 한다. Elkind는 더 나아가 문학과 수학에서의 효과적인 교수법이란 이야기, 리듬, 라임, 놀라움과 유머의 요소가 포함되어야 한다고 주장하였다. 학습은 놀이를 포함해야 한다. 비정향적 사고의 환상 놀이는 아동이 그들의 인지적 기술, 내러티브 능력, 사회적 연결 능력을 발달시키는 곳이다. 아동은 이야기꾼으로 태어난다(Paley, 2005). 활동을 향상시키기 위한 성인의 놀이 개입은 특별히 학습 문제를 가진 아동들에게 도움을 줄 수 있다(Singer, 2004).

Roberta Michnik Golinkoff, Kathy Hirsh-Pasek과 Dorothy G. Singer (2006) 교수는 미국의 국가법이 학교 시스템과 아동을 어떻게 가르치는가에 막대한 영향을 미친다고 주장하였다. Bush의 'No Child Left Behind' 프로그램은 교사들이 연령에 적절한 교수를 하지 못하도록 만들었다. 이로 인해 평가와 평가 준비가 가장 관심을 받게 되었다. 세계적 경제 위기에서 우리는 이러한 흐름을 여러 서방과 아시아 국가들에서 보아 왔다. 아동들은 1~2년 앞선 선행 교육을 받고 있다. 아동들은 이전보다 늘 시간이 부족하다. 엄청난 스트레스를 받고 있으며,

강박이 늘어나고 우울과 행동 문제가 증가하고 있다. Golinkoff, Hirsh-Pasek, Singer는 현대 시대는 더 이상 많은 노동력을 필요로 하지 않으며, 비정향적 환상 사고를 사용하며 창조적인 방식으로 데이터를 처리할 수 있는 창의적인 사람을 필요로 하는 시대로 옮겨가고 있다고 설명한다. 그러나 우리의 학교 시스템은 아동에게 반대 방향—어떻게 외우고 기대되는 정답을 산출해 내는지—으로 가르치고 있다. 이것은 크나큰 문제이다.

> 놀이와 계획이 짜여져 있지 않은 시간들은 우리 인생에 있어서 정서적 웰빙의 핵심이다(Golinkoff, Hirsh-Pasek, & Singer, 2006, loc. 199).

정신과 의사이자 국립놀이연구소의 설립자인 Stuart Brown은 다양한 남성 살인자들과 반대로 매우 성공한 사람들의 놀이 행동에 대해 연구를 진행하였다. 그는 수감된 사람들은 심각하게 놀이가 결핍된 과거력을 가지고 있는 반면, 성공하고 창의적인 사람들은 성인기까지 이어지는 풍부한 놀이를 가진 삶을 살아왔다는 것을 발견했다. 인간은 생물학적으로 놀이를 하도록 만들어졌다. 놀이는 뇌를 형성하며, 적응적이고 창의적 사고와 문제 해결, 복잡한 과제를 다루는 데 필수적이다. 놀이를 하지 못한 사람은 창의적 해결을 필요로 하는 상황을 다룰 수 없다. Brown은 "모든 종에 걸쳐서 인간은 가장 큰 놀이를 하는 존재이다. 우리는 놀이를 하도록 만들어졌으며 놀이를 통해 만들어진다. 우리가 놀이를 할 때 우리의 인간성이 가장 순수하게 드러나게 되며, 개성이 가장 진실하게 드러나게 된다."(2009, loc. 75)고 간결하게 표현하였다.

창의성과 개성화

영국의 정신과 의사인 Anthony Storr(1989)는 창조의 과정을 융의 개성화(individuation)와 연관시켰다. 창의성과 개성화 과정을 통해 반대의 성격을 통합시킬 수 있다. 융(1981b)은 개성화 과정의 중심을 '초월적 기능(transcendent function)'이라고 불렀다. 융은 의식적 위치(conscious position)가 우리가 다루려는 과제에 부적절하거나 혹은 자기와 적절히 배열되지 않으면 정신은 균형을 잃는다고 보았다. 정신 균형을 다시 찾으려고 할 때 무의식은 융이 '보상적 산물(compensatory product)'이라고 부르는 것을 만들어 낸다. 보상적 산물은 자아의 불균형적 위치와 정반대에 자리한다.

자아는 이러한 딜레마에 대한 해결책을 절박하게 찾는다. 이것은 자아 위치와 보상적 산물의 부정적 그리고 긍정적 양극을 왔다 갔다 한다. 이것은 의식 위치가 동시에 반대를 인지할 때 중단된다. 정신 압력은 상징이 나오는 무의식으로 내려가게 된다. '상징'은 완전히 새로운 정신 산물(psychic product)로 정신적 교착상태를 넘어서 갈등을 해결해 주는 새로운 정신 재료(psychic material)를 만들어 낸다. 상징은 부분적으로 의식적이고, 부분적으로는 무의식적이다. 이 것은 새로운 정신적 자질이 의식적이 될 때까지 활성화된다. 간단히 말하면, 초월적 기능 혹은 상징 과정은 자연적으로 완전히 새로운 정신 능력의 형성을 가져오는 창조적 행동이다. 우리가 알 수 있듯이, 창의성은 강요될 수 없으며 드러날 수 있도록 허용해야 한다. 미국의 심리학자 Carl Rogers는 다음과 같이 비유적으로 설명했다.

농부는 씨앗으로부터 싹이 트게 할 수는 없다. 농부는 씨앗이 그것의 잠재력을 발달시킬 수 있도록 양분이 있는 조건을 제공할 수 있다(1977, pp. 356-357).

상상적 스토리텔링 과정

상상적 스토리텔링(imaginative storytelling) 과정은 모래놀이에서 일어나는 것과 여러 가지 면에서 비슷하다. 스토리텔링은 모래놀이보다는 의식적 사고가 더욱 지배적이지만 반드시 그렇지만은 않다. 모래놀이에서 혹은 스토리텔링에서 비정향적 사고에 접근하는 능력은 개인마다 다르다. 내가 모래놀이 이후에 상상적 스토리텔링을 사용하는 목적은 아동이 모래놀이로 인해 개방된 깊은 정신수준에서 언어 체계를 활성화시킬 수 있는 기회를 주는 것이다. 스토리텔링은 선택적이다. 나는 모래놀이 이후에 이야기를 하는 것을 추천하며 스토리가 전통적인 이야기일 필요는 없음을 강조한다. 그냥 그것이 꿈과 같은 것이라고 알려 준다.

어떤 아이들은 모래에서 놀다가 이야기를 하면서 사물을 움직이기도 한다. 어떤 아이들은 조용히 놀다가 끝나면 이야기를 한다. 나는 그들이 이야기를 하면 기록한다. 어떤 아이들은 이야기를 하도록 격려해야 하며, 대부분의 아이들은 시간이 필요하고 내가 그들의 이야기를 인정한다는 확신감을 필요로 한다. 이야기를 시작하는 데 어려움을 보인다면 몇 가지 질문을 통해서 이야기를 할 수 있도록 도와주어야 한다. 이끌어 가는 질문은 피하며, 가능한 한 이야기를 방해하지 말아야 한다. 아이들 이야기의 대부분은 긍정적으로 끝나지만 아리의 상자 12와 알다의 상자 2, 9처럼 뚜렷한 고통이 나타나기도 한다. 그러나 Ann Cattanach는 놀이치료를 스토리텔링에 적용할 수 있다고 하면서 "아이가 슬픔이나 고통에 머물기를 원할 때 해피엔딩이나 편한 해결을 너무 기대해서는 안 된다."(1994, p. 32)라고 이야기한다.

독일의 분석심리학자 Hans Diekmann(1986)은 아동기부터 인간은 외부 세계의 경험뿐 아니라 정신내적 과정의 경험을 통해 세상의 잔혹함과 두려움에 직면할 필요가 있다고 설명하였다. 그는 우리가 의식적인 인간이 되는 과정에서 이러한 어두운 힘들을 만나야만 그것들을 받아들이고 견디게 된다고 보았다.

아이들이 안전한 치료적 관계 내에서 그들의 상실과 고통을 인식하도록 함으로써 이러한 경험에 대한 인내력을 강화시킬 수 있다. 치료자가 제공하는 안전감과 같이 있어 주는 것은 또한 아동의 자기조절 기술을 발달시키도록 돕는다. 모래놀이와 스토리텔링은 하나의 사건이 아니고 시작과 끝나는 날이 있는 과정이다. 아동들은 열두 번의 모래놀이와 스토리텔링 회기가 있다는 것을 명확히 알고 있었다. 그들의 정신은 자신이 과정 중에 있음을 이해하고 작업에 다시 돌아올 수 있고 계속할 수 있다는 것을 알고 있다. 고통의 경험이 치료되기에 충분한 시간과 안전이 필요하다.

아동을 압박하지 않고 과정을 활성화시키는 어른들의 영향이 과정에서 중요한 요인이다. Rogers(1977)는 강압이 없는 따뜻하고 지지적인 환경이 개인의 실현 경향성을 촉진시키고 활성화시킨다고 하였다. Dora Kalff(2003)는 이것이 아동의 작업에 있어서 모래놀이의 '자유롭고 보호된 공간'이라고 하였다. 스토리텔링 환경은 최적으로 안전하며 허용적이다. 스토리텔링 환경에 있어서 이러한 개입은 소비에트의 심리학자 Vygotsky(1978)가 '근접발달영역(Zone of Proximal Development: ZPD)'이라고 부른 것으로 설명된다. 그는 ZPD를 아동이 독립적으로 해결할 수 있는 문제의 난이도와 아동이 어른의 도움으로 성취할 수 있는 수준 간의 차이로 정의했다.

모래놀이와 비슷하게 상상적 스토리텔링 과정은 발달에 있어서 가장 선두에 있는 상징재료들을 만들어 낸다. 융은 심리적 성장에 있어서 상징의 필수적인 역할을 다음과 같이 강조하였다.

> 개인의 발달은 선구적이며 인지적으로는 그 의미가 전체적으로 이해될 수 없는 어떤 것을 표상하는 상징에 의해 이루어진다(1979, p. 293).

아동의 상상 이야기의 특징

때때로 아동이 만든 상상적 환상 이야기는 구조적인 면과 의사소통의 구체적인 방식에서 전통적인 동화와 유사하다. 그림 언어와 낯선 분위기는 두 가지 모두의 지배적인 속성이다. 스위스의 문학교수 Max Lüthi(1986)는 유럽 동화를 분석하면서 동화의 중심적인 문체 특징을 다음과 같이 설명하였다.

1차원: 실제와 마법 세계의 공존/등장인물의 심리적 깊이와 동기 결여/축약:
실제적 묘사의 부족 및 극단, 반대, 고정된 공식 경향성/소외: 등장인물들 간의
관계 결여

나는 아동의 환상 이야기에서 이와 비슷한 구조를 찾아냈다.

아동의 환상 이야기의 배경이나 플롯에는 영화나 애니메이션 외에도 다양한
환경이 영향을 미친다. 영국의 교수이자 작가인 Carol Fox(1993)는 아이들은 책
이나 다른 미디어와 같은 소스로부터 재료를 가져와서 자신의 경험을 표현하기
위한 새로운 비유를 만들어 낸다고 하였다. 필립의 모래놀이와 이야기는 유명
한 영화로부터 나왔다. 상자 7 '인디아나 존스와 서부의 사악한 강도들'이 대표
적인 예이다. 또 다른 예로 상자 9 '드래곤 전사와 타이 롱'이 있다.

하버드대학교의 민속학자 Maria Tatar(1987)는 이야기 특징 중 하나는 행동
을 통해 특성을 드러내는 다양한 주인공들이라고 본다. 환상 이야기 속의 주인
공들은 실제 사람이 아니고 다차원의 정신을 갖고 있지도 않다. 대신에 그들은
다양한 인간 특징을 표상하는 단일차원의 인물이다. 융 분석심리학자 Marie-
Louise von Franz(1989)는 동화에 나타나는 영웅을 축소판으로 봐야 한다고 강
조한다. 융 이론에 따르면, 영웅은 인간 경험에 내재되어 있으며 경험의 형태를
만들어 주는 원형 혹은 집단 원형적 형판(prototypical)이다. 우리가 환상 이야기
나 모래놀이를 융 이론을 통해 분석하면, 둘 다 내면 세계의 드라마로 볼 수 있
으며 그곳의 주인공, 행동, 장소는 정신 내부의 울림, 충동, 태도, 경험방식, 개
인 성격과 정신의 분투 양식을 드러낸다.

여러 가지 방식으로 동화와 아동의 환상 이야기에서 나타나는 도전은 입문의
식(initiation rite)을 나타낸다. 미국 분석심리학자 Joseph L. Henderson(1990)은
입문의식은 개인의 삶에서 변화의 주기와 관련된다고 보았다. Henderson은 입
문 과정은 순종을 나타내는 의식, 인내의 기간, 해방 의식으로 끝이 난다는 것
을 관찰하였다. 모든 입문은 부적절한 믿음의 죽음, 정신 능력이나 존재 방식의

죽음과 연관되며 새로운 탄생, 나아가 적응적 조건과 관련된다. 입문 과정의 예로 한나의 상자 5 '위대한 주문', 상자 8 '위대한 퍼즐', 아리의 상자 4 '황금'이 있다. 인간이 자신을 이해하기 위해 그리고 타인을 이해하기 위해 사용하는 전통적 방식 중의 하나가 이야기를 하고 듣는 것이다. 따라서 인간 발달에서 입문 의식의 구조적 특징이 이야기의 구성 요소와 유사하다는 점은 놀랍지 않다.

von Franz(1989)는 모든 동화는 인간 정신 내의 통일된 원리인 자기를 다루는 여러 단계를 묘사한다고 보았다. 어떤 동화에서는 여성과 남성 정신 내의 반대성 측면인 '아니무스(animus)'나 '아니마(anima)' 원형의 대립을 강조한다. 우리는 이것을 필립의 상자 11 '여왕과 추장'과 한나의 상자 10 '여행하는 소라고둥'과 상자 11 '위대한 미로 경기'에서 볼 수 있다. 그 외에 '그림자(shadow)'와의 대립이 있는데, 이것은 의식에서 받아들여질 수 없어서 억압된 우리 자신의 측면이다. 폭력 그림자(violent shadow)의 특성이 아리의 상자 5 '거대한 공룡', 상자 10 '착한 군인들과 나쁜 무리', 상자 11 '공룡과 함께 있는 남자'에서 나타난다. 가끔 아이들의 모래놀이와 이야기에 또 다른 원형이 나타나기도 한다. 좋은 예로 한나의 상자 12 '호기심을 불러일으키는 경험'에서 현명한 노인이 등장한다. 모든 인간은 다양한 특징(강함과 약함, 창조적 에너지와 파괴적 에너지)을 가지고 있다. 우리의 힘으로는 부정적인 측면을 모두 버리지 못한다. 이것은 해로운 영향력을 통제할 수 있는 다른 것으로 바꾸려는 자기의 어두운 측면을 마주하려는 노력에 의해 가능하다. 우리 자신의 이러한 측면과 싸우는 것은 진행 중인 과정이다. 융이 자기와의 배열을 통해 의식이 발달한다고 한 것과 같이, 많은 이야기 분석학자들은 삶은 끊임없이 균형을 이루려는 과정 혹은 목표를 향해 질서를 만드는 것이라고 설명한다. 스위스 언어학자 Jean Michel Adam(1985)은 모든 이야기에는 질서의 파괴와 안정을 재건하려는 노력의 상호작용이 있다고 보았다. von Franz(1990)는 "어떤 동화도 엔딩에서 드러난 해결이 영원하지는 않다. 이것은 마치 긍정적 해결은 순식간에 이루어지는 것처럼 보이지만, 한편으로는 삶이 진행되면 갈등은 다시 시작된다는 느낌을 준다."(p. 28)라고 이야기하였다.

반영

　발달 과정에서 상징과 성인이 제공하는 역할의 중요성은 교육 현장에서 모래놀이와 이야기 만들기를 통한 상상놀이의 중요한 잠재적 가치에 대한 논의로 이끈다. 훈련받은 학교 심리학자, 미술치료사, 특수교육교사, 심리학자들의 자질은 아동의 학습에 중요한 영향을 미친다. 우리는 초등학교 교과과정으로 모래놀이와 스토리텔링의 협업이 학업과 사회적 수행에 중요한 영향을 미친다고 생각한다.

조사연구

심리평가 결과

이 부분은 Unnsteinsdóttir 박사의 '학습과 정서행동 발달에 미치는 모래놀이와 상상적 스토리텔링의 효과 연구'의 데이터, 연구 절차, 결과를 포함하고 있다. 참고하기 쉽도록 연구에 포함된 아동 네 명의 점수를 표시해 두었다.

아동들의 정보 보호를 위해 가명을 사용하였으며, 모든 연구는 부모의 허락하에 진행되었고 아이슬란드 자료 보호국의 규정을 따랐다.

조사연구

도입

2005년부터 2009년까지 나는 '아동의 자아상과 학습, 정신건강, 사회기술 발달에서의 모래놀이와 스토리텔링의 영향'에 대한 연구를 수행하였다. 연구의 목적은 아이슬란드 레이캬비크의 공립학교에 있는 학습센터에서 실시되고 있는 모래놀이와 스토리텔링이 아동 발달에 미치는 영향을 알아보기 위한 것이었다.

연구 문제는 '정기적인 모래놀이와 스토리텔링이 부정적인 자아상과 학습 문제 그리고/혹은 정서 문제를 가진 학생들의 학업 기술, 자아상, 정신건강에 영향을 줄 수 있는가?'이다. 4년간 19명의 아동이 연구에 참여했다. 매년 4~6명의 아동이 참여하였으며, 전체 참여 인원은 여아 7명, 남아 12명이다. 참여자는 무작위로 선별된 것은 아니지만, 학습 문제, 읽기 문제, 정서, 주의력 문제, 사회적 고립의 특성을 보인 아동들이었다. 각 참가자는 12회의 모래놀이 회기를 수행하였다.

〈표 1〉은 참가자의 나이와 이름을 순서대로 정리한 것이다. 이 표에는 아동의 기질, 성격, 문제에 대한 간단한 설명이 기재되어 있다. 표에 따르면, 남아 5명, 여아 1명이 ADD, 남아 2명이 ADHD이다. 여아 5명과 남아 3명은 읽기장애, 여아 1명과 남아 1명은 학습 문제를 보인다. 남아 3명은 사회적으로 고립되었으며, 남아 2명은 정서 문제를 보인다.

표 1 참가자 특징

참가자			특징
비요크	(여)	2학년	창의적이고 감정적임. 사회적 미성숙. 읽기장애, ADD
부르크니	(남)	2학년	매우 생기 넘치고 매력적임. 읽기 문제, ADHD
엘리르	(남)	3학년	창의적. 읽기장애, ADHD
필립	(남)	3학년	민감하고 섬세함. 자기 세상에 살고 있음
하우쿠르	(남)	3학년	친절하고 조용함. 학교적응 어려움. ADD
알다	(여)	4학년	착하지만 불안정하고 주저함. 읽기장애
아리	(남)	4학년	통찰력 있고 호기심이 많음. 가끔 자신의 세계에 있음. ADD
엘라	(여)	4학년	감정이 자주 바뀜. 경도 지적장애
에이자	(여)	5학년	조용함. 읽기장애
피욜라	(여)	5학년	친절하고 조용함. 아이슬란드어가 모국어 아님. 욕심 많음
한나	(여)	5학년	예의 바르고 내성적임. 창의적. 읽기장애
레이니	(남)	5학년	친절하고 진지함. 학습 문제. ADD
스마리	(남)	6학년	내성적이고 우울함. 언어 문제, 소외됨
발루	(남)	6학년	밝고 창의적. 가끔 불안해하고 비사회적임. 약물치료 중
비디르	(남)	6학년	조용하고 매우 내성적임. 사회적으로 고립됨. 읽기 문제. ADD
오른	(남)	6학년	사회적으로 고립됨. 주의력 문제와 적대적 반항장애. 읽기장애
오리	(남)	7학년	착하고 긍정적임. 읽기장애
스발라	(여)	7학년	긍정적이고 활기 넘침. 인기 많음. 읽기장애
토르피	(남)	7학년	내향적이고 매우 비사회적임

학기 초와 학기 말에 학교 심리학자와 함께 종합심리평가를 실시하였다. 종합심리평가에는 웩슬러 아동용 지능검사(WISC)(Wechsler, 1992; Skúlason and Salvarsdóttir, 2006), Achenbach 척도인 아동 행동 평가척도(CBCL)(Achenbach, 1991), ADHD 평정척도 4판(Barkley, 1990)이 포함된다. CBCL, ADHD 평정척도는 부모와 교사 보고용이 사용되었다. 연구 첫해에는 Beck의 청소년 정서사회손상척도(Youth Inventories of Emitonal and Social Impairment)(Beck, Jolly, & Steer, 2006)를 사용하였다. Ouvinen(1999)의 자아상 척도 "나는 내가 ~라고 생각한다(I think I am)"도 실시되었다. 웩슬러 아동용 지능검사는 통계적으로 검증된 척도이며, 부모, 교사 및 자기보고식 검사는 주관적 해석과 관찰에 의존하지만, 매우 중요한 정보를 제공한다. 부가적으로 읽기와 수학 기술에 대한 사전, 사후 평가가 실시되었다. 읽기와 수학 기술 평가는 아이슬란드에서 표준화되지 않았기 때문에 여기에 포함시키지는 않았지만 사례분석에서는 함께 논의되었다.

심리평가 결과

자기보고 검사

연구 첫해에 자아상, 불안, 우울을 평가하는 Beck의 청소년 정서사회손상 척도를 사용하였다(Beck, Jolly, & Steer, 2006). 이 척도에 따르면, 아리와 에이자의 자아상은 상당히 향상되었으며, 토르피의 분노는 유의미하게 감소하였다. 한나의 불안과 우울, 오리의 불안, 분노도 감소하였다. 반대로, 알다의 경우 분노와 불안정한 행동은 상당히 증가하였다. 이러한 결과에 대한 원인은 모래놀이 분석에서 파악할 수 있다.

"나는 내가 ~라고 생각한다" 척도(Ouvinen, 1999)는 두 번째 해부터 3년 동안 사용하였다. 이 척도는 신체적(신체 발달) · 지적 성취, 정서 문제, 부모, 가족, 학교 친구들, 교사와의 관계를 평가한다. 이 척도에 의하면, 남아 3명(부르크니, 하우쿠르, 발루)과 여아 1명(엘라)은 자신들의 상태가 학년 말에 크게 향상되었다고 보고하였다. 스발라는 조금 향상되었다고 보고하였으며, 비요크와 남아 4명(엘

표 2 참가자의 자아상과 정신건강 상태

참가자			자아상과 정신건강 향상	자아상과 정신건강 안정	자아상과 정신건강 약화	한 번 평가 수행
비요크	(여)	2학년		×		
부르크니	(남)	2학년	×			
엘리르	(남)	3학년		×		
필립	(남)	3학년		×		
하우쿠르	(남)	3학년	×			
알다	(여)	4학년			×	
아리	(남)	4학년	×			
엘라	(여)	4학년	×			
에이자	(여)	5학년	×			
피욜라	(여)	5학년				×
한나	(여)	5학년	×			
레이니	(남)	5학년		×		
스마리	(남)	6학년		×		
발루	(남)	6학년	×			
비디르	(남)	6학년			×	
오른	(남)	6학년				×
오리	(남)	7학년	×			
스발라	(여)	7학년	×			
토르피	(남)	7학년	×			

리르, 필립, 레이니, 스마리)는 비슷하다고 보고하였다. 피욜라와 오른은 학기 말에만 검사를 수행하였다. 피욜라는 자신의 상태가 안 좋아졌다고 보고한 데 비해 오른은 계속 평균 수준인 것 같다고 보고하였다. 남아인 비디르는 학년 말에 자신의 상태가 더 안 좋아졌다고 하였으며, 두 번의 평가에서 모두 평균보다 훨씬 밑돌았다.

Achenbach 척도와 ADHD 평정척도 4판

이 두 가지 척도는 부모와 교사의 보고에 기반한다. 두 가지 척도의 결과가
상대적으로 복잡하고 일치하지 않는 경우도 나타났다. 이에 대해서는 나중에
논의하고자 한다.

교사와 부모는 주의력 결핍 증상이 과잉행동보다 훨씬 일반적이라는 데 동의

표 3 참가자의 ADHD 증상에 대한 교사와 부모 평정

참가자	주의력 결핍 교사	주의력 결핍 부모	과잉행동 교사	과잉행동 부모
비요크 (여) 2학년	사전 ○ 사후 ○+	사전 ○ 사후 ○+	사전 ✕ 사후 ✕−	
부르크니 (남) 2학년	사전 ○ 사후 ○+		사전 ✕ 사후 ✕+	
엘리르 (남) 3학년	사전 ○ 사후 ○		사전 ✕ 사후 ✕	
필립 (남) 3학년	사전 ○ 사후 ○−	사전 ○ 사후 ○−		
하우쿠르 (남) 3학년	사전 ○ 사후 ○−			
알다 (여) 4학년	사전 ○ 사후 ○−			
아리 (남) 4학년	사전 ○ 사후 ○	사전 ○ 사후 ○	사전 ✕ 사후 ✕−	
엘라 (여) 4학년		사전 ○ 사후 ○−		사전 ✕ 사후 ✕−
에이자 (여) 5학년				
피욜라 (여) 5학년				
한나 (여) 5학년		사전 ○ 사후 ○−		
레이니 (남) 5학년	사전 ○ 사후 ○−			
스마리 (남) 6학년	사전 ○ 사후 ○−			
발루 (남) 6학년				
비디르 (남) 6학년	사전 ○ 사후 ○	사전 ○	사전 ✕ 사후 ✕−	
오른 (남) 6학년	사전 ○ 사후 ○−	사전 ○ 사후 ○−		
오리 (남) 7학년	사전 ○ 사후 ○		사전 ✕ 사후 ✕−	
스발라 (여) 7학년				
토르피 (남) 7학년				

○ 주의력 결핍, ◯ 주의력 결핍 임상수준, ✕ 과잉행동, ✕ 과잉행동 임상 수준, − 증상 감소, + 증상 증가

한다. 교사에 따르면 12명의 학생이 주의력 결핍 증상을 보였다. 그중에는 필립, 알다, 아리가 포함되며 이들의 사례가 책에 기술되어 있다. 학기 말에는 12명의 참가자 중 6명의 증상이 감소했고 그중에는 필립과 알다가 포함된다. 부모 보고에 의하면, 7명의 학생이 학기 초에 주의력 결핍 증상을 보였으며 이들 모두 임상 수준에 해당되었다. 그중에는 필립, 아리, 한나가 포함된다. 한나의 사례는 이 책에 소개되었다. 학생 4명의 부모는 학기 말에 증상이 감소하였다고 보고하였다. 여기에는 필립과 한나가 포함된다.

교사의 보고에 의하면, 6명의 학생이 과잉행동 증상을 보였다. 아리가 여기에 해당된다. 교사들은 4명의 학생이 학기 말에 증상이 감소하였다고 보고하였다. 부모 보고에서는 한 명의 학생이 과잉행동 증상을 보였고 학기 말에는 증상이 감소하였다고 보고하였다. 에이자, 피욜라, 발루, 스발라, 토르피의 부모와 교사는 주의력 결핍과 과잉행동에 대해 보고하지 않았다.

교사들은 7명의 학생이 전반적으로 혹은 정서건강 측면에 있어서 향상을 보였다고 보고하였다. 그중에서 여학생은 알다, 비요크, 에이자이며, 남학생은 엘리르, 오리, 스마리, 발루이다. 교사 보고에서 4명의 학생(엘라, 레이니, 토르피, 비디르)은 상태가 나빠졌다고 하였다.

부모 평가에서는 9명의 학생이 전반적 혹은 몇몇 영역에서 정서 상태가 향상된 것으로 나타났다. 그중에는 필립, 아리, 한나가 포함된다. 그 외에 여학생 엘라, 에이자와 4명의 남학생 엘리르, 하우쿠르, 오리, 스마리가 포함된다. 부모 보고에 의하면, 비요크, 비디르의 상태가 나빠졌다. 흥미롭게도 알다의 부모는 알다의 불안과 우울이 증가하였다고 보고한 데 반해 교사는 신체화 증상과 사회기술 문제가 유의미하게 감소하였다고 보고하였다. 이 이유에 대해서는 알다의 모래상자 작업에 대한 설명에서 다룰 예정이다.

웩슬러 아동용 지능검사

연구 첫 2년 동안 웩슬러 아동용 지능검사 3판이 사용되었고, 나머지 2년은 4판을 사용하였다. 3판과 4판 간의 차이점이 있기 때문에 우선 3판의 결과에 대해 먼저 살펴보고 난 뒤 4판에 대해 살펴보겠다. 같은 연령의 통제 집단과 비교함으로써 사전 검사와 사후 검사 실시에서 3판과 4판 간의 차이를 최소화하였다. Wechsler(1992)에 따르면, 재검사가 12~63일 사이에 실시되면 총점에 있어서 7~8점의 점수 향상이 나타날 수 있다. 연습 효과에 의한 점수 차이는 3판의 경우 동작성 점수보다 언어성 점수에서 적게 나타난다. 4판에서는 언어이해, 작업기억 영역에서의 점수 차이가 지각추론 영역과 처리속도 영역보다 적게 나타난다(Guðmundsson et al., 2006). 검사—재검사의 실시 간격이 길어질수록 연습효과는 적어진다. 본 연구에서는 검사—재검사 실시 간격은 7~8개월 정도였으며, 1표준편차 이상의 점수 상승 혹은 감소는 나타나지 않았다.

언급했듯이 19명의 학생들은 하나 이상의 문제(학습 문제, 읽기 문제, 주의력 혹은 정서 문제, 사회적 고립)를 가지고 있었다. 따라서 19명의 웩슬러 아동용 지능검사 점수 결과가 통제 집단에 비해 낮을 것으로 예측하였다. 검사 결과 읽기, 쓰기, 수학에 어려움을 보이는 아동의 검사 결과는 모든 영역에서 통제 집단에 비해 유의미하게 낮은 점수를 보였다(Guðmundsson et al., 2006).

웩슬러 아동용 지능검사 3판

웩슬러 아동용 지능검사 3판 IQ 점수는 언어성 IQ, 동작성 IQ와 전체 IQ로 산출되며, 언어이해, 지각조직화, 주의집중, 처리속도에 대한 지표점수를 제공한다. 점수는 평균 100, 표준편차 15점으로 표준화되어 있다.

10명의 학생 중 6명의 전체 IQ는 유의미하지 않았는데, 언어성 IQ와 동작성 IQ 점수 간 차이가 크게 나타났기 때문이다. 점수 차이에 대한 임계치가 제시되

표 4 웩슬러 아동용 지능검사 3판 IQ 점수와 지표점수

웩슬러 아동용 지능검사 3판	언어성 IQ	동작성 IQ	전체 IQ	언어이해	지각 조직화	주의집중	처리속도
비요크(여) 사전(초2)	80	99	(87)	86	98	77	106
비요크(여) 사후	82	109	(93)	83	105	80	104
차이	+2	+10	+6	−3	+7	+3	−2
엘리르(남) 사전(초3)	107	96	102	108	102	94	86
엘리르(남) 사후	101	94	97	102	98	91	88
차이	−6	−2	−5	−6	−4	−3	+2
알다(여) 사전(초4)	83	84	81	87	80	71	97
알다(여) 사후	92	94	92	93	92	88	94
차이	+9	+10	+11	+6	+12	+17	−3
아리(여) 사전(초4)	83	119	(99)	82	122	104	106
아리(여) 사후	95	116	(105)	93	116	97	112
차이	+12	−3	+6	+9	−6	−7	+6
레이니(남) 사전(초5)	74	78	73	72	82	80	81
레이니(남) 사후	83	84	81	83	86	86	94
차이	+9	+6	+8	+11	+4	+6	+13
에이자(여) 사전(초5)	96	101	98	97	102	86	97
에이자(여) 사후	103	107	105	108	105	80	109
차이	+7	+6	+7	+11	+3	−6	+12

한나(여) 사전(초5)	101	96	99	102	98	97	104
한나(여) 사후	101	104	102	98	105	104	106
차이	0	+8	+3	−4	+7	+7	+2
비디르(남) 사전(초6)	86	109	(95)	87	105	83	97
비디르(남) 사후	92	119	(105)	92	116	94	106
차이	+6	+10	+10	+5	+11	+11	+9
오리(남) 사전(중1)	90	123	(105)	93	124	77	106
오리(남) 사후	92	137	(115)	95	139	80	101
차이	+2	+14	+10	+2	+15	+3	−5
토르피(남) 사전(중1)	104	107	106	106	109	91	112
토르피(남) 사후	101	124	(112)	105	124	88	109
차이	−3	+17	+6	−1	+15	−3	−3
평균 차이	+3.63	+7.3	+5.98	+2.78	+6.05	+3.04	+3.5

어 있다.

사후 검사에서 10명 중 8명이 동작성 점수에서 향상을 보였다. 알다의 경우 지각조직화 지표점수가 12점 상승하였다. 알다는 또한 주의집중 영역에서도 유의미한 향상을 보였다. 아리는 지각조직화 지표점수가 6점 낮아졌으나 사전 검사에서 매우 점수가 높았기 때문에 여전히 높은 점수를 유지하고 있었다. 아리는 언어이해 영역과 처리속도 영역에서 향상을 보였으며, 한나는 지각조직화와 주의집중 지표점수가 향상되었다.

웩슬러 아동용 지능검사 4판

본 연구에서는 아이슬란드 표준화 웩슬러 아동용 지능검사 4판(Guðmundsson et al., 2006)을 사용하였으며, 4개의 지표점수(언어이해, 지각추론, 작업기억, 처리속도)가 산출되었다. 언어이해 지표는 개념 형성을 측정하며 학습된 지식을 반영한다. 지각추론 지표는 비언어적, 유동 추론을 평가하며 시운동, 시공간 기술을 반영한다. 작업기억 지표는 새로운 정보를 기억하고 단기기억을 통해 추론과정을 위해 정보를 조작하는 능력을 측정한다. 처리속도 지표는 주의를 기울이고 시각 정보를 처리하는 능력을 측정한다. 네 가지 지표의 수행은 전체 IQ로 요약된다.

표 5 웩슬러 아동용 지능검사 4판의 전체 IQ 점수와 네 가지 지표점수

웩슬러 아동용 지능검사 4판	전체 IQ	언어이해	지각추론	작업기억	처리속도
부르크니(남) 사전(초2)	99	98	86	91	128
부르크니(남) 사후	111	96	104	103	130
차이	+12	−2	+18	+12	+2
필립 1(남) 사전(초3)	71	82	77	77	73
필립 2(남) 사후	(80)	102	84	74	80
차이	+9	+20	+7	−3	+7
하우쿠르(남) 사전(초3)	76	82	89	74	83
하우쿠르(남) 사후	(88)	77	113	83	94
차이	+12	−5	+24	+9	+11

엘라(여) 사전(초4)	70	68	70	74	102
엘라(여) 사후	(60)	50	86	60	78
차이	−10	−18	+16	−14	−22
피올라(여) 사전(초5)	(87)	77	96	83	115
피올라(여) 사후	(93)	86	100	86	112
차이	+6	+9	+4	+3	−3
스마리(남) 사전(초6)	(78)	84	104	77	73
스마리(남) 사후	(76)	67	107	74	92
차이	−2	−17	+3	−3	+19
발루(남) 사전(초6)	(101)	90	115	91	108
발루(남) 사후	113	108	115	97	112
차이	+12	+18	0	+6	+4
스발라(여) 사전(중1)	(78)	69	86	94	100
스발라(여) 사후	(87)	75	107	86	100
차이	+9	+6	+21	−8	0
오른(남) 사전(중1)	85	86	89	83	108
오른(남) 사후	(82)	79	102	77	95
차이	−3	−7	+13	−6	−13
평균 차이	+5.0	+0.65	+11.4	+1.4	+2.2

웩슬러 아동용 지능검사 4판을 실시한 9명 중 8명은 언어이해 지표와 지각추론 지표 점수 간 차이가 커서 전체 IQ 점수가 유의미하지 않았다. 유의미하지 않은 점수들은 괄호 안에 표시하였다.

웩슬러 아동용 지능검사 4판에서 9명의 지각추론 지표점수가 향상되었다는 것을 눈여겨 볼 수 있다. 이 중 부르크니, 하우쿠르, 스발라의 점수가 유의미하게 향상되었다. 언어이해 지표의 경우 필립이 유의미하게 향상되었으며, 발루도 상당히 향상되었다.

웩슬러 아동용 지능검사 3판과 4판의 점수 향상

19명의 참가자들 중 8명이 웩슬러 아동용 지능검사 3판과 4판에서 하나의 영역에서 유의미한 향상을 보였다(〈표 6〉 참조). 여학생 2명과 남학생 6명이다. 8명 중에는 필립, 알다가 포함된다. 필립은 언어이해 지표에서 향상을 보였고, 알다의 경우에는 주의집중 지표에서 향상을 보였다. 5명의 참가자 또한 유의미하지는 않지만 상당한 향상을 보였는데, 지각조직화 지표에서 2명, 지각추론 지표에서 2명, 언어이해 지표에서 1명이다.

표 6　웩슬러 아동용 지능검사 3판과 4판에서의 유의미한 향상

참가자			영역	점수 향상	
부르크니	(남)	2학년	지각추론	18 (86/104)	(WISC Ⅳ)
필립	(남)	3학년	언어이해	20 (82/102)	(WISC Ⅳ)
하우쿠르	(남)	3학년	지각추론	24 (89/113)	(WISC Ⅳ)
알다	(여)	4학년	주의집중	17 (71/88)	(WISC Ⅲ)
스마리	(남)	6학년	처리속도	19 (73/92)	(WISC Ⅳ)
오리	(남)	7학년	지각조직화	15 (124/139)	(WISC Ⅲ)
스발라	(여)	7학년	지각추론	21 (86/107)	(WISC Ⅳ)
토르피	(남)	7학년	지각조직화	15 (109/124)	(WISC Ⅲ)

반대로 사후 검사에서 2명의 학생의 점수가 낮아졌다. 엘라(경도의 지적장애)
는 지각추론 지표를 제외하고 모든 영역의 점수가 낮아졌으며 스마리는 언어장
애로 진단되었는데 언어이해 지표점수가 낮아졌다.

　6명의 학생이 두 척도 모두에서 언어이해 영역의 향상을 보였다(〈표 7〉 참조).
가장 큰 점수 향상을 보인 건 필립과 발루였는데, 이들은 특히 모래놀이에 관심
이 많았다. 그들은 모래놀이 이미지에 공을 들였고 스토리텔링에 열심이었다.
모래놀이와 스토리텔링에 대한 관심과 웩슬러 아동용 지능검사 사이에 관련성
이 시사된다.

　두 가지 척도에서 가장 크게 점수 향상이 나타난 것은 지각 영역이었는데(〈표
8〉 참조), 참가자의 절반이 향상을 보였다. 웩슬러 아동용 지능검사 3판에서는 지
각조직화 지표 영역에서 4명의 참가자가 향상을 보였고 그중 2명의 점수는 유의
미한 향상을 나타냈다. 웩슬러 아동용 지능검사 4판에서는 5명의 참가자가 지각
추론 영역에서 향상을 보였고 그중 3명은 유의미한 향상을 보였다.

　사후 평가에서 향상이 나타나지는 않았으나 추가적으로 7명의 학생이 다른
영역에 비해 지각 영역에서 강점을 보였다는 것이 흥미롭다. 19명의 참가자 중
14명은 이 영역에서 100점 이상 혹은 평균 이상이었다. 2명의 학생은 평균에는
미치지 못했지만 상당한 향상을 보였다. 모래놀이에서 모래와 3차원의 피규어 지
각을 통해 작업하도록 한다는 점을 고려할 때 이러한 요인이 얼마나 큰 역할을 하

표 7　웩슬러 아동용 지능검사 3판과 4판의 언어이해 영역에서의 점수 향상

참가자			언어이해 점수 향상
필립	(남)	3학년	20 (82/102)
아리	(남)	4학년	9 (82/93)
레이니	(남)	4학년	11 (72/83)
에이자	(여)	5학년	11 (97/108)
피욜라	(여)	5학년	9 (77/86)
발루	(남)	6학년	18 (90/108)

표 8   웩슬러 아동용 지능검사 3판과 4판의 지각조직화 영역에서의 점수 향상

참가자			지각 점수 향상
부르크니	(남)	2학년	18 (86/104) 유의미 (WISC IV)
하우쿠르	(남)	3학년	24 (89/113) 유의미 (WISC IV)
알다	(여)	4학년	12 (80/92) (WISC III)
엘라	(여)	4학년	16 (70/86) (WISC IV)
비디르	(남)	6학년	11 (105/116) (WISC III)
오른	(남)	6학년	13 (89/102) (WISC IV)
오리	(남)	7학년	15 (124/139) 유의미 (WISC III)
스발라	(여)	7학년	21 (86/107) 유의미 (WISC IV)
토르피	(남)	7학년	15 (109/124) 유의미 (WISC III)

였는지 생각해 볼 문제이다. 또한 지각 영역과 읽기 어려움 간의 관련성에 대해서 살펴보는 것도 흥미롭다. 지각 지표에서 100점 이상을 보인 14명 중 11명의 학생들이 읽기 문제를 보였다. 그들 중 6명은 읽기장애이다. 일곱 번째 읽기장애 학생은 지각 영역에서 평균 이하 수준의 점수를 나타냈다.

결론

본 연구의 모든 참가자는 학습, 발달, 정신건강, 행동 문제에서 향상을 보였다. 이것은 모래놀이와 스토리텔링이 영향을 준 것으로 보인다. 모든 참가자가 학습 문제, 읽기 문제, 주의력, 정서 문제를 보였다는 것을 떠올려보자. 이들의 웩슬러 아동용 지능검사 점수는 통제 집단에 비해 낮았지만, 학습 문제를 보인 8명의 학생들 모두 하나의 영역에서 유의미한 향상을 보였다. 특히 지각 영역에서 놀랄 만한 결과가 나타났는데, 16명의 학생이 향상을 보였다. 5명이 유의미한 향상을, 4명은 상당한 향상을, 7명은 어느 정도의 향상을 보였다. 지각 영역에서의 강점과 읽기 문제 간의 상관이 흥미로운데, 14명의 참가자가 사후

검사에서 평균 이상의 점수를 보였다. 그들 중 11명은 읽기 문제를 가지고 있었고 그중 6명은 읽기장애로 진단받았다. 이러한 결과는 Howard, Japikse와 Eden(2006)의 연구 결과와 일치한다. 그들의 연구에서 읽기장애를 가진 사람은 내재적 상위 순차 학습에 손상을 보이지만 내재적 공간 맥락 학습이 더 강화된다고 보고하였다. 또한 6명의 학생이 언어이해 영역에서 향상을 보였다는 것도 중요하다.

발달과 정서 문제와 관련된 요인을 평가하고 연구하는 것은 복잡하고 때론 주관적이다. 따라서 이러한 결과를 전적으로 모래놀이와 스토리텔링의 영향으로 해석해도 되는지는 의문이다. 필립, 알다, 아리, 한나의 사례에서는 모래놀이와 스토리텔링이 모두 긍정적 영향을 준 것으로 나타났다. 모래놀이와 스토리텔링이 아동의 자아상, 학습, 발달에 어떠한 영향을 미치는지 지속적으로 자료를 수집하는 것이 중요하다. 또한 이를 위해 모래놀이 이미지와 스토리를 분석하는 것도 매우 흥미로울 것이다.

모래놀이 사례

여기서는 4개의 모래놀이 사례에 대한 기술과 분석을 다룰 것이다. 우리는 2명의 남학생 아리, 필립과 2명의 여학생 한나, 알다의 사례를 선택하였는데, 이들의 작업은 아동의 문제와 모래놀이 과정의 특성, 결과를 잘 보여 준다. 4개의 사례에서 각각 12개의 모래상자와 이야기가 제시되었다. 우리는 모래놀이 과정에서 아동의 정신 상태의 변화를 따라가기 위해 모래놀이와 이야기에서 드러나는 상징 재료를 분석하였고, 모래놀이 과정에서 아동이 경험하는 정신 움직임을 이해하기 위해 융의 성격이론을 적용하였다.

모래놀이 사례
··················
한나: 여아, 5학년, 10세

한나의 모래놀이 작업: 개관

　한나의 가족은 지지적이었으며 한나는 내성적이고 공손한 아이였다. 한나는 부끄러움이 많긴 하지만 매우 창의적이었다. 한나는 긴장했으며, 완벽주의적 경향을 보였는데, 정서적으로 단절되어 있는 것처럼 보였다. 한나는 읽기장애가 있었으며 오랜 기간 시험 불안을 가지고 있었다. 글을 이해하는 것과 수학에 대한 어려움이 보고되었다. 이 연구를 통해 한나는 읽기와 철자법에서 향상을 보였으며 학기 말에는 평균 수준에 가까워졌다.

　WISC-III판에서 한나의 점수는 평균 수준(102)에 해당하였다. 유의미한 수준은 아니지만 동작성 점수(+8점), 지각조직화 영역(+7점), 주의집중 영역(+7점)에서 향상을 보였다. Beck의 자기 보고 설문지에서는 평균 수준을 나타냈으며 모든 영역에서 임상 수준보다 낮은 수준으로 평정되었다. 학기 말에 그녀는 자신의 불편감, 불안, 분노가 유의미한 수준은 아니지만 어느 정도 감소하였다고 보고하였다.

한나의 부모는 그녀의 ADD 증상을 보고하였다. 그들은 한나의 증상이 학기 말에 다소 감소하였으며, Achenbach 척도에서 주의집중의 문제도 상당히 감소하였다고(-11점) 보고하였다. 교사 보고에서는 ADD 증상이 보고되지 않았다. 사실 교사 보고에서 주의집중의 문제는 부모의 보고보다 절반 정도 낮은 수준이었다. Achnebach 척도의 교사 보고에서는 사고의 문제가 다소 증가한 것으로 나타났다(+7점).

한나는 매우 창의적이었는데, 모래놀이와 이야기 만들기에서 매우 다양한 주제를 다루었으며 지혜로운 면을 보여 주었다. 한나는 모래놀이를 하러 오는 것이 즐거워 보였다. 놀이에 집중하였으며 천천히 그리고 꼼꼼하게 작업을 하였다. 또한 무언가를 시도해 보는 것을 즐거워했다. 그녀는 피규어를 재배치하는 경향이 있었는데 피규어를 이리저리 움직이거나 다시 선반에 갖다 놓기도 하였다. 모래를 이용한 작업은 많이 하였으나 물은 사용하지 않았다. 많은 피규어를 사용하지도 않았고 하나의 피규어를 다른 상자에서도 사용하는 경향이 있었다.

한나의 모래놀이 주제는 다양하였으며 내용도 풍요로웠다. 모든 사례에서 대립과 통합의 주제를 드러냈다. 대립의 세계가 자주 드러났으며 성장과 변화가 일어나는 장소가 출현하였다. 모든 상자에서 마법이 나타났다. 주인공은 역동적이고 독립적이고 용감하고 유쾌한 성격을 가졌다. 한나의 이야기는 대부분 길었는데 모래놀이를 진행하면서 만들었다. 한나는 모래상자에서 발생하는 것들에 대해 묘사하거나 설명했다. 한나의 모든 이야기는 해피엔딩으로 끝났다.

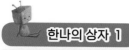
한나의 상자 1

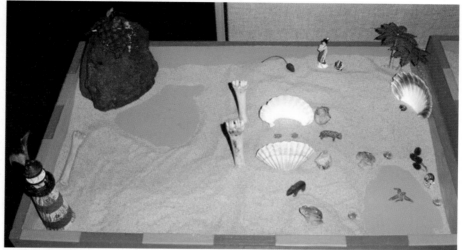
한나의 상자 1a

한나의 상자 1b

한나 이야기
상자 1

✨ 사막 진주 혹은 아름다운 세계 ✨

이 나라는 두 부분으로 나누어져 있어요. 한쪽은 악한 세계이고 다른 쪽은 모든 것이 아름다운 선한 세계예요. 악한 세계는 선한 세계를 괴롭히려 해요. 선한 세계는 박쥐가 훔쳐 간 붉은 돌을 되찾고 싶어 해요. 만약 선한 세계가 돌을 되찾게 되면 이 세계는 다시 좋아져요.

여자는 그녀의 동물들이 다치지 않게 돌봐 줘요. 특별한 눈을 가진 마법 쥐는 멀리까지 볼 수 있고 나쁜 사람들이 오면 경고해 줄 수 있어요. 선한 세계의 입구에 있는 푸른 돌은 나쁜 사람들이 오면 깜빡여서 선한 세계에 알려 줘요. 경보 같은 거예요. 불가사리는 푸른 돌 4개를 물에서 찾아내어 수면으로 가지고 올라왔어요. 이전에 붉은 돌은 지금 무당벌레가 있는 곳에 놓여 있었는데 무당벌레가 그곳을 좋아했기 때문이에요.

익룡은 선한 세계에서 물건들을 빼앗아서 등대로 가져가요.

마침내 무당벌레가 돌을 발견해요. 무당벌레는 너무 작아서 큰 돌 뒤로 가는 것을 아무도 보지 못했어요. 무당벌레가 돌을 가지고 가자 저주에 걸렸던 박쥐와 익룡은 원래의 좋은 사람으로 변해요. 세상은 다시 좋아지고 예전처럼 아름다워지며 동물들과 사람들은 행복해져요.

논의

한나의 상자 1

한나는 등대를 좌측 하단 코너에 두면서 모래놀이를 시작하였다. 그다음 중앙에 큰 화산암을 놓았다가 이것을 화산이라고 말하면서 좌측 상단으로 옮겼다. 화산 위에 큰 박쥐를 올려 두었는데 거기에서 선한 세계에서 가져온 소중한 붉은 돌을 지키고 있다. 가운데 붉은 돌을 올려놓은 모습이 꼭 뜨거운 용암같이 보인다. 이 크고 음침한 화산은 처음에는 불길해 보인다. 무섭게 보이는데 굉장한 힘을 가지고 있다. 상징적으로 화산, 산, 돌은 지구 표면의 돌출된 부분으로 여성의 신성한 특성과 연관된다. 화산과 산은 신성한 것 혹은 세상의 중심(world navel)이라고 여겨진다. 산이나 화산은 신성한 여성성이 구현된 것 혹은 여신이 살고 있는 곳으로 보기도 한다. 그 예로 하와이에 있는 킬라우에아 화산에는 여신 펠레가 살고 있다고 한다(Neumann, 1991). 일본에서는 후지 여신이 아이누 사람들에게 요리와 보온에 필요한 불을 제공했다고 한다. 또한 후지 여신은 정신(spirit)의 세계로 영혼(soul)을 인도하고 내적 진실로 사람들을 안내하는 저승사자로도 알려져 있다(Eliade, 1996).

불은 전통적으로 남성적 에너지로 여겨지나 화산은 예외이다. 화산에서 원시 여성적 지구 에너지인 대모(Great Mother)로서의 불의 특성을 볼 수 있다. 자연에서 화산은 두 가지 특성을 갖는데, 하나는 지나가는 경로에 있는 것들을 파괴시키는 것이고, 다른 하나는 그것이 바다에서 식으면서 새로운 땅을 만들어 내는 것이다. 정신내적으로 이러한 에너지를 존중하지 않으면 파괴적인 특성을 보일 수 있다. 정신 내적으로 혹은 자연에 있는 어두운 여성의 힘을 무시하면 우리는 제한된 이성 에너지, 남성 에너지에 과도하게 의지하게 된다. 남성 에너지가 이끄는 대로 의존하게 되면 우리 스스로의 교만에 의해 파괴되는 위험에 처하게 된다. 그러나 우리의 내적, 외적 삶을 유지하게 하는 알려지지 않은 여성적 힘을 존중하게 되면 우리의 존재 도식 내에서 힘을 부여받게 된다.

첫 번째 상자는 간혹 앞으로 언급될 내적 갈등과 내담자가 이러한 도전에 직면할 수 있도록 하는 정신 자산과 치료 그리고/혹은 변화의 전반적 방향에 대해 보여 준다. 한나의 상자 1에서 화산은 남근을 상징하는 등대 반대편에 있다. 이 화산과 등대가 가장 처음 놓였고 둘 다 크고 '악한' 세계로 설정하였는데, 우리는 앞으로 한나가 모래놀이 과정에서 남성적, 이성적인 부분과 여성적, 창조적 에너지 간의 적절한 균형을 찾아갈 것이라는 점을 추측해 볼 수 있다. 등대 꼭대기에 놓인 익룡은 이것이 오래된 문제임을 보여 준다. 또한 화산의 붉은 용암은 한나가 여성적 자기의 힘을 찾고, 이를 통해 우월한 남성성의 지배를 대신하고자 하는 욕구로 보인다. 여성으로서 소녀는 작은 힘의 남성성에 의해 매개되는 지배적인 여성적 에너지를 갖는 것이 적절하다. 상징적으로 표현하자면, 한나의 모래놀이 과정에서 등대가 여성적 화산보다 작아질 것으로 기대한다. 또한 이러한 힘들 간의 건강한 협업이 나타나길 기대해 본다.

상자 중앙의 뒤편에 있는 아름다운 중국 여인에 대해서 한나는 그녀가 동물들을 돌봐 주고 안전하게 지켜 준다고 하였다. 그 여자는 사랑이 많고 양육적인 존재이다. 중국은 한나의 고향인 아이슬란드와는 매우 다르기 때문에 이 여성 피규어는 한나의 정신 내에서는 가용적인 성격을 가지고 있으나 꽤 멀리 있는 것처럼 보인다. 상자 1의 상징적 구조는 여성성이 남성성과의 관계 교정을 통해서 한나가 자신의 내적 양육과 더불어 자기 보호와 자기애를 위한 힘과 자원을 기를 것이라는 점을 보여 준다. 보호하고 양육하는 특성은 중국 여인과 반대편에 있는 갈색 곰에서도 나타난다. 곰은 자신과 자식 사이를 방해하는 것은 무엇이라도 죽일 수 있는 무서운 엄마로 알려져 있다. 이것은 한나가 중국 여인에게서 양육적인 측면을 발견하고 어미 곰의 강함, 단호함과 함께 체화하고자 하는 욕구를 드러낸다. 따라서 한나의 상자 1의 상징적 구조를 통해서 한나의 작업에서 다루게 될 문제의 특성과 치유의 방향을 살펴볼 수 있다.

한나는 '보물'을 도둑맞았다고 하면서 이것을 되찾아야 한다고 한다. 아마도 여기서 말하는 보물이란 그녀가 누구인지에 대한 존재의 독특성과 학습 문제를 가지고 있지만 자신은 충분히 사랑스럽고 괜찮다는 내적 보물을 나타내는 것 같다. 한나의 이야기에서 원래 자신의 것이었던 것이 분리되거나 빼앗겼다는 것을 알 수 있다. 그러나 보물을 찾은 것은 가장 작은 동물인 '무당벌레'이다. 무당벌레는 영국과 유럽에서 행운을 가져다주는 작고 붉은 딱정벌레로 알려져 있다. 무당벌레는 영국의 유명한 동요 〈무당벌레야, 무당벌레야〉와 관련이 있다.

> 무당벌레야, 무당벌레야, 집으로 돌아와.
>
> 너희 집에 불이 나서 아이들이 죽었단다.
>
> 한 명만 빼고.
>
> 그녀의 이름은 앤.
>
> 그녀는 냄비 밑에 숨었네 (Opie, 1997, p. 263).

더 어두운 버전도 있다.

> 무당벌레야, 무당벌레야, 집으로 돌아와.
>
> 너희 집은 불타네.
>
> 너희 아이들이 불타 죽네! (Opie, 1997, p. 263).

어머니가 아이들에게 돌아온다는 점이 두 가지 동요에서 중요한 점이다. 분명히 한나는 어머니의 따뜻함과 양육을 바라고 있다. 그녀의 이야기에서 도둑맞은 보석을 원래 자리로 되찾아 놓은 것은 무당벌레이다. 다시 한번 우리는 한나의 상징 작업에서 양육의 필요성을 인식하게 된다.

한나의 가족은 따뜻하고 지지적이지만, 그녀가 난독증인 것을 받아들이는 데 어려움이 있었다. 무엇을 하든지 한나는 학급 친구들과 같은 방식으로 혹은 같은 속도로 학습할 수 없었다. 아이들이 친구와 자신을 비교하는 것은 자연스러운 일이지만 자신이 비정상적이고 결함이 있다고 인식하는 것은 고통스럽고 혼란스러운 일이다. 다행스럽게도 한나는 가족들로부터 사랑받고 수용되었다. 동시에 자신을 완전히 사랑하고 수용하는 과업이 남아 있는데 내부의 사랑을 주는 모성을 찾는 것이 한나가 모래놀이와 스토리텔링에서 경험해야 할 핵심이다.

중국 여인이 보호하는 동물 중 하나는 '특별한 눈'을 가진 작은 쥐였다. 한나는 보는 것에 대한 세 가지 암시를 만들었는데, 그것은 마법의 눈을 가진 쥐, 문에 있는 깜빡이는 파란 눈, 투명해지는 작은 무당벌레이다. 어둠 속을 잘 다니는 박쥐와 같이, 쥐는 다른 사람은 가지 못하는 곳까지 갈 수 있다. 상징적으로 쥐와 박쥐는 어둠 속에서 볼 수 있고 다른 사람들은 가기 어려운 어두운 곳으로 움직이는 것을 나타낸다. 아마도 무엇이 그녀 자신의 핵심인지 알아보거나 이해하는 능력이 한나의 모래놀이 작업에서 앞으로 나타나게 될 또 다른 결과물이 될 것이다.

한나의 이야기에서 아름다운 조개 입구에 들어가기 전에 먼저 죽음을 상징하는 남근적 뼈를 관통해야 한다. 거칠고 쓸모없는 뼈와 둥글고 무언가를 담을 수 있는 성격의 하얀 조개껍데기의 드라마틱한 대립은 남성적인 것에서 여성적인 것으로 들어가는 통로로 보인다. 이런 조개껍데기의 구조는 자궁과 같으며 양육적이다. 선한 세계로 향하는 이런 통로로 들어가기 위해서 우리는 두 개의 파란 눈의 승인을 받아야 한다. 이 세계에 속한 것들만이 이 통로를 지날 수 있다. 나머지는 죽은 뼈처럼 쓸려가 버리고 필요 없어진다. 이것은 거짓 속에서 진실을 솎아 내는 능력이며 한나가 작업에서 사용할 수 있는 강력한 정신 자원을 의미한다. 또한 이러한 문이 중앙에 위치한다는 것은 중요하다. 이러한 내적 힘은 앞으로 한나의 모래놀이 과정의 중심이 될 것이다.

한나의 작업에서 오셀롯(Ocelot: 고양이과의 포유류)이 선한 땅에 들어가면서 한나는 이러한 정신적 자질을 다루기 시작하게 된다. 신대륙 발견 이전, 테오티우아칸의 미신에서 신성한 제단에 오셀롯 혹은 재규어의 그림을 찾아볼 수 있는데, 이 제단에서 신들이 스스로를 희생하였다고 알려졌다(테오티우아칸에 있는 피라미드 제단에서 신을 달래기 위해 산 사람의 심장을 바쳤다고 전해진다; Coe,

1972). 이런 방식으로 오셀롯은 전사의 상징이 되었다. 야생 고양이와 집고양이 모두 우아하고 단호함을 가지고 움직인다. 발소리는 조용하고 어둠 속에서도 주위를 인식할 수 있다. 고양이는 이 같은 안정적이고 독립적인 성격으로 인해 특별한 힘을 가지고 있는 것으로 받아들여진다. 신화에서 고양이는 신성하거나 혹은 악령이 깃든 것으로 나타난다(Hausman, G. & Hausman, L., 2000). 한나의 상자 1에서 오셀롯은 보호하는 눈을 가로질러 두 개의 아름다운 장미 사이로 지나간다. 이 야생 고양이는 신성한 에너지를 가지고 있으며 매우 강력하다. 한나에게 치유란 자신이 가진 여성 전사의 성격을 체화하고 고양이처럼 확신감을 가지게 되는 것일 수 있다. 자신의 집에서 이러한 존재의 특성들은 상자의 우측 하단 코너에 있는 연못 뒤 달팽이에 반영되고 있다. 자연에서 달팽이는 자신의 집을 등에 이고 다닌다. 상징적으로 이것은 항상 '집에' 있다는 의미와 같다. 오셀롯의 침착함과 힘을 통해, 한나의 상자 1은 그녀의 진실된 자기가 함께 하고 있다는 것을 보여 준다.

한나의 상자는 한나가 여정에 필요한 충분한 정신적 힘을 가지고 있음을 보여 준다. 연못 옆에 있는 연두색 개구리는 변형의 에너지를 갖고 있다. 자연에서 개구리는 알에서 나온다. 올챙이가 되고 점점 성숙하여 개구리가 된다. 불가사리도 있는데 이것은 다친 다리를 스스로 재생한다고 알려져 있다. 게다가 다섯 개의 방향을 가리키는 불가사리는 인간 전체성의 상징이다. 다섯 방향은 인간을 상징하는데, 두 개의 팔, 두 개의 다리, 머리로 레오나르도 다빈치의 유명한 그림인 〈비트루비안 맨(Vitruvian Man)〉이라는 그림에서 표현되었다. 이 작품은 로마시대의 건축가인 Vitruvius의 건축물에서 영감을 받은 것으로, 그림과 글로 되어 있는데 황금비율의 기준이 되었다. 상징적으로 이것은 '사람(anthropos)' 혹은 완전한 인간으로 여겨진다(Turner, 2005). 한나의 이야기에서 연못 바닥에 있는 보석을 발견하고 수면 위로 가지고 오는 것은 불가사리이다. 상징적으로 연못, 강, 호수 그리고 다른 물길들은 모두 무의식과 알려지지 않은 것을 여는 것이다. 반짝이는 파란 돌들은 새로운 정신적 자질로 무의식 깊이 있는 것들이다.

모래놀이에서 특정 피규어의 숫자는 간혹 내담자의 정신 변형에서의 현 상태를 나타낸다. 한나의 상자 1에서는 숫자 2가 여러 번 나타난다. 예를 들면, 두 개의 호수, 두 개의 장미, 입구의 두 개의 파란 눈, 두 개의 둥글고 붉은 피규어, 한 쌍의 개구리 등이 있다. 상징적으로 숫자 2는 새로운 것의 출현을 의미한다. 새로운 정신적 자질은 전체성의 '1'에서 벗어나 두 개로 나누어진다. 두 개의 반쪽은 서로를 반영하고 새로운 인식, 존재의 새로운 방식이라는 의식적 특징으로 발달하게 된다. 2는 새로운 발달의 첫 단계이다. 2 다음에는 3이다. 3은 움직임과 역동을 나타낸다. 새로운 특성은 성장하고 발달을 지속한다(Eastwood, 2002). 한나의 상자 1에서 우리는 뼈와 조개껍데기라는 두 가지의 중요한 3의 묶음을 볼 수 있다. 더 이상 필요하지 않은, 죽은 뼈의 정신적 자질에서 벗어나 휴식처를 제공할 수 있는 여성 에너지인 조개껍데기로 가는 진행은 이러한 움직임을 보여 주는 놀라운 예이다. 이러한 특성들은 발달을 지속하여 3에서 4로 가게 되면서 물질적 세계에 자리를 잡게 된다. 이 발달 단계가 확립되면 새로운 특성은 5라는 숫자에 의해 성격의 전체성에 통합된다. 한나의 상자에서 4개의 보석을 수면 위로 가지고 오는 5개의 다리를 가진 불가사리는 이를 보여 주고 있다.

모래상자의 대각선 반대 방향에는 문제의 성격을 나타내고 내담자에게 가용한 자원을 알려 주는 지표가 종종 드러난다. 항상 그런 것은 아니지만 대각선 반대 방향에 있는 에너지의 성격을 점검하는 것은 중요하다. 대각선은 모래상자에서 가장 거리가 멀다. 간혹 대각선에 놓인 피규어들은 모래놀이 과정에서 핵심적인 문제의 정신적 자질을 보여 준다. 언급되어야 할 핵심적 이슈의 정신적 자질을 드러내는 것이다. 대각선에 놓인 피규어들은 정신이 좀 더 완벽한 삶을 살아가기 위해 의식에 통합하고자 하는 새로운 특성일 수 있다. 또는 더 건강하고 발전한 기능 수준을 방해하는 갈등 에너지를 보여 줄 수도 있다(Turner, 2005).

한나의 상자에서 불가사리 반대편에 화산-박쥐-보석이 배열되어 있다. 이런 경우 어둠(박쥐)을 통과하고 자기의 전체성(보석, 불가사리)에 다다르기 위해 여성 에너지(화산)의 힘에 다가가려고 하는 것으로 해석할 수 있다. 융 심리학에서는 성격의 중심을 '자기'로 본다. 자기는 존재의 자원일 뿐만 아니라 존재의 목표이다(Jung, 1981; Samuels, 1997). 이것은 다양한 문화에 걸쳐서 수많은 이름으로 불린다. 신, 예수, 무함마드, 시바, 브라마, 붓다 등.

상자 1의 대각선 방향에 익룡과 반대쪽의 식물들을 볼 수 있다. 중앙 입구를 가로질러 대각선에 놓인 익룡과 식물에 대해 남성성, 이성의 불균형적인 가치평가라고 하는 오래된 문제들이 여성성을 통해 해결되어 새롭게 성장할 것이라고 추론해 볼 수 있다. 이것은 여성성 혹은 성격의 창조적 측면이 재평가받는 것이라고 할 수 있다.

분명히 한나의 상자 1은 모래놀이 작업의 방향과 그녀의 여정에 필요한 특성들을 알려 주고 있으며 이어지는 상자를 통해 더욱 분명해질 것이다.

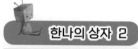

한나의 상자 2a

한나의 상자 2b

한나 이야기
상자 2

참고: 한나는 모래놀이치료실에 풀 죽은 상태로 들어와서 긴장한 듯 기침을 하였다. 그녀의 태도는 모래놀이를 하면서 놀랍게 바뀌었다. 회기가 끝날 무렵 그녀는 밝고 행복해 보였으며 기침도 멈췄다.

작은 나무 마을

작은 마을은 나무로 만들어졌어요. 두 남자는 전문 목수예요. 숟가락을 가지고 있는 남자와 여자는 제빵사로, 로봇이며 목수들이 만든 것이에요. 작은(빨간) 남자는 두 목수가 만든 동상을 관리해요. 도구들은 상자에 담겨 있어요. 초록 남자는 물을 찾고 있어요. 목수들은 옆에 있는 탑을 방금 완성하였어요. 노란 남자는 시장이자 마법사예요.

탑 밑에서 물이 나와 연못으로 쏟아지는데 거기에는 목수가 만든 돌고래가 살고 있어요. 동상을 살피는 빨간 작은 남자는 솔방울에 사는데 창문이 없어요.

이 마을은 살 만해요. 돌고래는 항상 물가를 수선하고 제방에 무늬를 남기고 사람들에게 손을 흔들어요. 제방이 고쳐지면 모든 사람들이 기뻐해요. 목수가 일을 할 때 제빵사는 노래를 부르고 모든 사람들이 따라 불러요.

녹색 남자는 쓸모없는 더러운 물을 양동이에 담아서 왼쪽 구석에 버려요. 그러면 이것은 깨끗한 물로 변해서 탑으로 흘러가고 다시 연못으로 돌아가요.

버섯은 나무로 만들어졌는데 마법의 버섯이에요. 제빵사가 이것을 누르면 케이크 만드는 데 필요한 크림과 밀가루가 나와요. 목수는 버섯을 만들었지만 시장이 여기에 힘을 부여해요.

마을에는 가로등이 없지만 동상이 저녁에 눈을 뜨면 모든 것이 밝아져요. 관리인이 원을 돌며 다니고 다른 사람들은 노래를 불러요. 사람들은 기분이 좋으면 춤을 춰요. 예를 들어, 물을 긷는 남자는 양동이를 흔들어요. 관리인이 춤을 추면 위아래로 물건들이 움직이고 그의 모자는 들썩여요.

노인 커플은 실내에 있는 것을 좋아하지만 다른 사람들이 노래하는 것을 듣고 싶으면 창문을 열어요. 밤이 되면 목수는 도구 상자로 들어가고 그 밑에는 커다란 집이 있어요.

논의
한나의 상자 2

　모래놀이 과정을 통해서 나타나는 정신 변화를 살펴볼 때, 우리는 상자 간에 어떤 것이 변화했는지 그리고 무엇이 똑같은지 살펴봐야 한다. 이를 통해 우리는 무의식, 상징적 수준에서 일어나고 있는 정신 움직임이 의미 있는 관계를 형성하는 방법에 대해 알게 된다. 한나의 상자 2에서 우리는 상자 1에서 본 것처럼 남성성과 여성성의 형태를 보게 되지만, 이러한 근본적인 에너지들의 비율과 관계가 달라졌다. 이 상자에서 우리는 여러 가지 둥근 형태들을 통해 풍부한 여성성을 볼 수 있다. 중앙의 큰 물웅덩이는 가장 두드러지는 여성적 형태이다. 이것은 상자 1의 크고 둥근 화산을 연상케 하지만, 무의식 깊숙한 부분을 여는 것으로 변화되었다. 불, 뜨거움의 성격 대신 이제는 시원하고 푸른 아름다운 물웅덩이가 있다. 우리는 또한 노인 커플이 살고 있는 원뿔형 집, 큰 솔방울, 제빵사와 버섯 주변에서 반원 형태를 볼 수 있다. 남성적 탑은 상자 1에 이어서 다시 나타났지만 두드러지는 등대의 형태에서 화려하고 작은 형태로 바뀌었다. 제빵사의 부인과 노부인을 제외하면 마을의 모든 사람은 남성이다. 상자 1의 위협적인 남성 에너지와 가장 크게 다른 점은 이러한 남성 피규어들이 상자 2에서는 도움을 주는 사람이라는 점이다. 상자 1에서는 중앙 문 쪽의 통로가 남성 에너지와 여성 에너지를 연결해 주었던 것으로 보인다. 상자 2에서는 여성 에너지가 지배적이고 남성 에너지는 작고 보조적이며 여성성과 적절한 균형을 이루고 있다.

　한나는 이 상자에서 눈에 띄게 자유로워 보였다. 첫 번째 놓은 피규어는 우측 상단 코너에 있는 블록 탑 구조물 옆에 놓인 두 명의 난쟁이들이다. 한나는 난쟁이들을 목수라고 하였다. 그들은 장인이다. 목수들은 마을의 많은 것—탑, 로봇 제빵사, 돌고래, 버섯, 신의 머리—를 만들었다. 한나는 그들이 자기 마음대로 만들 수 있는 커다란 도구 상자를 갖고 있다고 말한다.

원래 난쟁이들이 그러하듯 목수들은 지하에 살고 있다. 난쟁이들은 지하에서 일을 하는데 이것은 상징적으로 무의식에 접근하는 것을 나타낸다(von Buchholtz, 2007). 여기서 한나는 무의식에서 그녀의 작업을 도와줄 수 있는 정신 에너지에 접근한다. 참고로 그들은 자신이 하는 일에 있어서 '장인'이다. 한나는 목수들이 쉴 때는 도구 상자 밑에 있는 지하의 큰 집으로 내려가서 휴식을 취한다고 하였다. 상징적으로 외부와 내부, 위와 아래의 의사소통을 보여 준다. 그리고 목수들이 무언가 만들 때 마을 사람들이 악기를 연주하고 노래를 하고 춤을 추면서 축하하고 있다. 새로운 성장과 발달이 일어나는 것에 대해 즐거움을 보여 준다.

　　상자의 우측 부분에 놓인 테이블에 나무로 만들어진 제빵사 부부가 있다. 제빵사들은 밀가루, 달걀, 우유 등을 빵과 케이크로 만들어 영양을 제공한다. 제빵사들을 나무 로봇이라고 하는 점은 한나가 어떠한 유형의 정서적 에너지를 받아 왔는지에 관한 의문이 생긴다. 제빵사들의 경직된 특성은 또한 상자 반대편의 노부부에도 반영되고 있다. 이 노인들은 돌로 만들어져 있다. 한나는 노인들이 집 안에만 있으며 가끔씩만 창문을 연다고 한다.

　　아마도 이 나무 제빵사들과 돌로 된 노인들은 상자 1에서 나타난 정신적 자질이 더 사랑스러운 형태를 필요로 하고 있음을 보여 주는 것 같다. 그러나 한나는 이러한 문제에도 불구하고 자신을 도울 자원을 가지고 있다. 시장은 자신의 마법을 사용해서 나무 버섯을 제빵을 위한 크림과 밀가루로 변형시켰다. 아마도 한나는 양육이라는 내부의 원형(inner archetypal)을 발견한 것 같다.

　　상자 2에서는 나무로 만들어진 피규어들이 많이 나타나고 있다. 나무의 존재는 목재로 작업하는 두 목수의 역할에서 더욱 두드러진다. 많은 사람이 나무로 만들어졌다. 탑, 두 개의 테이블, 도구 상자, 솔방울, 돌고래 모두 나무로 만들어졌다. 목재는 나무의 생산물이다. 나무의 상징은 광대함이다. 나무는 자연에서 땅에 뿌리를 내린다는 면에서 여성적이며, 하늘에 왕관을 가지고 있다는 점에서 남성적이다. 즉, 나무는 반대 에너지 간의 조화, 즉 전체성의 상징을 가지고 있는 것으로 볼 수 있다. 노르웨이 신화의 위그드라실(Yaggdrasil)은 '세계수'로 잘 알려져 있는데 삶, 죽음, 변형의 모든 측면을 가지고 있다(Sturlson, 1984). 나무는 동양에서 '근본적인 요소'이다(Cooper, 2004). 그리스도는 영혼을 만드는 목수로 묘사된다. 나무는 십자가와 선악을 아는 나무와도 관련된다. 중국 도교 전통에서 나무는 다섯 요소들(나무, 불, 흙, 금속, 물) 중에 하나이다. 나무 요소는 봄과 동쪽의 성질과 연관되며(Yang, 1961) 새로운 성장을 나타낸다. 한나는 내적 자원에 접근하면서 새로운 성장과 발달이 일어나고 있다.

아름다운 돌고래는 중앙의 연못에 살고 있으며 가장자리를 돌면서 만다라 모양의 형태로 경계를 만드는 것을 돕고 있다. 만다라는 힌두교와 불교에서 유래하였으며 일반적으로 사각형 안의 원의 형태로 동심원의 그림이나 형상을 말한다. 만다라는 전통적으로 명상을 하는 사람의 주의를 집중시키는 데 사용되며 신성한 장소로 정의되기도 한다. 지하 조력자의 도움을 받아 드러나지 않던 정신 에너지를 분명히 하고 움직이면서 한나는 성격의 중심점을 파악하기 시작하였다. 이것이 모래놀이에서 볼 수 있는 자기 원형의 특징인 '자기의 배열(constellation of the self)'은 아니지만, 한나가 모래놀이 과정에서 경험하는 정신 작업에 대해 개념화하고 정신 작업을 구성하는 중심을 나타내는 것으로 보인다(Kalff, 2003).

마을 사람들은 돌고래가 연못의 제방을 수리할 때 손을 흔든다. 연못은 깊은 곳으로의 접근이 가능한 즐거운 장소이다. 자연에서 돌고래는 굉장히 지적인 해양 포유류로 알려져 있으며 초음파로 서로 의사소통한다. 어떤 돌고래들은 딸각거리는 소리를 내거나 휘파람 소리 같은 소리를 냄으로써 의사소통을 한다. 돌고래는 고래가 출산 시 얕은 물에서 움직이지 못하게 되면 고래를 도와주기도 하고, 바다에서 수영하다가 문제가 생긴 사람을 도와주기도 한다. 게다가 돌고래는 매우 장난스럽기도 하다(Martin, 2005).

돌고래는 전 세계적으로 신화에서 중요하게 기술되고 있다. 그리스에서 돌고래는 신이 타고 다니는 것으로 표현된다(De Vries, 1984). 그리스 선원들은 돌고래를 목격하는 것을 여정에서의 좋은 징조로 여긴다. 그리스의 화병에는 돌고래가 지상 세계와 지하 세계 사이를 연결하는 저승사자로 표현되어 있는데, 저승사자는 길을 잃은 영혼과 죽은 자를 인도하는 역할을 한다(Gimbutas, 1982). 힌두교에서 강에 사는 돌고래는 물과 생명의 자원인 신성한 어머니 간지스와 연관된다(Singh, 1994). 기독교에서는 기독교 정신 혹은 교회를 의미하는 그림에서 닻과 함께 고래를 그려 표현한다(Ferguson, 1966). 성 어거스틴은 '급할수록 돌아가라'는 자신의 신념을 표현할 때 닻과 돌고래를 사용하였다(Ferguson, 1966).

상자 2의 중앙에 있는 아름다운 돌고래에서, 한나가 무의식에서 새로운 정신적 자질을 가지고 와서 의식의 표면으로 끌어올릴 수 있는 수단을 가지고 있음을 알 수 있다. 그녀는 자신의 내면 세계와 의사소통하는 방법을 알아냈다. 이를 통해 한나는 자기라는 집으로 돌아가는 길을 알게 되었다.

한나가 이야기를 하기 전 놓은 마지막 피규어는 양동이를 든 녹색 남자였다. 이 남자는 중요한 역할을 한다. 그는 쓸모없는 더러운 물을 가져다가 좌측 하단 코너 부근에 버린다. 그곳에서 더러운 물은 깨끗한 물로 변하여 탑으로 가서 중앙의 연못으로 돌아간다. 한나의 상자 2에서는 치유, 청소, 새로움, 수선, 건설의 주제가 많이 나타나고 있다. 물은 깨끗해지고 리사이클 된다. 이것이 더러운 물이 깨끗한 물로 바뀌는 방법이다. 물은 무의식의 상징이다. 이 물이 더럽기 때문에 한나는 불분명하던 무언가를 명확하게 하려고 한다. 또한 이 물은 재활용되고 있다. 무언가 막히고, '순환'되지 않았던 것이 지금은 자유롭게 움직이게 된 것이다.

마지막으로, 목수는 부처 동상을 만들었는데 작고 빨간 남자가 조심스럽게 돌보고 있다. 한나는 밤에는 부처의 눈이 마을을 비춰 준다고 하였다. 집단 무의식에서 한나는 먼 동양의 강력하고 평화로운 신을 골라서 어둠을 통과하는 길을 보여 주도록 하고 있다. 융 심리학에서 집단 무의식은 우리가 모두 연결되고 공유하며 우리를 인간으로 만들어 주는 특별한 성격을 가진 존재의 특성이

다. 집단 무의식은 전 세계 문화에 걸쳐 반복되는 비슷한 신화 주제의 자원이
된다. 집단 무의식으로부터 중심과 의미에 대한 감각, 존재의 조직화 원리를 찾
게 된다(Jung, 1981). 인간 가능성에 대한 이런 무한한 레퍼토리는 우리의 유전
적 구조에 입력되어 있으며 우리의 신경 네트워크로 만들어진다. 무엇으로 구
성되든 간에 이 작은 아이슬란드 소녀가 자신의 문화, 의식적 지식과는 전혀 다
른 상징을 찾아낸 곳이 집단 무의식인 것이다. 경이롭게도 집단 무의식은 그녀
가 평화와 평정심을 가지고 어둠을 뚫고 나가는 데 필요한 바로 그 에너지를 가
지고 있다.

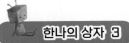

한나의 상자 3a

한나의 상자 3b

한나 이야기
상자 3

✨ 동물원과 놀이터 ✨

동물원에는 모든 종류의 동물들이 있어요. 한쪽에는 동물이 있고. 다른 쪽에는 놀이
기구들이 있어요. 새와 하마(우측 상단 코너)는 여기가 동물원이라는 것을 말해줘요.
암탉은 여러 가지 색의 달걀을 낳았고 아름다운 울타리가 둘러싸고 있어요. 개구리
형태의 분수에서는 입에서 물이 뿜어져 나와요. 새는 거기 앉아서 목욕을 하고 있어
요. 새가 지저귀면 개구리는 물을 위로 뿜어요.

빨간 옷을 입은 여자는 동물들을 보고 있으며 바구니를 든 여자는 공원에서 꽃을 팔고 있어요. 남자는 티켓을 사고 있어요. (한나는 "뭘 가지고 와도 되나요?"라고 물어보면서 선반에 가서 노란 블록과 검은 머리의 여자를 가지고 와서 우측 하단 코너에 놓았다.)

미끄럼틀 옆에 소년이 서 있어요. 남자는 지구본을 돌리는데, 화살이 육지에 멈추면 어떤 것을 얻게 되고 바다에 멈추면 아무것도 얻지 못해요. 놀이터 미끄럼틀 위에 앉아 있던 소년은 손을 든 아이를 놀리고 있어요. 원숭이는 나무 위에서 움직이면서 아래를 내려다보고 있어요.

가끔 저녁에 하마와 불가사리에서 빛이 나서 동물들이 어둠을 무서워하지 않아요. 모래에 있는 꽃에서도 작은 불이 켜져요. 날씨가 항상 좋아서 접수대를 밖에 놓아도 돼요.

논의
한나의 상자 3

사람들이 바쁘게 자신의 일을 하고 있는 동물원과 놀이동산에는 움직임과 활동이 있다. 모든 것이 정리된 것 같고 조화롭게 돌아가는 것처럼 보인다. 그러나 지구본을 돌리는 게임의 결과는 예측할 수 없다. 만약 화살이 땅에 멈추면 상을 받지만 바다에 멈추면 아무것도 얻지 못한다. 어떤 것을 얻는 것은 확률의 문제이고 확실하지 않다. 이것은 학업에서의 한나의 내적 경험을 반영한 것으로 보인다. 학습 문제로 인해 숙제를 이해하는 데 어려움이 있고 간혹 잘해내더라도 우연히 일어난 것으로 보일 것이다. 불확실성의 고통은 성게, 납작한 돌, 뼈로 만든 미끄럼틀 위에 서 있는 위협적인 소년으로 나타난다. 그는 손을 들고 있는 벌거벗은 아이를 손가락질하며 놀리고 있다. 가학적인 성격과는 대조되는 약하고 무력해 보이는 아이를 괴롭힌다. 아마도 이것은 자기 경멸로 자신을 괴롭히는 한나의 불균형적인 남성적 에너지를 드러내는 것일 것이다.

한나가 이러한 정신의 고통스러운 면을 직면하고 있을 때, 새로운 자원이 근처 야자수 위에 있는 원숭이의 모습으로 나타난다. 원숭이는 동물원에서 유일한 야생동물이며 유일하게 자유로운 동물이다. 한나는 원숭이가 나무 위에서 모든 상황을 볼 수 있는 유리한 위치에 있다고 말한다.

원숭이와 초록 나무는 못된 소년과 무력한 아이와의 고통스러운 직면에 필요한 에너지와 힘을 부여한다. 나무 위아래를 민첩하게 움직이는 원숭이는 상징적으로 영성을 향하는 첫 번째 충동으로 볼 수 있다(Kalff, 1988). 한나의 내부에서 영적 혹은 종교적 삶이 깨어났을지도 모른다. 다른 한편으로 원숭이는 자신을 괴롭히는 한나의 정신의 그림자 특성을 갖고 있는지도 모른다. 그림자 특성은 그녀가 무언가를 잘못했거나 나쁘다고 말한다. 그림자는 의식의 영역에 있던 정신적 물질로 구성되는데, 자아가 받아들이지 못하기 때문에 그림자라고 부르는 정신 영역에 억압된다(Jung, 1977). 그림자는 자아가 받아들이지 못하는 부정적 혹은 긍정적 특성들로 구성되어 있다는 것을 기억해야 한다. 개성화는 의식, 집단 무의식, 자기의 중심 원형의 간극을 줄이는 것이 필요하다. 이것은 개인 무의식인 그림자를 의식에 통합시킴으로써 가능하다. 만약 원숭이 에너지가 자기 판단과 자기 비난이라는 남성적 성격을 통합하도록 촉진한다면 한나는 진실한 성격을 자유롭게 탐색하고 발달시킬 수 있게 된다.

힘없는 아이를 보호하는 또 다른 자원으로 빨간 옷을 입은 흑인 여인이 있다. 그 여인은 아이와 못된 소년을 향해 간다. 그녀의 강직함과 관심 어린 눈빛은 그녀가 이러한 비열한 행동을 참지 않을 것이라는 분명한 인상을 준다. 이 여인의 성숙한 형태를 통해 강한 여성적 힘을 보여 준다. 그녀의 검은 피부색은 이러한 특성이 그림자에서 나와서 의식으로 가고 있다는 것을 보여 준다. 빨간 옷을 입은 여자 외에도 다른 두 명의 성숙한 여인이 있다. 한 명은 꽃을, 다른 한 명은 티켓을 판다. 한나가 고압적인 남성 에너지의 자기패배적 측면을 직면하게 되면서 강력한 여성적 힘이 안정감과 균형을 갖고 출현하게 되었다.

세 명의 성숙한 여성의 강력한 여성 에너지를 강화하면서 우리가 상자 1, 2에서 본 아름다운 여성의 형태가 여기서 다시 나타나는데 동물을 보호하는 보석으로 된 울타리로 드러난다. 심지어 한나가 만든 미끄럼틀의 기반은 둥근 형태의 성게이다. 성게는 바다의 밑바닥에 산다. 모양은 둥글고 땅의 부푼 배 혹은 가슴을 연상시킨다. 잔인한 행동을 하는 남성적 피규어가 그 위에 서 있다는 것이 흥미롭다. 이 피규어를 둘러싼 풍부한 여성적 에너지에 한나가 다가감에 따라 내적인 남성 에너지는 지배적인 위치를 잃어버리는 것처럼 보인다.

중앙에 있는 새의 욕조의 균형 잡힌 사각형과 원의 조화를 통해 에너지의 정신내적 수정이 일어나고 있음을 알 수 있다. 둥근 새의 욕조는 둥근 연못 안에 있는 사각형의 받침대 위에 놓여 있다. 개구리 네 마리는 연못 주변에 사각의 형태로 앉아 있다. 방금 전에 우리는 여성적 에너지를 가진 둥근 형태에 대해 얘기했다. 이것은 일반적인 원이나 사각의 원형적 모양과는 다른데, 이 특별한 분수에서 두 가지 모양이 같이 나타난다. 가장 기본적이고 근원적인 모양으로서 원은 남성성, 태양의 성질을, 사각형은 땅의 여성성을 나타낸다. 원형적으로 이 원과 사각형의 조화는 남성 에너지의 관계에서의 수정이 시작됨을 알려 주는데, 이것은 이제 네 모서리를 지닌 사각형의 여성 에너지 안에 자리를 잡고 있다. 원과 사각형의 조합은 전체성 또는 완벽함의 이미지를 보여 준다(Cooper, 2004).

상자 1에서 논의했듯이, 개구리는 변형적인 에너지를 드러낸다. 이 상자에서 벌거벗은 아이를 괴롭히고 놀리는 미끄럼틀 위의 소년은 이 중요한 분수-새의 욕조를 향해 내려갈 준비를 하는 것을 보인다. 소년이 지금 하려고 하는 행동은 세례식의 변형에 대한 암시, 더 나아가서는 한나의 내적 정신 움직임이 남성성에서 여성성으로 옮겨간다는 것을 확인시켜 준다. 한나의 정신은 비판적이고 까다롭게 구는 남성성을 높은 지위에서 강등시키고 물에 잠기게 함으로써 여성성을 인도하고 돕는 조력자의 역할로서의 위치로 회복시키고 있다.

한나의 정신이 이 같은 작업을 하고 있을 때, 상자의 우측 상단 코너에는 보물들이 출현하였다. 한나는 이곳을 다른 부분과 분리되는 5개의 크리스탈 불가사리 연결로 만들어진 신성한 장소로 만들었다. 이 특별한 장소에는 크리스탈 하마, 새, 두 개의 깃털이 있다. 이곳과 같이 일상의 시간과 장소를 벗어난 신성한 장소를 그리스어로 신성하고 보호된 장소, '테메노스(temenos)'라고 한다. 이곳은 중앙의 분수가 보여 주는 전체성을 반영하며, 성격의 전체로서의 자기의 전조이기도 하다.

하마, 불가사리, 새는 많은 상징을 나타낸다. 하마는 여성적 에너지와 관련되는데, 이집트 문화에서 하마는 대모, 풍요와 보호를 의미하는 하마 신, Tau-rt를 나타낸다(Neumann, 1972). 불가사리는 상자 1에서 말했듯이, 인간 전체성을 상징한다. 새는 영혼을 나르고, 신과 소통하며, 의식의 더 높은 수준에 진입할 수 있음을 상징한다. 여기에 있는 하얀 새와 중앙의 검은 새는 대극에 있는 것처럼 보이며 이것은 한나가 투쟁하고 있는 갈등을 나타낸다. 이 상자에서 한나는 자신 안에 있는 무력한 아이를 느끼기도 하고 접근이 가능한 보호의 자원도 느끼고 있음을 보여 준다. 그녀는 정신 안에서 남성성과 여성성의 균형을 찾는 중요한 발걸음을 내딛고 있다. 자기의 초기 지표가 출현하는 것과 동시에 대극이 시작되고 있다.

한나의 상자 4

한나의 상자 4a

한나의 상자 4b

한나 이야기
상자 4

✨ 위대한 타임머신 ✨

여기는 인디언들이 살고 있고 추장이 다스리는 곳이에요. 추장, 아내, 아들은 큰 천막에서 살고 있어요. 인디안 추장은 그의 왕좌에 서서 나쁜 일이 일어나고 있지는 않은지 지켜보고 있어요. 코끼리는 그를 보좌하고 있어요.

어느 날 소년은 타임머신을 발견했어요. 그는 과거와 미래 어디로든 여행할 수가 있어요. 그는 아무에게도 이것에 대해 말을 하지 않았는데, 원숭이는 그를 도우면서 시간 여행에 동참하고 있어요. 그가 처음 시간 여행을 갔을 때, 그는 인디언 세계로 데리고 오고 싶은 낯선 동물들을 보게 되었어요. 무당벌레, 얼룩말, 달팽이, 고양이 같은 것들이요. 소년은 더 많은 동물을 데려오기 위해 매일 여행을 갔어요.

원숭이의 큰 조각상이 만들어졌는데 이것은 손으로 입을 가리고 있는 작은 원숭이와 닮았어요. 작은 원숭이가 적들을 발견하게 되면 조각상으로 들어가 팔을 움직여요. 조각상에 불이 켜지고 손을 올리면 적들이 두려워해요. 조각상은 작은 원숭이한테 집이에요. 마침내 추장은 늙고 지쳐서 조각상이 그를 대신하게 돼요.

논의
한나의 상자 4

상자 4에서 한나는 인디언의 땅에 도착했다. 이 땅은 좌측 상단 코너의 평평한 돌 위에 굳건하게 서 있는 힘 있고 보호적인 추장이 통치하고 있다. 두 마리의 코끼리가 측면에서 그를 보호하고 있다. 추장은 상자 1에서 나타났던 지시적인 남성적 존재를 보여 준다. 그러나 여기서 그는 첫 번째 상자의 키 큰 등대보다 작으며, 두 마리의 코끼리 사이에 있다. 코끼리는 새끼를 열심히 돌보는 멋진 어머니이다. 아직까지 우세하기는 하나 한나의 정신을 과도한 기대와 가혹한 판단으로 내모는 일방적인 힘인 남성 에너지는 더 이상 기능하지 못한다. 코끼리의 사랑이 넘치고 강한 여성적 에너지에 의해서 완화되기 시작한다.

상자를 가로질러 우측 상단 코너에 어린 인디언 소년과 원숭이가 있다. 반대 코너에 있는 전능한 추장과는 반대로, 작고 도움을 주는 새로운 남성성의 출현이다. 비밀스럽고 특별한 장소의 피신처에서, 소년은 일반적인 시간과 장소의 제한을 뛰어넘을 수 있는 타임머신을 발견했다. 흥미롭게도, 한나의 타임머신은 시계이다. 우리는 모래놀이에서 시계가 있으면, 시간이 핵심이라고 생각한다. 정신의 세계에서 이것이 무엇인지 알아내는 것이 필요하다.

건강한 아니무스 피규어인 소년의 안내를 받으며 한나는 정신세계의 다른 수준에 접근할 수 있게 된다. 융 심리학에서 여성의 성격은 여성 에너지가 지배적인 특징을 가지고 있으나, '아니무스'라고 하는 건강한 남성적 요소도 가지고 있어야 한다(Singer, 1995). 성격 중심인 전체 자기에 접근할 수 있게 하는 것은 이 작은 남성적 요소의 통찰력 있는 안내에 의해서이다.

상자 3에서 보았던 한 마리의 원숭이가 상자 4에서는 두 마리의 조력자가 되었다. 이는 한나가 내적 자원을 더 많이 찾게 됨을 강조하는 것이다. 이전에 논의한 대로, 원숭이는 상징적으로 영적인 것에 대한 충동으로 여겨진다. 이 원숭이는 매우 강력하며 보호자와 안내자로서 기능한다. 한나는 작은 원숭이가 입을 가리고 있다고 말하고 있는데, 나무로 만들어진 더 큰 원숭이도 같은 제스처를 하고 있다는 것을 알 수 있다. 원숭이들은 말을 하지는 않지만 강력한 조력자이다. 작은 원숭이는 입을 손으로 가린 채 조용히 일을 한다. 그는 문제가 생겼는지 살펴보고 큰 원숭이 조각상의 보호적인 힘을 이끌어 낸다. 기적적으로 모래놀이의 자유롭고 보호적인 공간에서 한나의 정신은 성격과 내적 진실의 중심에 다가갈 수 있도록 안내하는 남성 에너지를 만들어 냈다.

한나는 타임머신을 이용한 이 여행이 비밀이라는 점을 명확히 했다. 처음으로 이 열 살 소녀는 자신만의 경험을 하기 시작했다. 그녀의 경험은 자기에 의한 것이며 더 이상 남성 권위에 지배되지 않는다. 사실 이 시간 여행으로 얻은 예측되지 않았던 결과는 매우 긍정적이다. 작은 소년은 상자 1에서 처음 나타났던 달팽이와 무당벌레와 같은 아름다운 보물들을 가지고 돌아온다.

　상자 1에서, 무당벌레는 아름다운 돌을 발견하고 올바른 장소에 되돌려 놓는다. 상자 1에서 그녀의 정신적 성장을 바랐듯이, 여기 작은 인디안 소년은 상징적으로 그녀의 성장을 현실화하고 있다. 그는 한나가 자신의 정신 내에서 사용할 수 있는 강력한 내적 자원으로서 무당벌레를 이 세계로 가지고 온다. 앞서 이야기했던 무당벌레와 관련된 구절은 아이들의 필요에 의해서 혹은 위험으로 인해 어머니가 집으로 돌아오는 것을 상징적으로 보여 준다. 이 상자의 인디언 땅에서 어머니의 특성은 추장 옆의 두 마리의 코끼리에 반영되어 있다. 여성적 에너지에 대한 남성성을 재배열한 결과, 한나는 발달하는 성격을 돌보고 양육하는 좋은 어머니의 원형적 힘을 갖게 되었다.

　추장은 강한 남성성의 존재이지만, 곧 그가 늙고 지쳐 조각상으로 대치된다. 미국 원주민은 땅에서 살고 자연의 순환에 반응하며 사는 사람들이다. 상자 1에서 볼 수 있었던 지시하는 존재로서의 남성 에너지의 영향력이 줄게 되면서 한나는 더 자연적이고 근본적인 존재의 방식에 다가갈 수 있게 된다. 그녀는 자신의 내적 자원에서 자신에 대한 사랑과 수용을 끌어낼 수 있게 되었다.

　더욱이 상자 1의 아름다운 중국 여인이 돌아왔다. 남성 에너지가 여성 에너지와 함께 올바르게 재배열됨으로써 이제 그녀는 중심으로 갈 수 있게 되었다. 상자 1에서 잠재적인 발전 가능성을 가지고 있던 아름다운 여성 에너지는 이제 다양한 색의 천막 아래의 중앙에 놓여 있다. 그녀는 곁에 분홍색 돼지를 데리고 있다. 돼지는 많은 새끼를 생산하는 다산의 상징이다(Cooper, 2004). 상자 4에서 우아한 여인과 돼지의 결합은 한나의 계속되는 정신 발전에 있어서 아름다운 여성적 특성이 많이 생겨날 것이라는 점을 알려 준다.

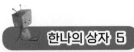

한나의 상자 5a

한나의 상자 5b

한나의 상자 5c-이야기가 오른쪽에서 왼쪽으로 진행됨

한나 이야기
상자 5

✨ 위대한 주문 ✨

이 이야기는 마법 동물에 대한 이야기예요. 이 동물은 태어나자마자 산에 버려져서 몇 년을 혼자 살았어요. 이불로 감싸져 있어서 추위를 느끼지는 않았어요. 나중에 나쁜 마법사가 이 동물을 나이 많은 다른 동물로 변신시켜요. 그는 바구니를 언덕 밑으로 내려다 놓아요. 이제 바구니의 이불은 얇아지고 더러워져서 춥게 느껴져요.

몇 년 후에 동물은 다시 바뀌어요. 이제 이것은 집채만큼 커져요(점박이 강아지). 마을 사람들은 그 동물을 무서워해요. 그러나 다른 동물들은 무서워하지 않고 그 큰 동물을 못 본 것처럼 행동해요.

어느 날 이 동물은 마을에 내려와서 먹을 것을 찾는데 사람들이 다시 산으로 쫓아버리면서 다시는 돌아오지 말라고 말해요. 동물은 몇 달 동안 배가 고팠어요. 동물을 무서워하지 않는 작은 소녀가 호수에서 놀면서 새들에게 빵을 주고 있어요. 그녀는 동물들과 놀며 도와주는 것을 좋아해요. 그녀 옆의 오리는 소녀가 만져 주는 것을 좋아해요. 소녀는 이 동물 소리를 듣게 돼요. 그녀는 부모의 허락을 받지 않고 산으로 올라갔어요. 거기서 소녀는 동물을 보고 말을 걸었어요. 동물은 무서웠지만 소녀가 먹을 것을 주자 맛있게 먹었어요. 소녀는 동물에게 같이 산에서 내려가면 도와주겠다고 말했어요. 동물은 소녀에게 친절했고 산을 내려가면서 등에 탈 수 있도록 했어요. 그들은 산에서 내려왔고 소녀는 이 마법에 걸린 동물을 모든 사람들과 동물들에게 보여주고 그들은 같이 놀았어요.

그러자 마법사가 와서 돌풍을 만들었어요. 그러나 그때 노란 정령이 마법사를 쫓아냈어요. 마법사는 안 가겠다고 하여 화가 난 노란 정령이 주문으로 사라지게 하려고 했어요. 그러나 주문을 잘못 외워서 마법사는 이전에 다른 마법사가 주문을 걸어 나쁜 마법사로 만들기 전의 좋은 사람으로 되돌아 갔어요(모자 쓴 어부를 가지고 와서 좋은 사람이라고 함). 노란 정령은 동물을 원래 크기로 돌려놓았어요.

작은 소녀는 동물을 무서워하지 않았으며 동물은 소녀와 함께 살면서 같이 놀았어요. 그들은 비밀 장소를 만들고, 같이 먹고, 동물은 여러 가지 도움을 주었어요. 그들은 가끔 비밀 장소에서 놀았어요.

논의
한나의 상자 5

상자 5에서 한나는 지난 상자에서 중앙 부분에 자리한 여성 에너지와의 작업을 계속하였다. 여기서 그녀는 부모로부터 버려지고 굶주린 기적의 작은 생명체의 고통스러운 이야기를 통해 정신 내부의 상처를 돌보는 능력을 탐색했다. 한나가 겪었던 고립감과 고통이 처절하게 나타난다. 그 동물이 마법사의 음모로 바뀌어 살면서 마을 사람들은 먹이를 주지 않았고 그 동물을 쫓아 버렸다. 그러나 동물을 사랑하고 이해하는 작은 소녀는 동물을 안심시키고 음식을 주었다. 한나의 이야기에서 소녀는 부모의 허락 없이 자신의 뜻대로 행동한다. 이야기를 통해 한나는 성격의 결핍된 측면을 채우기 위해 자신의 정신적 자원을 끌어올 수 있다는 것을 보여 준다.

소녀가 하산할 때 거대한 동물의 등에 타고 내려와 일상으로 돌아온다. 그녀가 동물을 올라탔다는 점은 새로운 정신적 자질을 숙달하여 본능과의 건전한 연결을 나타내는 것으로 보인다. 한나는 더 이상 남성적 에너지로 인해 고통받지 않았으며, 남성적 에너지를 성장시키고 그녀의 삶에 기꺼이 받아들일 수 있게 되었다. 한나의 여성적 에너지는 충분히 강하고 용기와 치유의 특성을 보인다. 동시에 그녀는 더 이상 위협적이지 않은 남성적 에너지와 여성적 에너지를 연결하여 안정적인 균형을 이루었는데, 이는 남성적 에너지와 여성적 에너지가 모두 본능과 건강하게 연결되어야 가능한 것이다.

나쁜 마법사가 만든 돌풍과 '노란 정령'으로 불리던 부처의 개입 이후, 한나의 정신은 문제들을 해결하고 새롭게 발달한 특성들을 성격에 통합시킨다. 마법사는 원래의 좋은 사람으로 돌아왔고 동물은 원래의 크기가 되었다. 흥미로운 점은 한나가 어부로 일반 사람을 대표했다는 점이다. 상징적으로 물고기는 정신 내에서 새로운 삶에 대한 희망이라는 심오한 에너지를 지니고 있다. 물고기의 그리스어인 ΙΧΘΥΣ는 기독교에서 신의 아들인 예수 그리스도로 번역되는 머리글자이다(Glazier & Hellwing, 2004). 인도의 힌두 전래 이야기에서 비스누 왕은 악마에게 빼앗긴 사랑하는 파바티를 구하기 위해 큰 물고기로 변해서 심해로 내려갔다고 한다. 파바티는 비스누가 살아남기 위해 필요한 그의 배우자이자 여성 상대였다. 한나의 이야기에서 마법 동물을 구한 것과 같이 비스누와 파바티의 이야기는 상징적으로 남성성에 대한 여성성의 재정립을 의미한다.

모래상자 중앙에 오리에게 먹이를 주는 소녀가 있다. 오리들은 하늘과 땅, 물 사이를 다니며 미국 인디언 문화에 따르면 천국과 지옥을 중재한다고 전해진다(Cooper, 2004). 그러므로 오리는 상징적으로 무의식과 영혼에 있는 새로운 재료에 접근할 수 있는 에너지를 나타낸다. 이것은 내적 지혜의 창조적인 잠재력을 발산시키고 자기에 대해 학습하는 것을 촉진시키는 에너지이다. 한나의 작은 소녀는 창조적이고 영적 특성을 가지고 있는 오리들을 먹이고 키우고 있다.

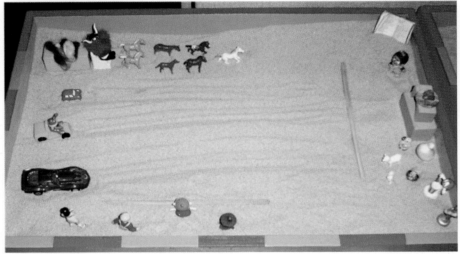

한나의 상자 6a

한나의 상자 6b

한나의 상자 6c

한나 이야기
상자 6

✨ 위대한 경주 ✨

지금 경주를 하고 있어요. 산타클로스의 썰매와 작은 요정도 이 경주에 참여했어요. 모두가 큰 빨간 자동차가 우승할 것이고 다음으로 초록색 자동차, 그리고 가장 작은 빨간 자동차와 썰매는 경기에서 질 것이라고 생각했어요.

작은 소녀가 심판이고 개구리는 쌍안경을 가지고 누가 이기는지 보고 있어요. 관중들은 경주를 보고 있으며 밴드는 연주를 하고 있어요. 드럼을 치는 남자가 있고 양들은 매애 하고 울고 있으며 새들은 노래하고 있어요.

산타클로스가 책에 도달하자 책이 덮이면서 산타클로스가 우승하게 돼요. 상은 붉은 다이아몬드예요.

작고 빨간 차와 썰매의 동점으로 레이스가 끝났어요. 큰 빨간 차는 기름이 떨어지는 바람에 통제가 되지 않아 레이스에서 탈락했어요. 초록색 자동차가 마지막에서 두 번째로 들어왔어요. 경기에서 비긴 둘은 친구가 되었고 언쟁 같은 건 없었어요. 산타클로스는 그 작은 빨간 차를 산타클로스의 나라에 초대했고 작은 차를 심판의 크리스마스 신발에 넣어 주었어요. 그 소녀는 작은 빨간 차를 모든 경주에 참여하게 하여 마침내 최고가 되었고 산타클로스는 이를 지켜보았어요.

논의
한나의 상자 6

한나는 썰매, 작은 빨간 차, 초록색 차, 붉은 보라색의 스포츠카로 네 가지 다른 탈 것들의 경주를 만들었다. 이전의 상자처럼 한나는 작업에 신경을 많이 썼다. 노란색 블록과 하얀색 의자로 운전자가 앉을 수 있는 썰매를 만든 것은 매우 창의적인 작업이었다. 일곱 마리의 말로 이루어진 썰매 팀은 실제로 연결되어 있지는 않았지만 같이 질주할 것같이 느껴진다.

산타클로스가 썰매를 운전하는 것이 흥미롭다. 크리스마스에 어둠에서 새로운 빛이 탄생하는 것과 같이 이 상자에서도 새로운 시작이 일어나고 있다. 아무도 기대하지 않았던 산타클로스와 작은 빨간 차가 동점으로 진정한 승자가 되었다. 그들은 단상에서 커다란 빨간 보석을 상으로 받았다. 둘이서 상을 나눴다는 사실은 새로운 탄생이라는 상징성을 더욱 뒷받침한다. 숫자 2는 무의식에서 나타난 새로운 정신적 자질의 출현과 관련되어 있다(Eastwood, 2002).

우리는 약자의 위대한 승리를 많이 보아 왔다. 그중 고대 중국의 시에 등장하는, 아버지를 구하기 위해 전쟁에 나간 뮬란이 있다. 뮬란은 용감하고 매우 결연했다. 마지막에 그녀의 용기는 보상받는다. 이 이야기는 만약 누군가를 사랑하고 용기가 있다면 남들이 보기에 불가능해 보이는 것이라도 이룰 수 있다는 메시지를 전달한다(Dong, 2010).

한나의 경주에서 심판은 자신만의 힘을 가진 단호한 소녀이다. 그 심판은 경계하는 듯이 서 있고 지갑을 가지고 있다. 그녀는 이제 더 이상 상자 4에서 보였던 무력한 희생자가 아니라 경주를 운영하고 결정할 수 있는 사람이다. 한나는 무력한 위치에서 벗어나 지금은 그녀와 관련된 일에 대해 스스로 결정할 수 있는 위치에 있다. 이러한 성장력은 산타클로스가 책에 도달했을 때 나타났다. 책을 덮고 그는 상을 받는다. 이곳이 그가 있어야 할 바로 그 장소이다. "그들은 그 안에 있는 책을 덮었다(They closed the book in it)"라는 관용구의 의미처럼 그들은 일을 완수해 냈다. 작은 책이 정의와 의미를 알려 주는 사전이라는 사실은 한나의 성장을 명확하게 보여 주는 증거이다. 모두가 승리를 축하한다. 밴드는 연주를 하고 양들은 매애하고 울었으며 새들은 노래한다. 한나가 자신을 돌보고 그러한 힘을 느끼는 능력을 발달시키는 것을 인식할 때 모든 자연물이 그녀와 함께한다.

상자 6에서는 빨간색과 하얀색 피규어가 두드러진다. 빨간색은 에너지, 감정, 열정과 관련되고 이것은 경주에서 느껴진다(Cooper, 2004). 산타클로스는 빨간 색과 하얀색이고 승객, 썰매도 마찬가지다. 결승점을 나타내는 책의 커버, 승리 를 공유했던 차와 트로피 보석도 모두 빨간색이다.

흰색은 서구 문화에서 순수성을 나타낸다(De Vries, 1984). 이번 상자에서 산 타클로스의 의자와 두 마리의 새, 플랫폼 옆에 있던 양이 모두 흰색이다. 팀을 리드하는 말도 흰색이다. 말은 영혼의 입문(initiation)과 전이(transition) 시 이를 안내하는 저승사자의 에너지를 나타낸다(Samuels, 1997). 심리학적으로 이러한 피규어는 자아와 무의식을 연결하는 역할을 한다. 이 아름답고 우아한 동물을 매개체로 사용함으로써 한나는 계속해서 자신감을 가지고 개선되어 자기 자신 의 깊은 곳으로 들어갈 수 있게 된다.

한나의 상자 7a

한나의 상자 7b

한나의 상자 7c

한나 이야기
상자 7

🪄 마법 신발 ✨

3명의 가장 친한 친구들은 학교가 끝나고 집으로 가는 중이었어요. 테디베어 곰 소녀들은 쌍둥이예요. 그들은 모두 집에 가서 소풍에 필요한 몇 가지 간식을 준비했어요. 그들은 학교와 가깝지만 이전에 가 보지 않았던 산에 오르기로 했어요. 산에 오르는 길에 간식을 먹었는데 테디베어 중 하나가 보물상자를 발견해서 친구들에게 알렸어요. 그들은 상자 여는 법을 찾으려 했어요. 쌍둥이의 친구가 상자를 열었는데, 그들은 상자에 금이 있을 것이라고 생각하며 이제 부자가 될 것이라고 생각했어요. 그러나 그 안에는 신발이 있었고 각자의 신발 크기는 모두 달랐음에도 하나같이 신발이 발에 딱 맞았어요. 그들은 그 신발을 마법 신발이라 불렀고 누구에게도 이야기하지 않았어요.

며칠 뒤, 그들은 그 신발을 가지러 다시 왔어요. 그들 중 둘이 신발을 나누어 신었고 세 번째 친구는 가운데 있었어요. 조금 이상한 일이 벌어졌어요. 그들은 원을 그리며 돌았고 낯선 장소에 와 있었어요. 이제 그들은 그 신발이 그들이 바랐던 마법이라는 것을 알게 되었어요. 그들은 바다에 와 있었어요. 갑자기 그들은 인어가 돼서 즐겁게 놀았어요. 충분히 놀고 난 뒤, 그들은 집에 가고 싶어서 신발에게 집으로 데려다 달라고 했어요. 신발은 그렇게 해 주었어요.

다음 날 방과 후에 그들은 다시 상자로 가서 신발을 신고 이상한 사람들이 나무에 살고 있는 신비한 세계로 갔어요. 그 사람들은 소녀들에게 나무에서 그네를 타는 법을 가르쳐 주었고 즐거운 시간을 보냈어요. 충분히 시간을 보낸 뒤 집으로 돌아갔어요.

다음 날 그들은 다시 산으로 갔는데 신발이 사라졌어요. 그들은 여기저기 신발을 찾아보았어요. 그들은 쪽지를 발견했는데 쪽지에는 신발이 지쳐서 일주일의 휴식이 필요하다는 내용이었어요. 또한 신발은 너희들 소유이고 누구도 훔쳐갈 수 없다고 적혀 있었어요. 이후에 신발이 다시 상자에 돌아오자 그들은 다시 여행을 떠났고 즐거운 시간을 보내며 더욱 많은 것을 배웠어요.

논의
한나의 상자 7

상자 7에서 한나는 우리를 즐거운 방과 후 모험에 데리고 갔다. 상자 6의 경주에서 심판을 보던 유능한 소녀는 쌍둥이 곰 인형과 돌아왔다. 그들은 같이 산을 오르고 보물을 발견했다.

한나는 블록과 가구를 이용해서 학교를 만들었다. 학교 책상 하나가 부족했는데 기발하게도 침대를 뒤집어서 책상으로 만들었다. 한나는 모래놀이 과정에서 매우 현명하게 사물을 사용했다. 그녀는 상자 2에서는 침대를 뒤집어서 부처의 연단으로 사용했고, 상자 1에서는 뼈와 조개껍데기로 출입문을 멋지게 만들었다. 또한 상자 2에서 블록 타워를 만들고, 나무판으로 로봇 제빵사 주위를 둘러싸도록 하였으며 주름진 스크린으로 노부부 위에 덮어서 지붕과 집을 만들었다. 상자 3에서는 뼈, 성게, 크고 평평한 돌로 미끄럼틀을 만들었다. 상자 4에서는 주름진 스크린, 손수건, 들보로 사용된 뼈를 가지고 작은 천막을 만들었다. 상자 5에서 한나는 변신 중인 동물을 따뜻하게 하려고 이불로 감싸고, 움푹 꺼진 뼈로 커피 테이블을 만들었다.

비록 한나는 읽는 것은 서툴렀지만 공간 감각은 매우 창의적이었다(Armstrong, 1999). 매우 창의적인 스토리텔링은 한나가 읽고 쓰는 것과 별개로 매우 뛰어난 사고력을 가지고 있음을 보여 주었다. 모래놀이 방식의 자유로움과 스토리텔링 작업이 가지는 개방성은 한나가 피규어, 상징, 상상이라는 자신만의 언어를 사용하게 해 주는 완벽한 매체가 되었다. 이러한 방식은 또한 한나에게 자기 자신만의 경험을 창조하고 반영하도록 하며, 내적 갈등과 아직 준비되지 않은 잠재력을 표출하도록 하였다.

한나는 작은 소녀와 친구들이 산에 올라가서 새로운 세계로 갈 수 있게 해 주는 마법 신발을 발견했다고 하였다. 신발을 신은 아이들이 방문한 곳은 신비로운 경험이 가득한 곳이었다. 마법 신발은 그녀가 인생을 매우 독창적인 방식으로 살아가도록 만들었다. 상징적으로 신발은 특정 방향으로 향하는 개인적 목표를 암시하고 목표나 목적을 이루게 노력하는 것을 암시한다(Cooper, 2004). 신발은 우리가 어떻게 인생을 살고 있는지 말해 준다. 한나는 완벽하게 맞는 신발을 신으면 아이들이 '더 많이 배우게' 되는 새로운 방법을 알 수 있게 된다고 말한다. 한나는 학습에 있어 새로운 방법에 다가간 것처럼 보였다. 모래놀이를 통해 한나는 학습의 새로운 채널을 여는 새로운 신경 통로를 만들기 시작했다.

이전의 상자처럼 한나가 새로 발견한 보물은 나무숲으로 둘러싸인 일반적인 시간과 공간과는 분리된 성스러운 '테메노스'에 있다. 그들이 보물상자를 발견한 이 장소의 특별한 자연 지형과 이 장소에 도착하려면 산을 올라야 한다는 사실은 한나가 새로운 경지에 도달했다는 것을 말해 준다. 한나는 성격의 새로운 수준에 도달했으며 이전 기능의 한계를 넘어서게 하는 내적 자원을 발견했다. 이는 수직적인 상승으로 한나의 뇌는 서로 다른 수준의 연결을 형성하는 새로운 신경 경험을 하고 있는 것으로 생각된다. 이것은 신체, 감각의 뇌간 정보와 위쪽에 위치한 변연계와 피질 기능의 수직적 통합을 의미하며, 이를 통해 한나는 자신의 학습 문제를 더 잘 이해하게 될 것이다. 자신의 재능에 대한 의식적 평가가 가능해지면서 다른 사람들의 기대와 판단에 신경을 덜 쓰게 될 것이다.

이러한 발달의 초기 특성이 테디베어 한 쌍에 반영되어 있다. 한나는 둘을 쌍둥이 친구라고 묘사했다. 모래놀이에서 피규어 한 쌍은 숫자 2를 반영하며, 이는 새로운 정신적 자질이 나타나는 것이라는 점을 기억해 보자. 새로운 것이 무의식에서 출현하기 시작할 때, 이것은 숫자 1이 상징하는 전체성이라고 할 수 있다. 1이라는 전체성은 나뉘어 2가 되고, 이는 후에 특별한 성질의 숫자 3을 발달시키고, 후에는 숫자 4로 물질 세계에 나타나게 된다(Eastwood, 2002). 한나의 상자에서 쌍둥이는 유능한 작은 소녀와 같이 여행을 시작한다. 그들은 다 같이 마법 신발과 새로운 세계를 발견했다. 이번 모래놀이에서 보이는 쌍둥이 주제는 지난번 모래상자의 크리스마스와 새로운 탄생이라는 주제의 연속으로 볼수 있다. 상자 6의 새로운 빛의 약속에서 쌍둥이 테디베어로 발전한 것이다. 한나가 접근하는 새로운 정신적 자질은 구체화되기 시작했지만 아직 유아기에 있다. 한나는 이처럼 새로운 정신적 자질과 능력을 배우면서 이어지는 모래상자에서 이를 더욱 발전시킬 것이라고 예상된다.

한나의 이야기는 그녀가 자신의 내적 한계를 스스로 정할 수 있다는 것을 보여주었다. 한나는 집에 가서 쉬는 시간과 즐겁게 상상하는 시간을 매우 합리적으로 구분할 수 있었다. 한나는 우리에게 "충분히 놀다가 그들은 집에 가고 싶어 했다."고 이야기한다. 한나는 두 번째 여행도 같은 문장으로 끝냈다. 그리고 후에는 신발이 피곤해서 한 주 휴식이 필요하다고 하였다. 확실히 한나는 자신의 내적 욕구를 느끼고 표현하는 방법을 잘 알고 있는 것으로 보인다.

한나가 모래상자에 표현한 학교에서 선생님은 상자 5에서부터 텅 빈 교실의 책상에 앉아서 사전을 읽고 있다. 이러한 선생님이 보여 주는 특성은 한나에게 학교와 학습의 관계를 보여 준다. 선생님을 제외하고 교실은 비어 있다. 여행과 학습은 교실 밖에서 이루어진다. 학교 정원에는 학생들을 위한 색색의 보석과 모래상자가 있다. 한나에게 학교와 학습의 풍요로움은 교실 밖에 있는 보석에 있다. 한나는 학교에서 저평가되거나 무용한 자신의 인지 특성에 대해 새롭게 이해하고 있는 것으로 보인다. 모래상자 안에 꾸며진 한나의 작은 모래상자는 영리하게 만들어졌으며 중앙에 위치해 있다. 한나는 조개 안에 이 모래상자를 만드는 데 특별히 공을 들이고 잘 보이는 자리에 위치시켰는데, 이는 그녀의 모래놀이 작업이 그녀에게 중요하다는 점을 강조하는 것으로 보인다. 모래놀이를 통해서 일반적인 학습 방법으로는 알 수 없었던 그녀의 새로운 면면에 대해 탐색하게 되었다는 점을 한나의 정신이 인식하고 있는 것으로 보인다.

한나의 상자 8

한나 이야기
상자 8

✨ 위대한 퍼즐 ✨

어떤 소녀가 있는데 세계가 멸망하지 않으려면 퍼즐을 풀어야 해요. 소녀가 퍼즐을 푼다면 세계는 더 이상 위험에 처하지 않아요. 첫 번째 퍼즐을 풀기 위해서 장미 가시에 찔리지 않고 파란 돌에 도착해야 해요. 그녀는 겨우 장미에 찔리지 않고 파란 돌을 만지는 데 성공해요.

다음에 소녀는 두 번째 퍼즐로 갔어요. 거기서 소녀는 큰 숲을 뚫고 지나가야만 해요. 나무들이 그녀를 잡으려 했지만 그녀는 칼을 사용해서 가지들을 쳐냈어요. 소녀는 성공했고 세 번째 퍼즐에서 위아래로 움직이면서 이 돌에서 저 돌로 점프하여 마지막 두 개의 파란 돌에 점프했어요.

그리고 마지막 퍼즐에 도착했어요. 소녀는 3단 서랍장의 서랍 안에 있는 300개의 돌을 모두 제자리에 정리해야 해요. 성공하면 계단이 나타나고 계단을 통해 서랍장의 꼭대기에 올라가서 병을 열 수 있게 돼요(한나가 선반에서 병을 가져옴). 만약 소녀가 해낸다면 모든 것이 제자리로 돌아갈 거예요.

표범과 두 마리의 코끼리가 서랍장 앞에서 망을 보고 있어요. 소녀는 들어가기 위해 암호를 말해야 해요. 소녀는 "문을 열어라. 내가 문제를 다 풀었고 마지막 문제도 내가 풀 것이다."라고 했어요.

그들은 소녀를 들어가게 했고 소녀는 순서대로 돌을 놓았어요. 그러나 서랍장은 돌들이 제자리에 놓여 있지 않다고 말했어요. 소녀는 다시 시도했고 2개의 돌이 잘못 놓인 것을 알게 되었어요. 소녀는 가장 큰 돌이 잘못 놓여 있다는 것을 알게 돼서 다른 곳으로 자리를 옮겼어요. 어떤 소리가 들리자 소녀는 무서워졌어요. 서랍장이 계단으로 바뀌었어요. 소녀는 병을 향해 올라갔고 이전에 퍼즐을 풀려고 했던 사람들의 사진을 보게 되었어요. 소녀가 병을 열려고 하자 정령이 나타나 그녀가 모든 문제를 풀었고 세상은 다시는 위험하지 않을 것이라고 했어요. 그리고 그 정령이 소녀를 데리고 집으로 갔는데 많은 사람들이 그녀를 환영했어요. 소녀는 자랑스러웠고 죽을 때까지 잘 살았어요.

논의
한나의 상자 8

상자 8에서 한나는 여러 개의 퍼즐을 풀었다. 세계는 그녀 손에 달려 있었기 때문에 그녀는 선택의 여지가 없다. 그녀는 혼자서 이 원형적인 여행을 하고 있다. 조력자도 없으며 온전히 자신의 자원에 의지하였다. 이 여행을 감당하기 위해서 그녀는 용감해야만 했다. 이러한 내적 여행은 도전에 실패하면 자멸하게 된다는 특징이 있다. 정신은 남성적 에너지에 지나치게 의존하는 위험한 특성을 대체할 새로운 특성에 접근해야 할 필요성을 느낀다. 다른 선택은 없다. 그녀가 바뀌거나 그녀 자신의 파멸에 직면해야 한다.

한나의 지난 상자에서 두 마리의 곰을 통해 새로운 것이 나타나기 시작하는 것을 보여 주었다. 이번 상자에서 이러한 새로운 정신적 자질이 역동적인 3의 집단으로 이동하고 있다. 3개의 파란 돌이 있고 3개의 조개껍데기가 중앙의 테메노스 각 측면에 놓여 있으며, 문에는 세 마리 동물이 있고, 세 그루의 나무와 300개의 돌, 6개의 장미 그리고 3개의 장미 꽃잎이 있다. 여기서 한나는 열심히 퍼즐을 풀고 돌들을 정리하면서 자기의 중심으로 간다. 뮬란이 주인공으로 다시 등장했다. 한나가 뮬란을 선택한 것은 그녀의 내적 투쟁에 딱 맞는 상징이다. 많은 장애물과 위험에도 불구하고 그녀는 이곳에서 물건을 분류하고 순서대로 배열하는 데 확고함을 보였다.

이번 상자에서 한나의 여행지는 지하세계이다. 그녀는 무의식 깊은 곳에 있었다. 이것은 힘든 경험이며, 많은 장애물을 만나게 된다. 자기로 가는 길은 결코 쉽지 않다. 끊임없이 주의를 기울이며 하나의 목표만 바라봐야 한다. 한나의 여정은 신화적 특성을 보여 준다. 이 이야기는 고대 수메르의 이난나(Inanna) 이야기와 유사하다. 이난나는 풍요의 여신으로 자신의 어린 남편을 다시 살리려고 지하세계를 여행한다. 이난나는 지하세계로 내려와서 몇 번의 시련을 겪으면서 막강한 힘을 잃게 된다. 마침내 그녀가 목적지에 도착했을 때 그녀는 죽었고 지상의 식물은 모두 시들게 된다. 신들이 생명의 물을 그녀에게 뿌리자 그녀는 다시 살아났고 땅으로 돌아올 수 있었다(Campbell, 2008). 이난나의 이야기와 같이 한나는 변형되고 다시 태어날 것이다.

한나는 그녀의 첫 번째 과제에서 성공하기 위해 장미 정원을 통해 반드시 그녀의 길을 찾아야 한다. 위험을 피해 가면 하나의 파란색 돌을 얻게 된다. 상징주의에서 장미의 가시는 여러 가지 의미를 지닌다. 기독교에서 장미의 가시는 예수의 어머니인 마리아가 겪는 고통을 나타낸다. 일부는 십자가에 못 박힌 예수의 가시 왕관이 장미나무로 만들어졌다고 한다. 이슬람에서 장미는 선지자인 무함마드의 이마에서 땅으로 떨어진 땀방울에서 자란다고 믿는다. 이슬람과 기독교의 문헌에서는 가시덤불 중앙에서 자라는 아름다운 꽃은 신의 분노 가운데 나타나는 자비를 암시한다(Gothein, 1928). 멕시코 타라스칸(Tarascan) 지역에서는 부부가 장미 가시로 서로의 얼굴을 살짝 긁는 것으로 결혼식을 끝낸다. 이러한 피의 의식은 가족과 혈족의 단합을 상징한다(Friedrich, 2006).

　이러한 상징을 한나의 모래놀이에 적용하면, 첫 번째 퍼즐은 귀한 것을 얻기 위해 고통의 길을 걷는 것으로 생각된다. '고통의 길을 걷는다(to suffer)'는 것은 문자적으로 라틴어에서 su와 fer에 기원을 둔다. 자기의 중심인 집으로 오는 길을 찾기 위해 한나는 자기 자신과 삶에 대한 책임감을 견뎌야 한다. 심오한 수준에서 한나의 정신은 나는 누구인가에 대한 진실을 경외하는 내적 통합을 찾기 위해 분투하고 있다.

　두 번째 도전에서 한나의 영웅은 나무들이 붙들려고 하는 굉장히 위험한 숲을 통과해야만 한다. 그녀는 자신을 붙잡으려고 하는 가지들을 칼로 쳐내며 숲을 통과한다. 불길한 숲은 많은 동화에 등장한다. 우리는 할머니 집으로 가는 빨간 모자 소녀가 그녀를 잡아먹으려고 하는 늑대를 숲에서 만나는 것을 기억한다(Schart, 1982). 헨젤과 그레텔의 계모는 남편에게 그들을 집에서 데리고 나가 깊은 산속에 버리고 오라 한다. 아이들이 기지를 발휘하여 집으로 돌아왔지만 부모는 이들을 다시 숲에 버리고 와서 결국 아이들은 길을 잃게 된다. 이리저리 길을 헤매던 아이들은 사탕과 케이크로 만들어진 집을 발견한다. 그러나 이곳은 아이들을 잡아먹는 식인 마녀의 집이었다(Opie & Opie, 1972).

　이러한 이야기처럼 한나의 상자에서 보이는 숲속의 모험은 무의식의 어둠으로 내려가는 것이다. 우리는 무엇이 거기에 있는지 모르기 때문에 두렵다. 그곳은 알려지지 않았고 두려운 곳이다. 한나의 주인공은 이러한 위협적인 나무의 공격을 칼로 버텨 냈다. 상징적으로 칼은 태양의 신과 관련이 있으며 광선이나 태양 빛에 비유된다. 검은 자르는 신성한 힘과 어떤 것을 다른 것으로부터 끊어 내는 결단력 있는 행위와 관련되어 있다(Cooper, 2004). 즉, 분류하여 질서를 가져온다. 자기 중심으로의 여행은 반드시 힘이 필요하고 자기와 배열되는 것과 아닌 것을 구별할 수 있는 영민함이 필요하다. 운이 좋게도 우리의 용감한 주인공은 성공적으로 무서운 숲에서도 자신의 길을 찾아 나간다.

한나의 세 번째 도전에서 그녀는 두 개의 파란 돌 위에 올라서기 위해 반드시 움직이는 바위들을 지나가야 한다. 이는 트로이 몰락 후 집으로 돌아오는 오디세이의 긴 여정을 연상시킨다. '심플레가데스(Symplegades)'라고 알려진 이 이야기는 움직이는 바위들 사이를 지나가야 하는 힘든 여정을 묘사한다(Homer's Odyssey, 2000). 한나의 상자에서 움직이는 돌들은 호메르스의 이야기에서처럼 위험하다. 정신내적으로 위험한 돌들은 한나가 집으로 가기 위해 직면하는 시련이다. 상징적으로 움직이는 돌들을 피해 가는 것은 새로운 존재로의 길이 시작하는 지점이며 이로써 목표에 더 가까이 갈 수 있게 된다.

주목해야 하는 것은 한나의 주인공이 4개의 퍼즐에서 두 차례 파란 돌을 만나게 된다는 것이다. 색깔의 상징이 문화나 맥락에 따라 다양하긴 하지만, 파란 돌에 대한 흥미로운 이야기들이 있다. 예를 들어, 불교에서 부처의 고통으로부터 피난처 중의 하나는 파란 돌로 덮여있는 땅이다(Birnbaum, 1979). 파란색은 차분하게 해 주고 호흡을 가라앉히며 혈압을 낮추는 효과를 가지고 있다(Birren, 1950). 파란색은 물의 색이며 물과 같은 성질의 여성성, 생명, 순수성과 관련된다. 가톨릭에서 파란색은 성녀 마리아와 관련이 있으며(Glazier & Hellwing, 2004) 탄트라 전통에서 파란색은 차크라(chakra)의 목구멍과 관련되는데, 이것은 정신 에너지의 중심으로 진실을 말하고 영적 의사소통을 가능케 한다(Vedfelt, 1992). 성격의 중심에 도달하기 위해 한나는 내적 평화와 고요함의 특성을 발달시켜야만 한다. 그녀는 여성적 특성을 포용하고 자신만의 진실을 말하기 위한 명확성과 힘을 훈련해야 한다.

한나의 네 번째이자 마지막 도전은 표범과 두 마리의 코끼리가 지키고 있는 문을 통과하는 것이다. 이 장소에 들어가기 전에 그녀는 반드시 암호를 이야기해야 한다. 그녀는 안으로 들어갈 수 있는 자격을 증명해야 하며 그 증거를 보여 주어야 했다. 성스러운 장소에 들어가자 그녀는 300개의 돌을 순서대로 배열해야 했다. 이것은 매우 어려운 작업이다. 그러나 본능적으로 그녀는 잘못 놓인 것과 배열 방법을 알아차린다. 앞선 세 번의 도전에서 주인공은 본능을 이용해 문제를 해결하며, 이로 인해 원형적인 재배치를 경험할 수 있는 중심에 이르게 됐다. 여기서 주인공은 자기의 중심으로부터 사물의 올바른 위치를 알게 된다. 이번 과제를 성공하기 위해 그녀는 새롭고 다른 방법으로 마음을 사용해야 한다. 그녀의 일상적이고 습관화된 사고 패턴은 더 이상 통하지 않으며, 중심으로 가는 일은 분명 실패할 것이다. 관습적인 검정과 흰색, 옳고 그름의 습관화된 이성적이고 남성적인 사고 패턴 대신 그녀는 깊은 직관, 비이성적인 사고 양식을 사용한 현명한 논리를 같이 사용하게 된다. 한나의 이야기에서 그녀는 깊은 내적 지혜로부터 "문을 열어라, 내가 모든 문제를 풀었고 마지막 문제도 내가 풀 것이다."라고 말한다.

잘못된 위치의 돌을 찾게 한 비이성적인 내적 지식과 표범과 코끼리에게 문을 열게 한 현명한 목소리 모두 신경 통합의 새로운 발달 단계를 보여 준다. 신경학적으로 한나가 좌뇌의 집중력과 우뇌의 통찰력 사이의 연결을 만들었다는 것을 나타낸다. 정신 내부의 통합은 우뇌를 통해 더욱 풍부하고 새로운 내용을 한나의 사고에 연결시킨다. 심리학적으로 한나의 정신이 무의식의 정보에 접근하여 이것을 의식적인 생활에서 행동으로 나타낼 수 있게 되었다고 말할 수 있다. 그녀는 의식적 자아를 자기와 배열하고 있다.

서랍장은 이번 모래상자에서 처음으로 두었던 물건으로 중요한 역할을 한다. 분류해야 하는 돌을 가지고 있을 뿐만 아니라, 주인공이 꼭대기에 올랐을 때 이전에 도전했다가 실패한 많은 사람의 사진을 보게 된다. 그녀가 겪은 일들은 상당히 힘든 일이었다. 사진은 이전의 성과 없는 시도의 유물이다. 많은 사람이 여행을 했지만, 성공한 사람은 없었다. 그녀는 하나의 목적과 큰 용기가 필요했다. 우리는 바가다드 기타(Bhagavad Gita) 7장에서 크리슈나(Krishna) 왕이 아르주나(Arjuna)에게 한 말을 떠올리게 된다.

> 수천 사람 가운데 완전함에 이르고자
> 애쓰는 자 하나가 있기 힘들고
> 완전함에 이르고 애쓰는 자들 가운데
> 나를 진실로 아는 자 하나 있기 어렵도다
> (Arnold, 1970)

그녀가 적절한 위치에 돌을 옮기자 굉음이 땅을 울렸다. 모든 것이 변했다. 서랍장은 계단으로 바뀌었고 계단은 묘약이 담긴 병을 향하고 있었다. 한나는 정령이 높은 곳, 서랍장 위에 있다고 했다.

모래놀이 초기에 아니무스가 지배적이었으나 한나는 이제 남자 옷을 입은 아름다운 아가씨, 뮬란의 캐릭터를 통해 딱 맞는 아니무스로 변화시켰다. 이러한 아니무스는 그녀를 구하고 정령에 도달할 수 있도록 용기 있게 행동한다. 한나는 정령이 '그녀를 집에 데려다준다.'고 말한다. 그리고 이러한 감동적인 결론에 이른 한나는 '그녀가 자랑스럽다.'고 한다. 이러한 여정을 겪고 나서 한나는 성격의 중심인 자기의 중심화를 경험한다. 지금 한나는 깊은 정신 자원에 접근하고 있으며 이는 그녀의 계속적인 성장과 발전을 지지하고 강화시킬 것이다.

한나의 상자 9

한나의 상자 9a

한나의 상자 9b

한나 이야기
상자 9

✨ 위대한 거울 ✨

이 일은 섬에서 일어나고 있어요. 거기에는 동물들과 그 나라를 다스리는 한 여자만 있었어요. 거울은 신과 같아요. 거울은 동물들을 도와주고 대처하는 방법을 가르쳐 주었어요.

하루는 나쁜 사람이 와서 모든 동물들을 감옥에 넣을 것이라고 말했어요. 정령들과 함께 와서 동물들을 데리고 가려고 하자 모든 동물들이 숨어 버렸어요. 그 남자는 돌아간다고 하면서 다시는 오지 않을 것이라고 말했어요. 그러나 여자는 그가 다시 돌아올 것이라는 것을 알아차렸어요. 그는 밤에 와서 동물들을 훔쳐 갔어요. 여자는 여기저기 동물들을 찾았지만 찾을 수 없었어요.

그녀는 반년 동안 그 동물들을 찾아다녔어요. 그동안 동물들은 계획을 세워서 터널을 팠어요. 거울은 이 소식을 듣고 터널 파는 일을 도왔어요. 여자가 잠에서 깨어났을 때 그녀는 거울에서 동물들이 나오는 것을 보고 매우 기뻐하며 그들을 꺼안았어요. 동물들은 그녀에게 그 남자가 그녀도 납치하려고 한다는 것을 알려 주었어요.
그 남자와 정령들은 여자를 잡아 오려고 너무 서두른 나머지 동물들을 가둬 놓은 감옥을 점검하는 것을 잊었어요. 정령들은 여자를 찾았지만 찾을 수 없었어요. 여자는 거울에게 정령들과 그 남자를 쫓아 버리고 그들을 착하게 만들어서 다시는 돌아오지 못하게 해 달라고 하였어요.

정령들이 한참 동안 여자를 찾다가 천둥소리를 들었어요. 번개가 그들 위에 떨어지자 놀라서 집으로 도망갔고 착해졌어요. 동물들은 기뻤했고 파티를 열었어요.

남자가 다시 돌아오자 동물들은 겁을 먹었지만 동물들은 그 남자가 착해졌다는 것을 알았어요. 그 후 그들은 종종 찾아왔고 동물들과 여자를 도와주었어요.

논의
한나의 상자 9

지난 모래상자에서 자기의 중심화를 이끈 복잡한 퍼즐들을 풀기 위해서 한나는 용감하고 자신감 있는 여성 뮬란을 불러냈다. 과제를 해결하기 위해서 그녀는 자기를 인도할 수 있는 건강한 남성적 에너지에 의지했다. 이제 그녀가 새로운 통찰력을 의식에 통합시키는 과정을 시작하면서 그녀는 진정한 위험은 아니무스를 통제하에 두지 않는 것이라는 것을 인식하게 되었다. 여기서 한나는 아니무스를 통제하에 두지 않는 것이 동물들, 즉 본능적 지혜를 파괴할 것이라는 점을 알게 된다. 게다가 그것은 그녀의 여성적 자기에 위협이 되는데, 여성적 자기는 모래상자 중앙에 있는 부채 위에 서 있는 비단 가운을 입은 우아한 아시아 여성으로 나타난다. 한나는 네모난 스크린 위에 그녀를 놓았다. 정사각형은 아니지만 사각형 모양은 그녀가 새롭게 발견한 여성적 에너지의 가치를 다지기 시작했다는 것을 말해 준다. 그녀는 자아와 의식을 자기의 중심에 배열하기 시작한다.

한나는 우측 상단의 둥근 연못에 물고기 한 마리와 알에서 부화하는 아기 거북을 놓았다. 둥근 연못은 한나가 무의식에 접근할 수 있게 하고 물고기와 거북은 정신의 전체성에 근접했음을 알려 준다. 거북은 원 모양의 껍데기와 네모난 아랫배를 통해 전체성의 원형적 모습들을 나타낸다. 이 작은 거북은 막 태어났는데, 이것은 자기 안에서 새롭게 발견된 한나의 완전성의 에너지들을 드러내는 것 같다. 물고기는 종종 영혼(spirit)의 상징을 나타낸다. 초기 기독교인들은 물고기 문양을 예배 장소를 표시하는 데 사용했다. 시베리아와 중앙아시아 샤머니즘에서 물고기는 종종 주술사의 영매들 중에 하나라고 보았다. 주술사는 물고기 모양을 하고 영적인 세계로 여행을 하거나 물고기가 주술사의 조력자로 동행한다(Eliade, 1974).

두 개의 거울을 나란히 놓고, 모래상자 중앙에 있는 여자의 양 옆에 두 개의 주술사 탈을 놓았다. 거울은 신의 기능을 하며, 주술사는 이 세계와 신들의 세계를 연결한다. 그들은 신들과 교신하며 땅과 하늘 사이를 연결한다. 주술사는 치료자이며, 영혼을 만나기 위해서 더 높은 장소로 올라간다. 다양한 문화에서 주술사는 나무나 사다리를 통해 더 높은 곳에 접근한다. 어떤 주술사들은 실제로 신성한 나무나 사다리에 오른다. 어떤 주술사들은 작은 나무나 사다리 이미지들을 자기 몸에 지니고 다니거나 배에 비친다(Eliade, 1974). 주술사들과 유사하게 한나는 이전 모래상자에서 마술 서랍장을 올라갔고 그것들이 사다리로 변해 그녀를 집으로 데려다주는 정령과 만나게 됐다는 것을 기억한다.

한나는 자기의 모래상자를 '위대한 거울'이라고 이름 붙였는데, 거울은 그녀가 모래상자에 첫 번째로 놓은 피규어였으며, 그 땅의 신이다. 거울에서 그녀는 자기의 좋은 점과 나쁜 점을 보게 된다. 한나는 명료하게 볼 수 있게 되면서 그녀 내부의 과대평가된 남성적 특성이 가지고 있는 위협을 거대하고 위협적인 남자 피규어로 보여 주고 있다. 그는 위협적인 몸짓을 하면서 갈퀴를 들고 중앙에 있는 아름다운 여성 피규어 쪽으로 움직이는 것처럼 보인다. 한나가 정령이라고 부르는 그의 조력자들은 무기를 든 군인들이다. 어둠 속에 있던 이 특성들, 즉 남성적 에너지에 대한 과대평가라는 위험에 갑자기 번개가 강력한 빛을 내려친다. 그러자 전에는 위험했던 이러한 피규어들과 그들이 갖는 상징적 특성들이 더 이상 위험한 것이 아니라 도움이 되는 것으로 변하게 된다. 한나가 과대평가된 남성성의 위험을 의식하거나 '보게 됨으로써' 그녀는 여성성의 중심에 머무르게 된다. 그녀가 과대평가된 남성성의 위험을 의식하게 되면서 한때 그녀를 지배했던 남성적 힘은 권위를 잃고 조력자가 된다.

위험한 남자에게 잡혀 있던 동물들은 거울을 통해서 돌아오게 된다. 동물들은 집으로 돌아가기 위해 지하에 터널을 판다. 그들은 무의식 속, 지하에서 일

하는 난쟁이 같은 역할을 함으로써 한나를 그녀의 중심으로 돌아오게 한다. 거
울 신은 동물들을 돕는다. 한나는 본능적 기능을 통해 그녀의 적절한 중심이 어
딘지 알게 된다. 한나는 상징적으로 여성성의 가치를 인식하게 된다. 그녀가 이
새로운 정신적 자질을 의식에 통합함에 따라, 한나는 본능에 주의를 기울이게
되었고 본능을 통해 궤도를 벗어나지 않으면서도 아니무스의 요구에 지배당하
지 않을 수 있다는 것을 알게 된다. 그녀는 여성성의 중심에 머물게 되고 영혼
혹은 자기에 의해서 인도될 것이다.

한나의 상자 10a

한나의 상자 10b

한나 이야기
상자 10

🪄 여행하는 소라고둥 ✨

여기는 어느 해변이에요. 해안가로 가는 좁은 길이 있는데 조개껍데기로 표시가 되어 있어요. 사람들은 그 길을 벗어나면 안 돼요. 왜냐하면 그 길 밖에 위험한 뱀들이 있기 때문이에요. 사람들은 해변에 있어요. 아무도 오른쪽 코너로 가지 않아요. 왜냐하면 전설에 따르면 정령들이 소라고둥에서 나올 수 있기 때문이에요. 나무들은 뱀들이 사람들이 있는 해변으로 가지 못하게 하는 울타리 역할을 해요.

톰이라는 소년이 해변에서 개와 놀고 있었어요. 그는 소라고둥과 뱀을 보고 싶어 했지만 그러면 안 된다는 것을 알고 있었어요. 해변이 폐장하고 모든 사람들이 떠났을 때 해변 가까이에 살던 톰은 정원에서 공을 가지고 놀고 있었어요. 그가 공을 너무 멀리 던져서 그 공이 소라고둥 옆에 떨어졌어요.

문이 닫혀서 톰은 해변으로 가는 길로 갈 수 없었어요. 해변으로 가는 다른 길에는 뱀들이 살고 있었어요. 개와 톰은 모래 위를 조용히 걸었어요. 그들은 보라색 뱀이 말하는 것을 들었어요. "우리 뱀들은 착해. 하지만 우리는 먹을 음식이 없어서 너무 배가 고파. 우리는 사람들이 지나가면서 빵 부스러기들을 던져 주는 것을 아주 좋아해."

그 뱀이 톰에게 또 말했어요. "만약 네가 사람들에게 잘 말해 준다면 그 소라고둥 뒤에 무엇이 있는지 말해 줄게." 톰은 다음 날 그렇게 하려고 마음먹었어요. 뱀은 톰에게 소라고둥에게 갈 때 조심해야 한다고 말했어요. 그는 소라고둥 안에는 정령들은 없고 그건 단지 속임수라고 알려 주었어요. 뱀은 또한 소라고둥 뒤에서 어떤 얼굴을 보게 될 것이라고 말했어요. 톰은 소라고둥으로 다가가서 얼굴을 보게 되고는 약간 놀랐지만 그는 그것이 착한 얼굴이라는 것을 알았어요. 그 얼굴은 그에게 바다에서 모험을 하고 싶냐고 물었어요. 소년과 개는 그러고 싶다고 했어요. 얼굴은 "나를 들어서 바다로 옮겨 줘. 그러면 내가 너희들을 어떤 동물들에게 데려갈 건데 그 동물들이 너희와 놀아 주고 모든 것을 해 줄 거야."라고 말했어요.

그들은 소라고둥 위에 타고 바다로 나갔는데 바다에서 숨을 쉴 수 있었어요. 그리고 그들은 많은 동물들을 만나서 같이 놀고 좋은 시간을 가졌어요.

소년은 집에 가야 한다고 말했어요. 그들은 소라고둥 안으로 들어가서 다시 돌아왔어요. 다음 날 그들은 사람들에게 뱀은 착하고 배가 고파 약간의 빵이 필요하다고 말했어요. 해변에 있는 경비원은 그에게 그것을 어떻게 아느냐고 물었고 소년은 자기가 공을 뱀들 근처에 떨어뜨렸던 일과 뱀들이 들려준 이야기를 말해 주었어요. 소년은 소라고둥에 대해서 아무에게도 말하지 않았어요. 하지만 그는 매일 소라고둥을 찾았고 함께 바다로 갔어요.

논의
한나의 상자 10

상자 10에서는 해변이 등장하는데 해변은 땅과 바다가 만나는 곳이다. 정신내적 차원에서 이것은 의식과 무의식의 경계이다. 상자 8에서 성격의 중심과 접촉하고 남성성이 가지는 그림자 특성들을 인식하는 과정을 시작하면서 한나는 이제 무의식과의 더 의식적인 관계를 시작할 준비가 된 것이다.

해변으로 가는 길은 조개껍데기들로 분명하게 표시되어 있다. 조개껍데기로 표시된 길을 따라 해안가로 인도하는 검은 핸드백을 가진 작은 피규어는 '무민마마'이다. 무민마마는 핀란드 동화인 '무민 가족'에서 항상 친절하고 잘 도와주고 위로해 주는 차분한 어머니로 등장한다. 그녀는 모든 사람의 독특함을 존중한다. 그리고 우리가 실수를 통해 배울 수 있다는 사실을 굳게 믿고 있다. 무민마마는 항상 친절하고 침착하지만 비상 물품들이 들어 있는 자기 핸드백을 잃어버릴 때에는 당황한다. 그녀는 핸드백이 자기 옆에 있어야만 진정된다. 이 즐거운 작은 피규어는 한나를 위해 어머니 역할을 하는 새로운 특성을 드러낸다. 자신의 여정에서 한나는 사랑이라는 부드러운 내적 자원과 조우한 것 같다. 이 자원은 그녀를 돌보며 그녀를 있는 그대로 완전히 수용한다. 빨간 옷을 입은 사랑스러운 흑인 여자가 무민마마를 뒤따른다. 아마도 이 피규어는 여성성에 기반을 둔 한 소녀로서 한나의 발달하는 힘과 능력을 드러내는 것 같다.

상징적으로 톰은 발달하고 있는 아니무스의 에너지를 나타내며 개는 그녀의 본능적 지혜를 나타낸다. 이 새롭고 건강한 아니무스는 그녀가 자기의 전체성에 다가갈 수 있도록, 그리고 계속적으로 발달하기 위해 새로운 가능성에 접근할 수 있도록 안내해 준다. 소라고둥은 나무가 늘어선 테메노스에 보호되어 있다. 이곳은 신성한 지역이고 일반적인 시간과 공간의 부분이 아니다. 그리고 톰과 개는 상자 주변부에 있다. 그들은 일상생활의 중심에 있지 않지만 내부의 안내자들이다. 소라고둥과 마찬가지로 그들은 일반적인 세상의 것들이 아니다.

한나는 톰이 "… 정말로 소라고둥과 뱀들을 보고 싶어 했어요."라고 하였다. 톰과 그의 개는 쉽지 않지만 그 특별한 소라고둥으로 가는 길을 찾는다. 이것은 일반적인 습관화된 방법에 의해서 가능한 것이 아니다. 중요한 것은 그들이 우연히 길을 찾게 되지 않으며 의도를 가지고 길을 찾게 될 것이라는 점이다. 여기서 한나는 자기 내면 세계와 더 의식적인 관계를 형성하기 시작한다. 모래상자의 상징적 작업을 통해서 한나는 여성성을 배제한 아니무스에만 의존하는 문제들을 해결해 왔다. 아니무스는 더 이상 자기를 비난하는 독재자가 아니다. 한나는 조력자이자 내면 세계의 안내자로서 새로운 아니무스를 발견하고 존중한다. 그녀는 여성적 무의식이라는 바다를 헤쳐가기 위해서 건강한 아니무스의 분별력을 필요로 한다. 동시에 여성적인 본성에 기반을 두고 있어야 한다.

한나는 우리에게 길을 벗어나는 것은 위험하다고 말한다. 톰이 이 신비한 소라고둥을 만나려면 위험을 감수해야 한다. 그는 뱀들을 만나야만 한다. 의도적으로 무의식에 더 깊이 들어가기 위해서는 이미 알려진 것과 알려지지 않은 것 사이의 경계를 나타내는 차원을 관통해야만 한다. 어둠을 직면하는 것이 필요하다. 만약 한 개인이 심리적으로 발전하려면, 현재의 자신보다 더 발전하려면, 새롭고 알려지지 않은 가능성의 영역에 들어가야 한다. 한나의 이야기에서 그녀는 톰이 바닷가 근처에 산다고 언급한다. 그는 의식과 무의식의 경계에 산다. 그리고 두 영역 사이의 전달자 역할을 한다. 이야기에서 문이 닫혔기 때문에 톰은 뱀들 사이를 걸어갈 수밖에 없다고 하였다. 그러나 막상 뱀을 만나자 그 뱀들이 생각했던 것처럼 위험하지 않다는 것을 발견한다. 한나가 무의식에 대한 탐험을 시작하면서 그녀는 그림자 안에 있는 것에 빛을 던지거나 혹은 그것을 의식하게 된다. 그리고 그 그림자들은 그녀에 대한 힘을 잃는다. 사실 이 뱀들은 진짜로 배가 고프다. 내면의 지혜를 통해 한나는 뱀들이 관심과 양육이 필요한 그녀 성격의 측면들이었다는 것을 알게 된다. 뱀들을 직면하고 필요로 하는 것을 주자 뱀들은 여행의 조력자가 된다.

그 뱀들은 톰에게 소라고둥의 뒷면에 어떤 얼굴이 있다고 한다. 소라고둥에 생기가 주어지고 생명력을 가지게 된다. 톰은 처음에는 그 얼굴을 보고 놀란다. 그러나 곧 그것이 실제로는 친구 같다는 것을 발견한다. 그 얼굴은 톰에게 '바다에서 어떤 모험들'을 해 보겠느냐고 묻는다. 톰은 재빨리 동의하고 바다에서 모험을 시작한다. 여기서 아니무스는 내면 세계와 대화하고 무의식을 탐험하는 길을 찾게 된다.

소라고둥은 외형 때문에 상징적으로 여성의 성기를 연상시킨다. 많은 원시 문화에서 소라고둥은 여성이 가진 생산력의 상징이다. 그것은 모든 존재를 출산하고 모두를 죽음으로 없애 버리는 원형적 여성 에너지인 대모로 가는 관문이다(Neumann, 1991). 이것은 생과 사의 순환이다. 또한 소라고둥은 특별한 시간이나 사건을 알릴 때 사용하는 나팔로 사용된다. 남아시아 문화들에서는 소라고둥을 부는 것으로 신성한 의식의 시작과 끝을 알린다(Eliade, 1996). 사원 문이나 입구에서 신성한 시공간과 평범한 시공간 사이의 경계를 나타내기 위해서 소라고둥 소리를 사용한다. 불교 전통에 따르면 부처는 소라고둥을 부는 것으로 모든 존재를 구원하기 위한 자기의 헌신을 선언한다. 이것은 무의식과의 관계를 새롭게 발견하는 한나의 입문 주제를 반영한다. 이제 그녀는 성격의 새로운 측면에 접근할 수 있으며 그녀의 삶은 결코 이 심오한 여행 전과 같지 않을 것이다.

그녀의 모험에서 한나는 뱀들과 소라고둥, 남성성과 여성성을 짝짓는다. 소녀로서, 남성적 에너지와 여성적 에너지의 건강한 균형은 그녀의 지속적인 발달을 가능하게 할 것이다. 바다에 나갔을 때 한나는 그들이 바닷속에서 숨 쉴 수 있다고 말한다. 이것은 내면 세계에서 즐겁게 자기의 길을 찾을 수 있도록 새롭게 발전하고 있는 능력을 확인시켜 주고 있다. 톰은 소라고둥을 타고 바다로 가서 동물들과 놀 때 기쁨을 느낀다. 그는 물속으로 들어가서 호흡할 수 있다. 아니무스는 바다 깊은 곳에서 좋은 그리고 필수적인 안내자이다.

그런데 이 탐험에는 한계가 있다. 상자 7의 세 친구들처럼 소년은 집에 돌아가야 할 시간을 알고 있다. 그녀의 내적 자원들에 접근했다가 외부 세계로 돌아올 수 있는 길이 있다. 모래놀이에서 상징적 작업을 통해 한나는 의도적으로 그리고 분별력 있게 내면 세계에 들어가고 나와야 한다는 점과 외부 세계에 기반을 두어야 한다는 사실을 인식한다.

한나는 톰이 경비원에게 어떻게 그가 뱀에 대해서 알게 되었는지 말하면서 이야기를 끝내고 있다. 하지만 그는 아무에게도 소라고둥과의 모험은 말하지 않는다. 이것은 개인적인 신성한 내적 공간이며 이 시점에 그것에 대해 다른 사람과 나누는 것은 적절하지 않다.

한나의 상자 11

한나의 상자 11a

한나의 상자 11b

한나 이야기
상자 11

✨ 위대한 미로 경기 ✨

학교가 끝나고 두 소년이 집으로 가고 있었어요. 그때 그들은 갑자기 이상한 미로를 보게 되었어요. 그들은 중앙에 있을 것으로 생각되는 마법 알을 누가 먼저 찾을지 경주하기로 했어요. 승자는 미로의 길 찾기의 달인이 되는 거예요.

그리고 그들은 출발했는데 매우 건방지고 다른 사람들에게 불친절한 랄리는 길을 잃고 우왕좌왕했어요. 항상 다른 사람을 잘 돕는 스누더는 길을 찾았는데, 사람을 붙잡으려고 하는 꽃들을 발견하였어요. 돌들이 움직여서 길을 잃게 하려고 했어요. 깃털들이 믿기지 않을 정도로 빨리 돌았어요. 그들은 그것들을 보면서 혼란스러워졌어요. 나무들은 거센 바람을 만들었어요. 갑자기 랄리가 꽃들에 갇히게 되어 스누더에게 도움을 청했어요. 스누더는 도와야 할지 아니면 알을 찾아야 할지 결정하지 못했어요. 그는 랄리를 도운 뒤에 다시 알을 찾으러 갔어요.

그들은 계속 걷다가 갑자기 앞뒤로 구르고 있는 어떤 코르크 원판들을 보게 되었어요. 스누더는 그것들을 뛰어넘기로 했어요. 랄리 또한 그렇게 하려고 했어요. 그들이 뛰어넘는 데 성공하자 많은 깃털들이 나타났어요. 그리고 그들이 찾던 알이 나타났어요. 그들은 그것을 갖고 싶어서 서로 밀치려고 했어요. 그러자 스누더가 "우리 같이 잡는 건 어때?"라고 말했어요. 그들은 뛰어넘어서 그 알을 잡았어요. 그들이 미로에서 나왔을 때 많은 사람들이 그들에게 박수를 쳤어요. 그들은 미로의 달인들이었어요. 이제부터 스누더와 랄리는 가장 친한 친구가 되었고 미로 안에 마법이 있다는 것을 알게 되었어요.

논의
한나의 상자 11

상자 11에서 두 남학생들은 학교에서 집으로 걸어가다가 미로로 모험을 떠난다. 두 소년은 성격이 비슷하지 않다. 한쪽은 불친절하고 악동인 랄리인데, 우리는 상자 3에서 무력한 아이를 놀리던 그를 만난 적이 있다. 다른 한쪽에는 스누더라는 소년이 있다. 이 피규어는 매우 인간적인 메시지를 가지고 있는 핀란드 동화인 무민 이야기에 나오는 스너프킨이라는 인물이다. 스너프킨은 철학적인 방랑자이며 호기심과 따뜻한 마음을 가지고 새로운 사람과 사건을 만난다. 한나의 이야기에서 스누더는 현명하고 도움을 주는 존재이다. 랄리와 함께 미로에서 길을 찾는다. 두 명의 매우 다른 소년들을 통해서 한나는 아니무스의 다른 측면들을 화해시키기 위해서 상징적으로 작업을 하고 있다.

우리가 상자 3에서 논의했던 것과 같이, 융 이론의 핵심 개념 중 하나는 개성화 과정이다. 이것은 개인 성격의 발달을 목표로 하고 있다. 이 과정은 원형적 내용을 무의식으로부터 분리함으로써 차별화할 것을 요구한다. 게다가 개인은 개인적 경험과 원형적 경험을 상징을 통해서 다시 통합해야만 한다. 원형적 내용은 그것의 긍정적이고 부정적인 특징들이 의식될 때 통합된다. 이것은 의식이 자기와 정렬하는 자아–자기 축의 더 심층적인 발달을 이끈다. 차별화와 통합의 단계 사이에 정신 변형의 예비적 단계인 중간지대가 있다. 여기서 개인은 의식과 무의식 사이의 경계에 있게 된다(Turner, 1990). 상자 11의 주인공들은 입문 시험을 치르게 되는 경계 지역인 미로 안에 있다. 그들이 만나는 도전은 세상의 존재가 새로운 길로 가게 만드는 의식이라고 할 수 있다. 경계 상태에서는 무엇이든지 일어날 수 있으며 이곳에서 소년들은 움직이는 돌, 붙잡으려고 하는 꽃, 회전하는 깃털과 굴러가는 코르크와 씨름을 한다. 이 반복되는 시험들은 상자 8의 시험을 상기시켜 준다. 이 상자에서 시험은 미로 안에 있는데, 이곳은 무엇이 앞에 놓여 있는지 알 수 없는 곳이다. 미로에서 우리는 중심과 다시 나가는 길을 찾아야 한다. 자격이 있거나 필요한 지식을 갖추거나 혹은 존재의 자질을 갖춘 사람들만이 중심을 찾을 수 있다. 지식이 없이 모험을 하는 사람들은 길을 잃는다. 중심에는 알이 놓여 있는데, 이 알은 상징적으로 무한한 자기의 가능성들로 구성된 전체이다.

　중심에 도달한 후 바깥세상으로 돌아오는 이 상징적 여행에서 한나는 개성화 과정의 분명한 한 발자국을 내딛었다. 그녀는 소년들이 그들의 길을 찾아낼 수 있다고 확신했으며 자신의 아니무스의 상반되는 특성들을 통합하게 된다. 이것은 미로에서 출현하는 건강하고 전인격적인 아니무스이다. 이것은 변형되었다. 그 두 소년들은 "… 가장 친한 친구들이 됐어요. 그리고 그 미로 안에 마법이 있다는 것을 발견했어요."

　한나는 성격의 상반된 힘들을 연합, 화해시키기 위해서는 내부의 예측할 수 없고 비논리적인 장소와 접촉해야 한다는 점을 통찰력 있게 이해하고 있다.

　융의 관점에서 개성화는 갈등 제거가 아니다. 그것보다는 갈등에 대한 의식을 증가시키는 것이며 성격의 심층적 발달에 대한 잠재력일 것이다. 융은 자아와 정신의 다른 부분 간의 최적의 관계는 계속적인 의사소통이라고 보았다 (Salman, 1997). 이것은 끝나지 않는 과정이기 때문에 지속적으로 발달하고 변화해야 하는 것이 의사소통의 본질이다. 한나는 성숙하고 건강한 개인으로 발전할 것이다.

한나의 상자 12

한나의 상자 12a

한나의 상자 12b

한나의 상자 12c

한나 이야기
상자 12

🪄 호기심을 불러일으키는 경험 ✨

이 작은 마을에는 텃밭에 채소를 기르고 있는 농부가 있어요. 마을 사람들은 채소가 잘 자라기를 바라고 있어요. 채소들은 점점 자라기 시작했어요. 이 내용이 신문에 실렸는데, 이 마을이 채소를 기르는 유일한 마을이었기 때문이에요.

채소들이 조금씩 자라났고 한 아이가 채소를 만졌어요. 그런데 그 소년이 집에 도착했을 때 매우 아파하였고 온몸에 두드러기가 났어요. 사람들이 그 소년에게 무슨 일이 있었는지 묻자 그는 농부의 채소들을 바라봤다고 말했어요.

몇 주 후 모든 어린아이들에게 두드러기가 났어요. 사람들은 불평을 하면서 농부에게 채소를 없애라고 요구했어요. 그는 그렇게 할 수 없다고 말했어요. 한 달 뒤, 다른 채소들에 비해 세 개의 호박이 매우 커졌어요. 호박에는 독이 있는 것처럼 보였고 곰팡이가 난 것처럼 보였어요. 어른들에게도 두드러기가 생기기 시작하자 사람들과 동물들은 무서워서 사방으로 도망갔어요.

한 탐정이 개와 함께 농부를 체포하기 위해서 왔어요. 농부는 며칠 있으면 매우 중요한 일이 일어날 것이기 때문에 지금은 안 된다고 했어요. 사람들은 일주일 안에 놀라운 일이 일어나지 않으면 그를 체포하겠다고 했어요.

일주일이 지나고 시간은 네 시가 되었어요. 사람들은 그를 체포할 준비를 했어요. 아무 일도 일어나지 않았고 아무것도 움직이지 않았어요. 일 분이 남았어요. 그런데 갑자기 무언가 움직이기 시작했어요. 모든 사람들이 보고 있었고 카메라가 사방에 있었어요. 호박에서 구멍이 생기고 갑자기 사람들이 여지껏 보지 못했던 아주 아름다운 나비들이 거기서 나왔어요.

그 마을의 의사가 두드러기는 아이들이 천연두를 앓은 것이고 어른들은 천연두를 앓은 적이 없었기 때문에 생긴 것이라고 했어요. 사람들은 나비들을 보고 매우 기뻐했어요. 왜냐하면 그 마을에 그렇게 크고 아름다운 나비는 없었기 때문이에요. 사람들은 농부에게 어떻게 된 것인지 물었어요. 그는 녹색 양동이의 어떤 크림을 호박 위에 문질렀는데 호박들이 혐오스러웠지만 거기서 아름다운 나비들이 나왔다고 했어요.

나비들은 하루 종일 날아 다녔어요. 사람들은 그 사건을 더 이상 두려워하지 않았어요. 농부는 자신이 했던 일과 직접 키운 채소로 유명해졌어요.

논의
한나의 상자 12

심미적으로 기쁨을 주는 이전 상자들과는 달리 상자 12는 다소 평범하다. 이곳은 돌로 지어진 집들이 곳곳에 자리 잡고 있는 한 평범한 마을이며 사람들과 동물들이 여기저기 움직이고 있다. 여기는 시장 혹은 일상적인 삶이다. 그녀는 깊은 곳을 탐험했고 새로 알게 된 것을 여기 의식에서 단단히 하기 위해 표면, 지면 위로 돌아온다. 이것이 "…네 시… 그리고 일 분밖에 남지 않았어요."라는 한나의 말에 반영되어 있다. 상징적으로 4라는 숫자는 땅의 숫자이고 분명한 실제이다. 시간이 다 되었고 그녀의 여행을 마칠 시간이다. 이제 한나가 만나게 된 새로운 정신적 힘들이 의식화되어 그녀 일상생활의 한 부분이 된다.

모래놀이 작업에 대한 한나의 마음이 텃밭 문 옆의 우산꽂이 옆에 놓인 작은 녹색 양동이에 잘 반영되어 있다. 이것은 상자 7에서 처음에 한나가 조개껍데기 안에 만들어서 중앙에 놓았던 작은 모래상자 안에 있는 갈퀴와 함께 있다. 상자 12에서 갈퀴는 우산꽂이 안에 조용히 놓여 있다. 농부는 그 초록 양동이의 내용물들을 사용해서 호박들을 나비들의 전달자로 변화시켰다.

이 상자에서는 상자 11의 미로에서 등장했던 돌들이 놀랍고 흥미로운 일들이 벌어지는 텃밭의 경계가 된다. 마을 사람들은 텃밭 때문에 즐거워하면서 아름다운 채소들을 살 수 있기를 기대한다. 그러나 한 아이가 채소들을 만진 후 아프게 되면서 사람들은 그 농부에게 등을 돌리고, 그의 작물은 독성이 있고 위험하다고 말한다. 농부는 한나 내부의 아니무스의 현명한 부분이다. 농부는 그녀가 가족과 선생님들로부터 오해받아 왔다는 것을 알고 있는 그녀의 한 부분이다. 이것은 이제는 그런 일이 다시 일어난다면 잘못된 판단이라는 것을 인지할 수 있는 성격의 한 측면이다. 비록 그녀의 학업에 큰 도움이 되지는 않지만 내적 아름다움과 고유한 재능들을 제대로 평가하는 그녀의 한 부분이다. 농부는 또한 그녀 자신이 사랑스럽게 담겨지고 상처를 치료하게 된 모래놀이 과정에 대한 한나의 긍정적인 전이를 나타낸다. 한나는 모래놀이 작업을 통해서 더욱 온전한 인간이 되도록 하는 내면의 개발되지 않은 자원들을 만날 수 있게 되었다.

재미있게도 마을에는 이전 상자들, 특히 상자 2와 5에 등장했던 많은 사람들이 살고 있다. 상자 2와 5는 한나의 작업에서 특히 중요하다. 상자 2에는 지하에 살며 더러운 물을 깨끗한 물로 바꾸는 정화 시스템을 만드는 난쟁이 목수들이 있었다. 한나는 상자 2에서 치료와 명료화하는 과정을 시작했다. 협력자인 돌고래가 무의식에 접근하여 지하 세계에서 도움을 받을 수 있도록 중앙 연못의 제방들을 관리했다. 한나가 마을의 시장이라고 한 작은 어부는 마지막 상자에서 현명한 텃밭 농부로 돌아왔다. 상자 2의 로봇 제빵사들과 돌로 된 노부부 형태를 통해 한나가 경험한 양육의 성격에 대해 유추해 볼 수 있었다. 이 상자 12에서는 이러한 피규어들이 갇혀 있지 않고 마을 광장에서 자유롭게 여기저기 걸어 다니고 있다.

상자 5에서 한나는 부모로부터 버려지고 오해받고 두려웠던 감정을 직면한다. 상자 12에서 모든 사람이 두려워하는 못생긴 호박을 제대로 평가하는 농부와 마찬가지로, 상자 5에서 정령은 잘못을 꿰뚫어 보고 사물들을 원래대로 돌려놓을 수 있었다. 상자 12에서 한나는 좌측 하단 코너에 작은 연못을 만든다. 그녀는 일상생활에서 무의식에 접근하고자 한다. 게다가 그 마을을 배회하는 세 마리 암소는 한나가 모래놀이에서 모성의 원형적 자원과 접촉하여 일상생활로 가지고 온 내적 양육의 새로운 형태를 반영한다.

마을 사람들이 호박이 심각한 질병을 일으킨다고 확신하면서 농부를 체포하겠다고 위협하지만 농부는 호박이 나비를 품고 있다는 것을 알고 있다. 그는 나비들이 나올 때까지 기다리면서 주시한다. 상징적으로 나비들은 변형 과정을 나타낸다. 애벌레에서 완전히 새롭고 아름다운 생물로 변화하는 나비처럼 정신적 변형의 과정은 그러하다. 이전의 존재 방식에서 곧바로 정신 기능의 새로운 수준으로 가는 것은 불가능하다. 왜냐하면 새로운 것은 이것과 질적으로 다른 것이기 때문이다. 새로운 정신은 전에 있던 것으로부터 진화하지 않는다. 그 대신 정신은 완전히 새로운 역량을 가져오는 변형적 재조직화 과정을 거친다. 우리는 모래상자에서 상징적 과정을 통해 한나의 변화를 추적해 왔다. 그리고 변화의 평행 과정이 신경 통합에서 새로운 수준이 형성되면서 신경학적으로 함께 일어나고 있음을 유추해 본다. 뇌 기능은 수직적으로는 더 낮은 수준에서 더 높은 수준으로, 수평적으로는 좌우 반구의 기능들을 연결시키게 된다.

상자 12에서는 작은 원숭이와 군인 피규어들이 다시 나타난다. 이러한 등장인물들과 주제는 마지막 상자에서 안녕이라고 말하는 것 같다. 이것은 한나의 성장한 부분에 대한 마지막 커튼콜이다. 모래놀이 과정에서 한나가 언급했던 모든 주제가 텃밭에서 일어나는 놀라운 변형으로 다시 다루어지고 있다. 모래놀이를 통해서 접촉한 내적 재능과 독특한 특성을 한나가 자랑스럽게 평가하는 장면을 피규어들과 같이 보고 있다. 피규어들은 또한 이 열 살 아이가 고통스러운 좌절과 상처를 직면하면서 보여 준 용기를 찬양하고 있다.

모래놀이 사례
....

아리: 남아, 4학년, 9세

아리의 모래놀이 작업: 개관

아리는 직관적이며 창의력이 풍부한 소년이다. 아리는 흥미 있는 것들을 배우는 데 적극적이다. 하지만 작년에 있었던 부모의 이혼은 그에게 부정적인 영향을 미쳐, 아리는 자신의 내부 세계로 침잠하였다. 그는 학교에서 진전을 보이지 않았고, 모든 것이 정지된 상태가 되었다. 심지어 신체 발달도 억제되었다.

아리는 모래놀이를 시작하면서 많은 호전을 보였다. 연구가 진행되었던 그 해에 아리는 학교에서 잘 지내게 되었고, 많은 진전을 보였다. 학기 말에 읽기 속도는 평균 하 수준이었지만, 읽기 이해와 철자에서는 평균 상 수준을 나타냈다.

WISC-III의 동작성 검사 결과 우수한 수행을 나타냈다(122/116). 이전 평가에서는 동작성과 언어성 검사 결과 36점의 차이를 보였지만, 추후 평가에서는 21점의 점수 차이로 감소되었다. 언어 영역에서 상당한 개선을 보였고, 처리속도에서도 일부 개선을 보였다.

Beck 우울 척도의 자기평가 결과를 살펴보면, 평균 수준에 해당한다. 하지만 불안, 우울, 분노, 혼란 영역의 점수는 평균 하이다. 아리는 연구 기간 동안 사회적으로 위축되어 있었다. 선생님과 그의 어머니에 따르면, 아리는 ADHD 증상을 가지고 있었다. 하지만 그해 말이 되었을 때, 이러한 증상들은 유의미하게 감소되었고, 어머니 역시 일부 증상의 감소를 보고하였다. 어머니와 선생님이 평정한 Achenbach 척도에서 주의집중의 어려움이 상당히 낮아졌다(-10).

아리는 모래놀이에 적극적이었다. 그는 결단력 있게 재빨린 상자를 완성하였고, 상자에 변화를 주는 경우는 거의 없었다. 그는 빈번히 같거나 유사한 피규어를 사용했는데 거의 항상 공룡과 악어를 사용하였다. 커다란 건장한 남자 피규어가 8회, 군인들은 7회 등장하였다. 모든 상자에서 남자 피규어만 사용하였고, 여자 피규어는 전혀 사용하지 않았다. 아리는 모래를 이용한 작업은 많이 하지 않았고, 오직 모래에 피규어를 세우기 위해서 세 차례 물을 사용했다. 아리의 상자에는 사람들과 동물들 사이의 많은 물리적 충돌이 있었다. 그의 모든 이야기는 사람들, 군인들의 승리로 끝났고, 동물들과의 싸움을 통해 보물을 획득하였다.

아리의 상자 1

아리의 상자 1

아리 이야기
상자 1

✨ 전투 ✨

큰 전투가 있어요. 공룡들과 사람들이 싸우고 있어요.

군인 한 명이 비행기를 타고 두 개의 섬 사이에 있는 다리 위에 착륙했어요. 공룡들이 다가왔고 그를 공격하려 해서 그는 공룡이 없는 섬 위로 피신했어요. 그는 동료들에게 전화를 했고, 동료들이 왔어요.

해적들과 마법사가 배를 타고 왔어요. 마법사가 섬에서 마법책 세 권을 찾고 있어요. 그가 책 한 권을 찾았는데. 해골 위에 불을 붙이고 이 책이 마법책인지 검사했어요. 이건 세 권의 마법책 중의 한 권이었어요. 비행기에서 갈색병에 든 마법 가루가 떨어졌어요. 마법사와 그 남자는 갈퀴를 들고 그것을 받아내려고 했지만 할 수 없었어요. 그 사이에 공룡을 돕고 있는 뱀파이어가 나타났어요.

군인들 중의 한 명이 뱀파이어가 가지고 있는 보물. 괴물들 그리고 황금 동상을 발견했어요. 뱀파이어는 커다란 조개에 살고 있어요. 군인들은 공룡을 향해 총을 쏘기 시작했어요. 동시에 큰 화산폭발이 있었어요. 사령관이 섬에 도착했어요. 그는 황금 상자를 열었고, 많은 황금을 보았어요. 뱀파이어는 그를 잡으려고 했지만 비행기를 타고 온 총사령관은 뱀파이어에게 총을 쏘았어요. 그리고 군인 한 명이 공룡들한테 폭탄을 던졌어요. 공룡들이 그를 공격했지만 그는 동상(부처)에 올랐어요. 익룡이 그를 잡아먹으려 했지만 군인이 총을 쏘았어요.

그때 바이킹들이 배를 타고 사막 섬으로 항해했는데 악어가 도착해서 배를 침몰시켰어요. 그들은 섬으로 헤엄쳐 갔어요. 해적들이 악어에게 총을 쏘려고 할 때, 전갈이 나타나서 해적들을 물었어요. 그때 군인 한 명이 전갈을 총으로 쏘았어요.

거대한 황금 계란이 해골 위에 떨어졌어요. 군인들이 자동차로 사막 섬으로 가는 다리를 향해 가려고 했는데 갈 수 없었어요. 동상 위에 있는 군인이 다른 섬으로 마법 가루를 던졌어요. 마법사가 그 군인이 공룡들에게 마법 가루를 던지는 걸 보았을 때. 공룡들은 다 죽었어요. 그러고 나서 모든 병사들은 사막 섬으로 가서 황금을 모았어요.

논의
아리의 상자 1

　그의 첫 번째 모래놀이에서 아리는 상자를 두 부분으로 나누어서 한쪽에는 병사들 사이에 격렬한 전투가 벌어지는 곳으로, 다른 쪽에는 다양한 위협적인 폭력이 있는 곳으로 만들었다. 우리의 경험상 부모가 이혼한 아동들의 상자는 아리의 상자처럼 분리되거나 나뉘어져 있는 경우가 빈번하다. 아동들의 정신에서 부모는 독립된 두 명이 아니라 자신을 보호해 주고 보살펴 주는 단일한 개체이다. 부모가 헤어지면, 아동들은 본질적이고 원형적인 단일체(archetypal unit)가 두 개로 분리되어 다른 역할로 나뉜 것에 대해 어려움을 겪는다.

　아리가 이 상자에서 첫 번째로 놓은 것은 다리였다. 아리는 이야기에서 비행기 한 대가 교전 한가운데 놓인 다리로 다가와 착륙했다고 말한다. 삶에서 어머니와 아버지에 대한 충성심과 실망감 사이에서 갈팡질팡하면서, 아리는 내면의 갈등을 겪고 자기 스스로를 정신에서 벌어지는 전투의 중심에 놓았다.

　적들은 공룡, 파충류, 곤충 그리고 뱀파이어와 같은 원시적인 집합체들로 이루어져 있다. 공룡은 지금은 멸종된 괴물 같은 동물들이다. 오래된 공룡의 출현은 아리가 모래상자에서 보여 주는 문제가 그의 정신 구조에 깊게 뿌리내리고 있는 것이며, 오래된 가족력을 가지고 있음을 보여 준다. 파충류와 곤충은 하등동물로 상징적으로는 원시적인 특징을 지닌 정신적 위협을 나타낸다. 덧붙여 뱀파이어는 밤의 어두움 속에서 사람들의 목에서 피를 빨아먹으며 생명을 유지하는 무시무시한 위협적인 존재이다. 이야기 속에서 군인이 공룡에게 불을 붙인 순간 공포스러운 화산폭발이 일어난다. 아리의 세상에서는 모든 것들이 뒤섞인다. 첫 번째 모래놀이에서, 아리는 자신의 안정감을 위협하는 내적 동요와 혼란스러운 마음속으로 급강하한다.

　아리의 이야기에서 군인들은 다양한 적들을 만나지만, 결국은 승리한다. 그는 자신에게 가용한 많은 강점을 가지고 있다. 그것들은 보물, 마법책, 부엉이,

새들, 붉은 자동차, 가스 트럭, 아름다운 알, 부처, 그리고 말편자이다. 아리의 이야기에서 군인들은 동료들에게 도움을 요청하고 동료들은 즉각적으로 도움을 제공한다. 매우 흥미로운 점은 강점이나 보물 대부분이 상자 우측에 적과 함께 배치되었다는 점이다. 다른 아이들의 이야기에서도 보아왔던 주제의 반복을 볼 수 있는데, 보물은 도둑맞거나 나쁜 사람들의 수중에 들어가지만 나중에는 반드시 되찾게 된다.

모든 가용한 정신적 강점에도 불구하고, 이 전투에서는 어떠한 것도 쉽지 않다. 적의 공격은 반복된다. 적들은 반드시 다시 또 싸울 것이다. 많은 위험이 도사리고 있으며 많은 노력이 필요하다. 모든 수송수단에도 불구하고, 보물을 향한 여정에서는 위험과 싸워야 한다. 가족 구조가 분열된 결과, 아리가 직면해야 하는 모든 전투는 그의 모든 에너지를 요구하지만, 아리는 모래놀이에서 결단과 끈기를 가지고 앞으로 나아가며 정면으로 부딪치고 있다.

아리의 분노는 그가 직면한 모든 전투에서 뚜렷하게 나타나고 있다. 모래놀이가 매우 내향적인 아리와 같은 소년이 직접적이지만 위협적이지 않은 방식으로 자신의 격노를 표현하고 설명할 수 있도록 해 준다는 점이 놀랍다. 아리의 모래놀이 작업을 시작하면서, 우리는 그가 직면하고 있는 다양한 갈등이 명확해지고 감소되어, 기능적 마비를 가져왔던 정신에 내적 평화와 전체성(wholeness)이 회복되기를 바랐다.

아리의 상자 2

아리의 상자 2

아리 이야기

상자 2

🌟 황금과 책 🌟

군인들이 공룡에게서 황금을 되찾으려 하고 있어요. 괴물 대장이 등대 위에 서 있고,
군인 한 명을 입에 물고 있어요.

부처상 위에 있는 갈색 군인을 제외한 모든 군인들이 살해되었어요. 군인들은 자신들
을 문 도마뱀과 악어들을 보지 못했어요. 공룡과 다른 동물들도 모두 죽었어요. 오직
괴물과 군인만 남았어요.

그 남자는 괴물을 쳐서 등대에서 바다로 떨어뜨렸어요. 괴물은 군인을 공격하는 데 도움이 될 만한 바다 동물들을 찾으려 했어요. 군인은 총을 쏘고요. 괴물은 모래를 파헤쳐서 군인을 잡아먹을 수 있는 악어를 발견했어요. 군인이 이걸 보고 총을 쏘았어요. 군인이 괴물을 쏘았지만 괴물은 죽지 않았어요. 군인은 괴물을 향해 폭탄을 던졌지만 역시 죽지 않았어요. 그때 괴물이 폭탄을 군인에게 던졌는데, 군인은 동상 뒤에 숨었기 때문에 맞지 않았어요. 그러고 나서 군인이 총을 쏘았고 괴물은 죽었어요.

논의
아리의 상자 2

상자 2에서는 이전 상자의 전투가 지속되고 있는데, 괴물인 적과 군인 한 명으로 줄었다. 모든 사람은 죽었고, 두 개의 적만 남아 있다. 이곳은 전쟁으로 파괴된 흔적이 흩어져 있는 전쟁터이다. 하지만 상자 1에 나왔던 서로 분리되었던 양쪽이 등대를 중심으로 합쳐졌고, 성장과 잠재력을 보여 주는 푸른 나무들이 놓인 풍경이 되었다.

집은 양의 해골 위에 놓여 있다. 집은 견고한 바닥이 아닌 죽은 지 오래된 무언가 위에 있다. 외부 세상의 집뿐만 아니라 내부 정신세계의 모든 기반이 사라지고 다시는 그가 알고 있던 집이 되지 않을 것이다. 경사진 집의 대각선 맞은편에는 죽은 해마의 집이라고 했던 또 다른 양의 해골이 놓여 있다. 이 해골 근처에 오래된 돌로 만들어진 집이 있다. 아리는 양쪽 집 모두 매우 오래되었다고 말한다. 상자 중앙에는 두 마리의 해마가 죽어 있다. 자연에서 수컷 해마는 새끼들이 부화되는 동안 알들을 지니고 다닌다(Indiviglio, 2001). 자연에서의 이러한 모습 때문에, 상징적으로 해마는 사랑해 주고 보호해 주는 부성의 특성을 나타낸다. 아리는 자신의 아버지를 잃었다. 상징을 통해 아리는 아버지와 안정된 가정의 상실을 애도하기 시작한다.

좌측 하단 코너에는 부처가, 대각선 우측 상단 코너에는 보물상자와 책들이 있다. 그리고 그 위에 공룡이 서 있다. 그의 영혼은 오래된 가족 문제가 큰 영향을 미치고 있는 것으로 보인다. 대각선이 교차하는 중앙에 놓인 높은 등대는 치유를 통해 그의 능력을 회복시켜 밝게 비추게 되거나, 파괴된 가정에서 그가 경험했던 상실에 대해 더욱 잘 이해하게 될 것임을 보여 준다. 등대가 중앙의 물 한가운데 서 있는 것이 흥미로운데, 이것은 새로운 시야가 그의 정신의 심연에서 나타날 것임을 보여 주고 있다.

눈이 거대한 괴물이 등대 맨 위에 앉아서, 대학살을 넓게 지켜보고 있다. 비록 이야기에서는 괴물을 적이라고 이야기했지만, 우리는 아리가 마음속 깊은 상처와 혼란스럽고 내면화된 분노로 인해 스스로를 괴물처럼 느끼는 것인지 궁금하다.

아리의 상자 3

아리의 상자 3a

아리의 상자 3b

아리 이야기
상자 3

🪄 보물 ✨

이 남자는 황금을 찾고 있는데 그는 자신이 찾으려는 황금에 대한 책을 쓰려고 해요. 그는 버섯 옆의 개구리를 보았어요. 버섯 위에는 화살이 있어요. 그는 화살을 쥐고, 황금 동상을 보았다고 적었어요.

그러고 나서 이 남자는 동상 위로 올라가는 다리를 보고 올라가려고 했어요. 그는 새들이 알 주변에 있는 것을 보았어요. 그는 자신의 펜으로 알을 열려고 했어요. 알이 깨졌고 그 안에 황금이 있었어요. 그는 곁에 있던 책을 보았고, 괴물이 모든 황금을 소유하고 있다는 내용을 읽었어요.

다음에 그는 동상 위로 올라갔어요. 괴물이 동상의 입에서 나왔고 그는 다른 섬으로 도망쳤어요. 그 섬에 많은 은과 금이 있었어요. 그리고 책도 있어요. 그는 그 책에서 괴물이 금과 은을 소유하고 있다고 쓰여 있는 것을 읽었어요. 배가 있고, 거기에는 개들이 황금 상자를 둘러싸고 있어요. 그는 상자로 다가가서 상자를 열었어요. 개 한 마리가 그를 물었지만, 그는 펜으로 개를 쾅 소리가 나게 때리고 상자를 열었어요. 거기에는 황금이 가득했어요. 그러고 나서 그는 모든 황금을 가지고 배를 타고 고향으로 항해했어요.

논의
아리의 상자 3

이 상자의 중앙은 파랗고, 코너 네 곳에서 많은 일이 벌어졌던 이전 상자와 유사하다. 하지만 그 톤과 내용은 상당히 다르다. 이 상자는 더욱 생기 넘치고 기대된다.

여기서 부처는 상자 코너에 있는 4개의 섬으로 둘러싸여 있는 수로 한가운데 있다. 각 섬에는 책이 한 권씩 있다. 좌측 상단에는 아름다운 초목으로 뒤덮인 풍경에 은이 놓여 있다. 우측 상단에는 세 마리의 개들이 있는데, 이는 그의 본능(instinct)의 발달을 보여 준다. 개들은 보물로 가득 찬 작은 황금 상자 앞을 지키고 있다. 좌측 하단에 처음 놓은 아름다운 칠보알과 많은 새는 풍부한 잠재력을 보여 준다.

섬이 꼬투리(seedpod)로 만들어진 다리를 통해 부처와 연결되어 있는 점이 흥미롭다. 알과 마찬가지로 꼬투리는 미래 성장을 위한 잠재력과 가능성의 용기이다. 우측 하단의 섬은 개구리들로 덮여 있는데, 이는 변형적 속성을 전달한다. 개구리들은 위쪽에 마법 화살이 놓여 있는 버섯을 에워싸고 있다. 자연에서 새, 개구리, 알은 내재된 성장과 변형(transformation)의 에너지를 전달한다. 새는 알에서 태어나고, 개구리 역시 알에서 올챙이로 그리고 마지막에는 성숙한 개구리가 되는 많은 변형의 단계를 통해 발달한다.

주인공은 분별력 있는 사람으로 주변을 유심히 관찰한 후 자신의 책에 기록하고 있는데, 이는 새로운 방식으로 자신의 갈등을 이해하기 시작한 아리의 정신의 일부분일 수 있다. 다른 세 권의 빨간 책들을 통해 그 남자는 괴물들이 보물을 가지고 있다는 것을 알게 된다. 아리의 상자 3에서 책이 다루어지고 있는 방법은 매우 놀랍다. 열심히 배우지만 읽는 것에 어려움을 가지고 있는 아리는 책의 중요성을 이해하고 있다. 덧붙여 그는 강력한 도구가 되는 펜을 가지고 있다. 그는 펜으로 알을 열고 보물을 발견한다. 그는 펜으로 사악한 개를 통제하며, 자신이 관찰한 것들을 기록한다. 이전 상자에서 아리는 많은 적들과 전투를 치렀다. 이번 상자에서는 자신의 자원을 분류하고 중앙에 놓인 부처 피규어에 닻을 내렸다.

이번 상자에서 아리는 부드럽고 보다 여성적인 둥근 형태들을 많이 사용한다. 좌측 상단의 섬에 있는 보물들은 반원 형태로 장식되어 있다. 좌측 하단의 새들과 알들 역시 비슷하게 놓여 있고, 우측 하단의 개구리들은 반구형의 버섯 주위를 둥글게 에워싸고 있다. 아리는 마지막에 중앙 하단에 크고 아름다운 조개껍데기를 놓았다. 바다 생명체의 집인 조개껍데기는 심해에서 출현하며, 무의식의 여성적인 에너지를 전달한다. 융 심리학에서 무의식은 여성적으로, 하늘이나 천국은 남성적인 것으로 여긴다(Jung, 1980).

괴물은 부처라는 신성한 피규어의 입에서 나왔다. 상징적으로 이 괴물은 적이라기보다는 자기(self) 중심의 일부분이다. 아리는 자기 내부의 괴물이 분노로 인해 자극받는다는 것을 인식하고 위축되었다. 아리의 이야기에서 괴물이 모든 금을 소유하고 있다. 괴물이 더 이상 위협적이지 않게 되자, 그 남자가 모든 보물을 집으로 가져가게 된 점은 매우 흥미롭다. 그는 괴물이 세계의 일부일 뿐만 아니라 재물로 가득 찬 존재로 인정하고 있다. 그는 자신의 그림자를 알게 되면서, 내적 자원(resource)에 접근할 수 있게 된다.

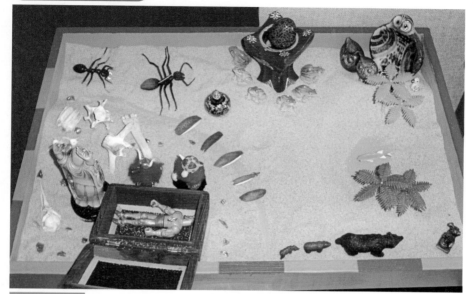

아리의 상자 4a

아리의 상자 4b

아리 이야기
상자 4

⭐ 황금 ⭐

옛날에 많은 황금이 있는 섬에 한 남자가 있었어요. 그는 황금을 조금 가지려 했는데 곰들이 나타나서 그를 죽여 버렸어요. 그리고 곰들은 가 버렸어요. 바이킹이 와서 그 남자를 상자에 매장했고 커다란 곰을 죽였어요. 바이킹이 많은 황금을 발견했어요.

그때 바이킹들은 거대한 괴물 개미들이 공격하려고 하는 것을 발견했어요. 개미 두 마리가 다리를 건너왔어요. 황금 헬멧을 쓴 바이킹이 개미에게 칼을 던졌지만 죽이지는 못했어요. 그래서 그는 자신의 헬멧으로 개미 한 마리를 찔렀어요. 그는 뼈를 가져와서 또 다른 개미를 찔렀고, 개미 두 마리는 모두 죽었어요.

그러고 나서 바이킹들은 알이 있는 둥지로 올라갔어요. 거대한 새끼새가 와서 황금 헬멧을 쓰지 않은 바이킹을 먹어 버렸어요. 다른 바이킹이 그의 헬멧으로 어린 새를 죽였어요. 그는 모든 황금을 가지고 상자를 닫은 후에 집으로 갔어요.

논의
아리의 상자 4

상자 3에서 몇 개의 그림자 요소를 통합하면서 아리는 이제 변형의 지점으로 이동한다. 상자의 좌측 하단 부근 죽은 남자의 관 옆에 불상이 서 있다. 이곳은 뼈와 보석들이 뿌려져 있는 묘지이다. 무언가는 죽고 매장된다. 아마도 여기서 이 어린 소년은 자신이 이상화한 아버지를 포기하고 그를 떠나보낼 수 있게 된 것으로 보인다. 아리가 의식적으로 죽은 남자의 심장에 보석 하나를 올려놓았던 점은 매우 감동적이다. 이것은 사랑스러운 다정함으로 그의 아버지를 놓아 주는, 그 나이에서 볼 수 없는 굉장히 지혜로운 모습이다.

묘지 쪽 수로 건너편에는 아름다운 초록색 알을 놓은 제단이 있다. 여섯 마리의 녹색 개구리가 수행원처럼 제단 기단에 서 있다. 바로 이전 상자에서 우리는 개구리와 알이 변형과 새로운 성장을 상징한다고 논의했다. 이 변형은 상징적으로 생명, 부활 그리고 성장을 나타내는 초록색에서도 반영되고 있다(De Vries, 1984). 또한 제단의 우측 작은 연못에 초록색 물고기가 한 마리 있다. 물고기는 흔히 영성과 관련된다. 아리의 상자에서 이 초록 물고기는 자기(self)의 심연으로부터 출현한 새로운 자질을 나타내는 것으로 보인다. 이 남자가 매장되면서 동시에 정신에서 무언가가 출현했다는 점이 흥미롭다. 이것이 한나의 작업에서 첫 번째로 접했던 개성화(individuation) 과정이었다. 자기(self)의 중심 원형과 정렬되지 않은 정신 내용이 더 이상 필요치 않게 된 것을 정신적 포기(psyche surrender)라고 한다. 이를 통해 정신은 성격의 중심과 정렬한 새로운 자질에 더욱 가까워지며, 정신 내부의 성장과 발달이 나타나게 된다.

묘지와 제단 사이에는 다섯 개의 작은 다리가 있다. 아마도 갈등의 해결은 숫자 5가 가지고 있는 전체성(wholeness)이 이끌 것이다. 한나의 상자 1에서 5라는 숫자를 오각형 별처럼 두 팔과 두 다리와 한 개의 머리를 가진 완전한 사람(whole man), 안드로포스(anthropos)로 논의했던 것처럼, 상징적으로 5는 완전히 기능하는 인간의 가능성을 나타낸다(Eastwood, 2002; Weinrib, 2004).

제단의 우측에 있는 세 마리의 부엉이 가족과 작은 새끼 오리는 변형이 나타나기 시작했음을 나타낸다. 상자의 우측 부근에 엄마 곰과 두 마리의 새끼로 이루어진 두 번째 가족이 있다. 비록 그 큰 곰은 그 남자를 죽이고 되돌아가는 길에 죽임을 당하지만, 죽은 남자로부터 새끼들을 멀리 데려가는 어미 곰의 맹렬한 보호 본능의 이미지는 놀랍다. 아리의 정신은 어머니와 함께 있는 자신의 위치와 자신에게 안전한 삶이 지속될 수 있도록 해 주었던 어머니의 희생을 지각한 것으로 보인다. 신기하게도 곰의 머리는 버터볼(작은 공 모양으로 만든 버터)

을 가지고 있는 아기 크리슈냐(Krishna: 힌두교 비슈누의 제8의 화신)를 향하고 있다. 이 작은 피규어는 어머니가 보고 있지 않을 때, 버터천(butter churn: 휘저어 버터를 만드는 기계)으로 들어간 비슈누(Vishnu: 힌두교 3대 신 중 하나)의 짓궂은 면을 보여 준다(Reyna, 1993). 아마도 지금 아리는 자신의 갈등 일부를 해결하기 시작하면서 쾌활하면서 장난기 있는 희망을 가지게 된 것으로 보인다.

모래상자의 모든 구성과 함께, 아리는 금으로 장식된 뿔 달린 헬멧을 쓴 바이킹이 상대를 반복해서 '찌르는' 이야기를 하고 있다. 아리는 상자에서 머뭇거리며 자신의 분노를 나타내기 시작한다. 동시에 그의 동작들은 성격상 뚜렷하게 남근적이다. 아리의 치유와 변형은 새로운 남성적인 잠재력을 불러일으키고 있다. 아리는 상자를 닫고 모든 황금을 가져감으로써, 그의 정신에 질서의식을 회복하고 자기 내부의 자원을 정렬시키고 있음을 보여 준다.

아리의 상자 5a

아리의 상자 5b

아리 이야기

상자 5

✨ 거대한 공룡 ✨

옛날에 스페인으로 가고 있는 한 남자가 있었어요. 많은 군인을 태운 비행기가 이집트에 추락했어요. 공룡들이 와서 남자들 몇 명을 잡아먹었어요. 군인들은 총을 들었어요. 많은 공룡들이 다리를 건너 왔어요. 공룡들과 전사들은 싸웠어요.

그때 인디언 한 명이 칼은 들고 군인들을 공격하러 왔어요. 그는 공룡 위에 앉아서 한 사람을 베었어요. 기사 한 명이 와서 (파란) 인디언을 죽였어요. 병사들은 (노란) 기사에게 총과 갑옷과 폭탄을 주었어요. 그리고 사령관은 낙하산을 타고 내려왔어요.

난데없는 커다란 곤봉이 정예 병사를 강타했어요. 그 곤봉은 시한폭탄이었고 시계에는 3시간 39분이 남아 있었어요. 다른 군인이 도착했어요. 그는 잡아먹히지 않고 그 섬에서 살아왔어요. (이 지점에서 아리는 이야기를 멈추었고 죽은 시체를 먹는 물고기에 대해 조금 이야기했다.) 2시간 50분이 지났을 때, 황금 상자가 우두머리 공룡의 꼬리를 때렸어요.

군인들은 폭탄으로 모든 공룡들을 죽였고 공룡들이 아직 살아 있는지 확인했어요. 공룡 한 마리가 살아있었고, 군인 한 명을 잡아먹었어요. 군인들은 공룡을 죽였고, 모든 황금을 가져갔어요. 그들은 비행기를 만들어 섬을 떠났어요. 살아남은 공룡 한 마리는 착해서 그들은 그 공룡을 죽이지 않고 함께 데려갔어요.

논의
아리의 상자 5

분노와 적대감의 표현이 상자 4부터 나타나기 시작했고, 이번에는 잔혹성이 폭발하였다. 아리는 피규어들 가운데에서 모든 군인을 골라 공룡과의 전투에 배치하였다.

상자의 많은 피규어들은 하늘에서 내려온다. 군인들은 비행기 사고로 이집트로 떨어진다. 그들의 사령관은 낙하산을 타고 도착한다. 거대한 공룡이 난데없이 떨어진다. 공룡을 이기고 군인들의 승리 후에는 (질서가) 회복되었다. 영리하게도 그들은 비행기를 만들어 착한 공룡 한 마리와 모든 보물을 가지고 떠났다. 하늘에서 내려온 것들은 흥미로운 상징적 의미를 갖는다. 미국 원주민 전통에서 하늘 신은 법의 수호자로 여겨진다(Cajete, 1999). 아리 이야기에서 군인들의 임무는 잔인하고 원시적인 힘을 제거하고 보물상자에 도달하는 길을 만드는 것이다. 그들은 통제에서 벗어나 있는 것에 질서를 회복하기 위해 하늘에서 내려왔다.

시간 역시 여기서 어떤 일이 벌어질 때 중요하다. 무엇이 일어나는가 하는 면에서 중요하다. 거대한 곤봉으로 가장한 시한폭탄이 있다. 처음에는 폭발 전까지 시계에 남아 있는 시간은 3시간 39분이었다. 전쟁이 끝날 무렵 우두머리 공룡의 꼬리를 공격했던 황금상자에는 단지 46분이 남아 있었다. 아마도 시한폭탄은 아리가 원시적이고 원형적인 힘을 상징하는 공룡으로부터 벗어나 소중한 자기라는 보물상자를 자유롭게 하기 위해 억눌린 분노를 표현하고 행동을 취할 시간이라는 것을 의미할 것이다. 아리는 작업을 시작했을 때 너무 위축되어 있어서 '처져 있다.'라고 기술되었다. 모래놀이의 상징적 놀이를 통해 아리는 그의 분노를 안전한 방법으로 경험할 수 있었다. 그는 너무 압도적이어서 생기를 잃어버렸던 감정들에 다가갔고 표현하였다. 앞에서 이야기한 자원들의 중재를 통해, 그는 심각하게 무질서했던 것을 바로 잡았고 삶의 에너지는 다시 흘러가기 시작했다.

아리의 상자 6

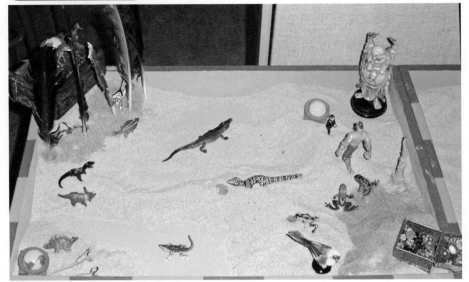
아리의 상자 6a

아리의 상자 6b

아리 이야기
상자 6

✨ 작은 지구본 ✨

옛날에 아프리카를 여행 중인 남자가 있었어요. 그가 공항에 도착해서 호텔로 운전해서 가고 있는데 주위에 많은 동물들이 있었어요. 그는 작은 지구본을 보았고, 그것을 회전시켰어요. 그러자 그는 황금과 약간 열려 있는 보물상자를 갖게 되었어요.

다른 지구본도 돌려 보려 했으나, 총잡이가 다가와서 그를 쏘려고 했어요. 그가 말했어요. "저 새를 보세요." 그러자 총잡이가 허공을 보았어요. 남자는 총을 들어, 총잡이를 쏘았어요. 그는 다른 지구본을 회전시켰어요. 공룡들이 도착했고, 상자가 더 열렸어요. 그는 다섯 마리 공룡을 쏘았지만, 아직 더 쏠 것이 남아 있어요.

그때 물 위로 길이 나타났고 그는 그곳을 건너 큰 공룡 두 마리가 있는 곳으로 걸어갔어요. 그는 섬에 총잡이의 총을 던졌고 공룡들이 그를 따라왔어요.

그 남자는 달렸고 세 번째 지구본을 회전시키자 상자가 완전히 열렸어요. 그는 방명록에 이름을 적었고, 황금을 모두 챙겨 돌아갔어요. 가는 길에 둥지의 새를 보았어요. 그는 둥지에서 새를 내쫓고, 거기에 있던 두 개의 황금 진주를 보았어요. 그는 그것을 가져갔고 알들은 제자리에 놓았어요.

논의
아리의 상자 6

이 상자에서 초점은 주인공에게 맞춰져 있다. 그는 비행기를 타고 아프리카로 여행을 갔고, 거기서 공룡과 총잡이와 싸우게 된다. 아리는 상자 4에서 매장했던 그 건장한 남자를 사용하고 있다. 여기서 그는 세 개의 지구본을 회전시키고, 검은 깃털 너머 뒤쪽에 있던 방명록에 자신의 이름을 적고, 모든 보물을 가지고 집으로 돌아가는 정복자이다. 이 사람은 행동하는 용기 있는 사람이며, 이곳은 그의 영역이다. 아리의 남성적인 능력에서 중요한 발달이 일어나고 있다.

세 개의 동일한 지구본은 중요한 역할을 한다. 지구본들을 회전시킴으로써 보물상자가 점차 열리고 마침내 그 남자는 모든 보물을 얻는다. 세 지구본의 세 가지 사건은 문제해결을 위한 조치가 세 단계로 일어나는 전래동화를 떠올린다. 전래동화에는 해결책을 공개하는 다음 단계가 존재한다(von Franz,1986; Unnsteinsdóttir, 2002). 아리의 이야기에서 네 번째 단계는 그가 둥지 안에서 진주를 알로 바꾸어 놓았을 때이다. 이것은 고대 신화에서 발견되는 숫자 3과 4의 중요성과 일치한다. 숫자 3은 탄생, 삶과 죽음, 혹은 과거와 현재, 미래에서 나타나는 역동적인 창조를 상징한다. 반면에 숫자 4는 사계절과 세계의 네 모퉁이에서 나타나는 안정성을 상징한다(Eastwood, 2002).

지구본은 전체성을 나타내는 구형의 힘과 구형에 담겨 있는 것들의 신비로운 중심을 상징한다(De Vries,1984). 지구본을 돌리거나 회전하는 행동은 티베트의 불교 전통에서 경통(prayer wheel)을 돌리는 것과 닮아 있다. 경통은 기도자들이 경문을 표면에 새기거나 경문을 적은 종이를 안에 넣고 회전시키는 원형의 실린더이다. 그들은 경통을 돌릴 때 기도 내용이 우주 안으로 전해진다고 생각한다. 경통은 지혜와 좋은 카르마(karma)를 모으기 위해, 그리고 부정적인 것들과 나쁜 카르마를 정제시키기 위해 사용된다(Sherabe & Tscwang, 2010). 이 동양적인 주제를 반영하듯 아리는 우측 상단에 커다란 부처상을 배치한다. 아리가 자신의 이야기에서 반복해서 지구본을 회전하면서 언급한 내용은 상징적으로 전체가 되고, 자립하기 위한 정화의식으로, 모험가가 지구본을 회전시키면서 보물에 다가가는 모습을 보여 준다.

좌측 상단에는 아리가 보물상자를 보호하기 위해 놓은 5개의 커다란 검정 깃 털로 만든 가리개가 있다. 5개의 깃털들은 상자 4에서 남자의 죽음과 성스러운 제단을 연결했던 5개의 다리를 연상시킨다. 우리는 전체 사람(anthropos)으로서 의 숫자 5의 중요성을 떠올린다.

　　5개의 깃털과 3개의 지구본, 다양한 색의 둥근 돌과 알들로 이루어진 보물은 이전에는 분리되었던 아리 정신 내부의 힘이 전체적으로 통합된 전체가 되었음 을 보여 준다. 분리된 에너지를 함께 모으려는 노력의 일부로 아리는 상자에 원 시적인 동물들을 흩어 놓은 장면을 통해 자신의 공격성과 분노를 분출하고 있 다. 이처럼 새로운 자유를 반영하는 자유의 여신상과 다채로운 색깔의 개구리 세 마리를 주인공 뒤에 놓았다. 자유의 여신상은 그의 새로운 자율성을 지지하 며, 개구리 세 마리는 새로운 정신적 자질을 의식으로 가져오는 데 필요한 변형 적 에너지를 보여 준다.

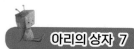

아리의 상자 7

아리의 상자 7a

아리의 상자 7b

아리 이야기
상자 7

✨ 공룡들의 섬 ✨

두 개의 검을 가진 한 사람이 배를 타고 섬으로 가고 있어요. 그는 배가 바위에 부딪혀 충돌하고 모든 사람들이 배 밖으로 떨어지는 것을 보았어요. 그는 의식을 잃었고, 눈을 떴을 때 어떤 낯선 섬에 와 있었어요. 그들은 두 명의 해적과 많은 군인들을 보았는데, 그 군인들은 이미 알고 있는 사람들이었어요. 그는 몇 마리의 공룡을 보았고 공격했어요. 그때 커다란 공룡이 찾아와 그를 죽였어요.

낙타를 타고 있는 사람이 왔어요. 그는 공격을 하려다가 멈췄는데, 왜냐하면 의자에 있던 사령관이 독이 든 병을 괴물(공룡)에게 던졌기 때문이에요. 사령관은 더 많은 공룡들이 다가오는 것을 보았고 세 명의 병사를 제외하고 다 죽었어요.

우두머리 공룡은 새끼, 다른 두 마리 공룡과 함께 도착했고, 공격했어요. 낙타를 탄 사람은 새끼 공룡에게 양동이를 던졌어요. 공룡이 공격했고, 해적들이 와서 공룡 한 마리를 죽였어요. 그 후 의자에 있던 사령관은 공룡에게 폭탄을 던졌고, 모든 공룡들은 죽었어요.

살아 있는 사람들(7명)이 동상과 알을 가져갔고, 비행기를 만들어서 집으로 돌아갔어요.

논의

아리의 상자 7

아리의 작업에서 퇴행(repression)이 나타났고, 그는 복잡한 갈등과 죽음으로 되돌아간다. 그의 이야기에서 첫 번째 주인공은 살해된다. 무시무시한 공격과 대학살이 있다. 사람에게 가해진 타격은 이야기에서 처음 나타난다. 비록 일곱 명의 사람들은 생명과 보물을 가지고 빠져나오지만 여기에는 엄청난 대가가 따른다. 치료자는 아리에게 집에서 어렵고 고통스러운 어떤 일이 벌어졌지만, 구체적인 사건으로 인식되지 못했을 것으로 생각한다. 치료자는 아리가 이전 회기와 달리 더욱 위축되고 자신만의 세계로 돌아갔다고 생각하였다.

특히 그의 작업에서 드러났던 진전 이후에 나타난 이러한 퇴행을 지켜보는 것은 매우 고통스럽다. 하지만 이를 분리해서 보지 않고, 전반적인 모래놀이 과정이라는 맥락 속에서 고려해야 한다. 중요하게도, 그는 여전히 둥지 안에 아름다운 알을 가지고 있으며, 전쟁의 현장에 자유의 여신상이 있다. 심지어 이 대학살의 한가운데에서도, 그는 '자기' 안에서 기원한 새롭게 발견한 자원들과 접촉하고 있다. 자유의 여신상은 그가 놓았던 마지막 피규어이다. 바로 앞에는 해골을 놓았다. 상징적으로 아리는 그의 인생에서 상실했지만, 여전히 그의 내적 진실 안에 시금석을 가지고 있었던 것으로 보인다. 그는 이러한 자원들을 상자 좌측에 놓인 상자 4의 주인공이었던 해적과 짝을 맞춰서 균형을 이루었다.

이 상자에서 사용한 병사들은 매우 작다. 이전 상자에서는 더 많은 병사가 사용되었다. 병사들은 그 수가 감소되었고 영웅이 없다. 그는 병사와 공룡을 같은 숫자로 놓았다. 하지만 아리의 분노 표현은 더욱 확장되었고 과거보다 분명해졌다. 아리가 정신적인 재료들을 통합한 후, 상자 4와 6에서 보여 주었던 것처럼 자신의 분노를 드러내 놓고 표현하는 것이 자유로워졌다. (상자 5와 7에서) 그의 정신은 강화되었으며, 좌절과 격노를 참을 수 있게 되었다. 하지만 군인들처럼, 그도 비행기를 만들어 자신의 고통스러운 가정생활에서 떠나고 싶어 한다.

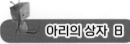

아리의 상자 8a

아리의 상자 8b

아리 이야기
상자 8

🌟 네 개의 열쇠 🌟

옛날에 동물가게를 가지고 있는 남자가 살고 있었어요. 그가 가게로 돌아왔을 때, 모든 동물들이 떠나고 없었어요. 동물들은 그의 금을 가져갔고요. 그는 누구도 감히 갈 엄두를 내지 못하던 사막을 향해 있는 발자국을 발견했어요. 그가 사막에 도착했을 때, 자신의 금과 다른 보물들을 보았어요. 또한 그의 동물들과 나쁜 다른 동물들도 보았어요(곤충, 괴물, 악어).

그는 어떤 돌의 윗부분에 양날 검이 놓여 있는 것을 보았어요. 그가 그 검을 갖게 되자 나쁜 동물들이 그를 공격하려 했는데, 그는 대장인 초록 괴물을 보았어요. 자신의 개가 달려들어 그를 공격했는데 이건 개가 최면에 걸렸기 때문이에요. 그래서 그는 개를 기절시켰어요. 괴물은 다른 동물들에게 계속 공격하라고 명령했어요. 그는 착한 붉은 공룡이 그를 도와주는 것을 보았어요.

상자 속에서 조각상이었던 낯선 남자가 나타났어요. 그는 남자를 공격하기 위해 거미, 살아 있는 새의 발, 그리고 전갈을 가져왔어요. 그러나 공룡이 말벌을 덮쳐서 먹어 치운 뒤에 그 남자에게 열쇠들 중 하나를 주었어요.

개구리 한 마리가 그 무리에서 떨어져 나온 그 순간 공룡이 다른 열쇠를 얻었어요. 그 남자와 공룡은 쥐들이 들어 있는 상자를 향해 달려가 두 개의 열쇠를 상자에 넣었어요. 악어들이 다른 열쇠를 가져왔고, 공룡이 달려가 악어들을 먹어 치웠어요. 그 공룡은 이 열쇠를 상자에 넣었어요.

그러고 나서 모든 나쁜 동물들이 거미 옆에 놓여 있는 마지막 열쇠를 향해 달려갔는데, 좋은 동물들(달팽이, 개구리, 개)이 다가와서 나쁜 동물들을 공격했어요. 남자는 열쇠를 쥐고 상자를 열었는데 그 안에서 금더미를 발견했어요. 그는 모든 금들을 가지고 그의 동물들과 집으로 돌아왔지요.

논의

아리의 상자 8

아리의 상자 8은 일시적으로 전쟁터를 벗어났으며, 상점과 같은 문명화된 세상을 보여 준다. 비록 가게 주인은 사막에 가서 빼앗긴 보물들을 되찾아야만 하지만, 상자 8은 이전 상자보다 폭력성이 많이 감소되었다. 모래놀이 과정에서 원시적이고 어두운 장면에서 일상적인 생활 장면들로 이동할 때, 이것은 대개 무의식 깊은 곳에 있던 새로운 정신 역량이 의식으로 통합되고 있음을 나타낸다. 악어와 말벌과 같은 위협이 남아 있지만, 상자 8은 아리의 이전 상자들보다 훨씬 구조화되어 있다. 주인공이 가게를 가지고 있다는 아리의 이야기는 전쟁 중인 원시 생물들이 등장했던 이전의 상자들보다 분명 더욱 의식적인 영역을 보여 준다. 게다가, 이처럼 새로운 영역에는 위협적이지 않으며, 때로는 도움을 줄 수 있는 생물들이 살고 있다. 비록 일시적으로 최면에 걸려 나쁜 행동을 했지만, 가게 주인이 잃어버린 황금을 되찾는 데 도움을 준 검정과 흰색의 개가 있다. 개도 최면에 걸렸었다는 점이 흥미롭다. 아리는 자신의 외부 삶의 현실에 대해 정신을 차리고 개인의 고결함(personal integrity)을 유지하고 가족의 고통 속에서 성장을 계속할 수 있도록 해 주는 자원에 접근하고 있는 것으로 보인다.

변형적 상징이 계속 나타나고 있는데, 검은 돌 꼭대기에 앉아있는 아기 달팽이와 커다란 갈색 달팽이가 놓여 있다. 이것은 Dora Kalff(2003)가 언급한 '모아단일체(mother-child unity)'이다. Kalff는 새로운 정신적 자질이 발달할 때, 어머니와 아이 한 쌍이 모래놀이에서 자주 등장하는 것을 관찰했다. 상징적으로 변형적 에너지를 보여 주는 녹색 개구리와 주인공 앞에 놓인 알에서 부화한 작은 거북이는 도래한 발달을 반영한다. 달팽이와 거북이 모두 등 뒤에 자신의 집을 지고 다닌다. 달팽이와 거북이는 어디를 가든 '집에' 있으며, 달팽이와 거북이는 의식적인 성격과 자기 사이의 핵심적인 작업 관계를 상징한다(De Vries, 1984).

지속적인 성장과 발달이 아리가 받침대의 좌측에 놓은 작은 심장 모양의 씨앗 상자에서 나타나고 있다. 심장 속에 안전하게 담긴 씨앗의 이미지는 강력하며 감동적인데, 상징적으로 아리의 성장이 다정하고 온정적인 방식으로 지속될 수 있는 가능성을 나타낸다. 모래놀이 시리즈를 통해 이 어린 소년은 연민과 지혜라는 정신적 자질에 접근하여 성장을 지속하면서 발달하고 지각할 수 있게 될 것이다. 보물상자 위에 네 마리의 생쥐가 올라가 있는 모습은 가족 내에서 현재 무기력한 위치에 있는 아리가 자신의 굴레를 돌파할 수 있는 능력을 갖고 있음을 확인해 준다. 자연에서 생쥐들은 대부분의 장애물을 뚫을 수 있다. 그들은 어떤 것이든 물어뜯을 수 있고, 아주 작은 구멍도 통과할 수 있다. 상징적으로 생쥐는 가장 어려운 상황 속에서도 방법을 찾을 수 있는 단호하고 통찰력 있는 에너지를 전달한다(Waldau, 2006).

이전 상자들에서 적군이었던 붉은 공룡이 지금은 도움을 주는 피규어라는 사실이 흥미롭다. 이는 그림자 피규어의 통합(integration)을 보여 준다. 한때 위협으로 인식되었던 것들이 이제는 자기의 자원이 되었다.

우측 상단 코너에 있는 비단 상자 안에 들어 있는 중국 가면은 주술사(shaman)와 같은 역할을 한다. 그는 전갈, 거미와 물새의 발을 이용해서 약을 만든다. 이상하게도, 아리는 멀리 떨어진 곳에서 온 이 '낯선 남자'가 그를 공격할 것처럼 보였지만, 그렇게 하지 않았다고 이야기한다. 중국은 아리가 태어난 아이슬란드와 멀리 떨어져 있고 문화가 알려져 있지 않기 때문에, 아리는 자신의 약과 치유를 찾기 위해서는 자신의 의식적 위치와는 매우 멀리 떨어져 있는 정신적 자질에 접근하고 있는 것으로 보인다.

아리는 주술사 근처에 일렬로 줄을 맞춰 네 마리의 악어를 놓았다. 또한 연못의 중앙에는 작은 악어가 놓여 있다. 자연에서 악어는 매우 위험하다. 악어의 힘에 관한 신화 이야기는 매우 많다. 초기 유럽인들과 히브리인들의 전설에 의하면, 악어는 악마의 창조물로 땅속이나 물 아래에 살면서 나쁜 짓들을 저지른다고 한다(Langton, 1949). 심리적으로 악어는 어둡고, 보이지 않는 그림자의 작업으로 볼 수 있다. 융 심리학의 성격이론에 따르면, 그림자는 의식적이었으나 자아, 의식적 위치(conscious position)에서 받아들이지 못한 정신적 자질과 문제들로 구성된다. 따라서 그림자는 억지로 무의식의 그림자로 되돌아가지만 계속해서 의식화되기 위한 압력을 가하고 있다(Jung, 1981). 그림자는 의식의 표면 아래에서 시끄러운 소리를 내기 때문에 매우 위협적이며, 무서운 것으로 받아들여진다. 부모가 이혼했을 때, 가족 중 가장 어린아이였던 아리는 이전에 겪어 보지 못했던 충격에 직면했었다. 이혼은 무서운 비밀이 될 수 있다. 주술사

아래 쪽에 일렬로 놓인 악어들은 아리의 정신이 가족 그림자의 문제를 인식하고 해결하기 시작했음을 보여 준다. 가장 작은 악어가 무리의 일부가 아닌 점이 흥미로운데, 그 악어는 연못에 있다. 아리는 세 명의 형제 중 가장 어리다. 아마도 그는 이 상황에 대한 또 다른 관점을 갖기 위해 가족에게서 자신을 분리했을 것이다. 이것은 어두운 가족 이야기에 대한 어떠한 관점을 갖기 위해 충분한 거리를 두려는 정신의 관찰적 측면일 것이다. 인도 신화에서, 신성한 갠지스강은 죽음의 위험뿐만 아니라 삶의 풍요로움을 전달하는 악어의 등에 매달려 있다고 한다(Darian, 1978). 이런 관점에서 악어를 본다면, 가족의 그림자를 인식하게 된다는 것은 아리가 자신의 많은 상실을 수용하고 이를 통해 인생이 더욱 충만해지고 있음을 보여 준다.

아리의 상자 9

아리의 상자 9a

아리의 상자 9b

아리 이야기
상자 9

🪄 바이킹 ✨

옛날에 라리라는 남자가 있었어요. 그는 동물원에서 산책을 했지요. 갑자기 검은 표범이 그를 공격했고 동물원의 모든 동물들을 풀어 주었어요. 괴물이 도착했고 뱀파이어로 변신했어요. 그때 별들이 떨어졌고, 그 별들 중 하나가 남자 위로 떨어졌어요.

바이킹이 다가와 그를 도와 일으켜 주었어요. 뱀파이어가 다가와 남자를 먹어 치웠어요. 바이킹은 칼로 뱀파이어를 죽였고, 뱀파이어는 금과 마법의 책을 토해 냈어요. 또 악어, 코끼리, 곰, 코뿔소, 하마 그리고 남자도 토해 냈어요. 하지만 그 남자는 죽어 있었지요. 바이킹이 뱀파이어를 공격하고 죽였어요. 악어가 동물원에 있는 모든 물고기들을 먹어 치웠고요.

맥주를 들고 있던 돼지가 자신의 맥주병으로 바이킹과 착한 동물들을 제외한 모두를 때렸어요.

금이 땅속에서 나왔고 바이킹이 모든 금을 가져갔어요. 바이킹이 동물원 입장료를 내지 않았기 때문에 막 떠나려고 할 때 경비원이 동물원 입장료를 내지 않았다며 그를 체포했어요. 그때 경비원은 죽어 있는 남자를 발견했고, 바이킹이 그를 죽였다고 생각했어요. 그래서 바이킹은 감옥에 가게 되었죠. 감옥에 있던 한 남자가 밧줄을 가져왔고 그와 바이킹은 이곳에서 도망치려 했어요. 헬리콥터가 도착했고, 남자가 탈출했어요. 바이킹은 배에 올라타 헬리콥터에게 대포를 발사했고, 금을 가지고 집으로 향해했어요.

논의
아리의 상자 9

검은 표범이 우리를 열어 동물원의 모든 동물을 풀어 주었을 때, 뜻밖의 전개가 이루어진다. 상징적으로는 본능(instinct)이 자유로워졌음을 의미하며, 예상했던 바처럼 본능은 시작이 제멋대로이다. 모래상자에 놓인 동물들은 이전 상자에서 보았던 공룡과 곤충들에 비해 훨씬 발달되어 있다. 상자에는 곰, 하마 그리고 코끼리를 포함한 많은 포유류가 놓여 있다. 악어는 평소 하던 대로 물고기를 먹는다. 아마도 이것은 자신의 가족 문제에 무감각하고 싶어 했던 아리의 일부일 것이다. 그러나 이 이야기에서는, 돼지가 맥주병을 무기로 사용하여 나쁜 상대를 공격한다. 어떤 점에서는 아리가 환경을 더욱 받아들이고, 탄생과 죽음의 순환, 사물의 자연스러운 흐름에 대해 인식하는 것으로 볼 수 있다.

신기하게도, 뱀파이어가 보석과 책과 함께 동물들을 토해 내면서 동물들을 풀어 주는 모습이 반복된다. 전에는 그의 정신으로부터 생명의 피를 빨아 먹던 뱀파이어가 지금은 보석의 내면 세계의 부유함과 책의 지혜라는 풍부한 본능적 에너지를 만들어 내고 있다. 이전 상자에도 등장했던 보석이 많아졌고, 상자 전체에 뿌려져 있다.

삼켜지는 것을 통한 변형은 성서 속의 요나와 고래 이야기에서 볼 수 있는 심오한 변화의 신화적인 주제이다(Eliade, 1996). 섭취(consumption)를 통한 변형을 보여 주는 또 다른 신화는 북유럽 이야기인 '위그드라실'(세계수)에서 찾아볼 수 있다(Sturluson, 1984). 커다란 뱀 형태의 니드호그(Nidhogg)는 삶과 죽음의 모든 측면을 담당하는 신화적인 나무인 세계수의 뿌리에 살고 있다. 니드호그의 영토는 어두운 땅속이며, 그는 위그드라실의 뿌리를 맹렬하게 갉아먹고, 걸신들린 듯 시체들을 먹는다. 니드호그가 직면한 변형은 정신의 죽음과 상실을 통한 변화이다. 아리의 이야기 속에 나오는 죽은 남자, 즉 아리의 잃어버린 순수성이 그의 발 아래에 토해져서 뚜렷이 볼 수 있다. 그러나 변형은 일어났고, 그는 보물과 책이라는 지혜를 가지고 왔다. 공포스럽고 고통스러울지라도, 어둠으로 향하는 아리의 여정은 가족 해체라는 경험에 대한 진실을 제공한다. 아리는 환경을 더욱 수용하게 되고, 그의 여정의 일부로서 그리고 진정한 자신을 만드는 과정의 일부로서, 탄생과 죽음, 획득과 상실의 순환을 받아들일 수 있게 하는 도구를 갖게 되었다. 이야기에서 싸움이 끝난 후 주인공인 바이킹은 두 번이나 투옥된다. 한 번은 동물원 입장료를 내지 않은 작은 위반 때문에, 두 번째는 살인 누명을 썼기 때문이다. 아리의 정신은 상실이라는 진실을 볼 수 있는 능력이 있으며, 타당하지 않은 것을 이해할 수 있는 준비가 되어 있다는 것을 알려 준다. 아리는 모래놀이 작업을 통해 근본적인 정신 발달을 경험하지만, 슬픔과 상실의 경험이 주는 불공평함이라는 속성이 의식에 슬픔으로 남아 있을 것이다.

　하늘에서 다섯 개의 별이 떨어졌다. 하나의 별이 남자와 부딪쳐서 그가 쓰러졌다. 별은 인간의 전체성을 의미하는 아름다운 상징적 이미지가 있다. 게다가 숫자 5는 다섯 꼭짓점이 있는 별을 상징한다. 이 이야기에서 별은 땅으로 떨어진다. 완전성(completeness)의 상징으로, 이 별들은 천상의 하늘과 지상의 땅을 연결한다. 우리가 동물적인 본능의 방출과 함께 이러한 상징을 고려한다면, 자신을 돌보고, 자신의 감정과 경험을 존중하며, 세상 속에서 자신의 길을 찾도록 해 주는 풍부한 본능적 에너지가 아리에게 충만하다는 것을 알 수 있다. 이러한 발달을 보여 주듯 아리가 마치 알처럼 조심스레 올려놓은 진주 위에 작은 새가 앉아 있다. 자기(self)의 상징으로서 이 진주는 또한 알과 같고, 새롭게 다가올 무엇인가를 약속한다.

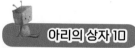

아리의 상자 10

아리 이야기
상자 10

✨ 착한 군인들과 나쁜 무리 ✨

사령관인 전사가 전체 병사들과 함께 휴가를 가는 중이었어요. 그들은 이집트에 갔어요. 그들은 그 나라를 돌아다니며 조사했어요. 그들은 공룡으로 가득한 동굴을 보았어요. 그들은 경보음이 울리는 소리를 들었고, 그때 한 무리의 공룡과 군인들이 그들을 공격하기 시작했어요.

옛날 동굴에는 우두머리 공룡이 있었어요. 대장 공룡만이 날개가 있었죠. 모든 군인들이 그 공룡을 공격했어요. 나쁜 군인들이 와서 전쟁이 시작되었어요. 그때 인디언 일부가 더 나쁜 군인들과 함께 다가왔어요. 그 나쁜 무리들은 사령관을 향해 총을 쏘았고, 화가 난 착한 군인들은 그들에게 수류탄을 던졌어요. 그러고 나서 착한 군인 몇 명이 살금살금 다가가서 나쁜 우두머리 공룡을 죽여 버렸어요.

그때 땅 속에서 더 많은 남자들이 나타났어요. 그건 해골들이었어요. 해골들이 다섯 명을 제외한 착한 무리 전부를 죽였고, 괴물들이 해골 세 마리를 죽였어요. 그때 군인들 중 한 명이 핵폭탄을 던지고 비행기로 달아났어요. 그의 동료들도 다른 비행기로 달아났어요. 그들은 비행기를 타고 날아갔고, 사막은 폭발해 버렸어요.

논의
아리의 상자 10

이 날 모래놀이를 하러 왔을 때, 아리의 기분은 좋지 않았다. 상자에서는 착한 군인들이 나쁜 군인, 괴물 공룡, 해골 그리고 인디언들과 싸우고 있다. 착한 군인들의 대장은 우측 상단 코너에 있다. 그는 등을 대고 바닥에 누워 있다. 그의 앞에는 수직 자세로 두 명의 바이킹이 서 있는데, 한 명은 근육질이고 작은 흑인 바이킹은 총을 들고 있다. 대장은 이들보다 지위는 높지만 강해 보이지 않는다.

상자 10에서 아리는 자신의 삶에서 벌어졌던 일들을 변화시킬 수 있는 힘을 상실한 것에 대해 슬퍼하고 있다. 아리의 초기 모래놀이 과정을 살펴보면, 직면-전투-귀중한 것의 발견-탈출이라는 주제에 뒤이어 슬픔-무기력 그리고/또는 상실의 주제가 교차되고 있다. 상자 1에서 힘겹게 투쟁하며 소중한 것을 발견하는 것을 볼 수 있다. 사람과 공룡과의 전투가 있었고, 마법사는 마법책을 발견하고, 군사들은 보물을 발견한다. 뒤이어 상자 2에서 상실, 비통함, 무기력의 주제가 나타난다. 한 명의 군인과 한 마리의 괴물이 교전을 시작했지만, 이는 군인에게 헛된 투쟁이었다. 상자 4에서는 남자가 곰에 의해 죽임을 당하고 상자에 묻히게 되는 상실의 주제가 나타난다. 바이킹 또한 살해당했다. 상자 5에서 투쟁과 소중한 것의 발견이라는 주제가 다시 등장한다. 공룡들과 남자들이 싸우고, 주인공이 금을 되찾는다. 상자 6은 한 남자가 보석을 발견하기 전에 역경을 경험하면서 투쟁과 소중한 것의 발견이라는 주제가 반복된다. 상자 7에서 10까지는 상실과 애도라는 주제가 보다 분명해진다. 상자 7에서 위험과 위협으로 가득 찬 섬에서 남자의 배는 충돌한다. 치열했던 전투는 삶의 두려운 상실이라는 결과가 뒤따른다. 상자 8은 자신의 금을 도둑맞은 애완동물 가게의 주인과 함께 상실과 투쟁의 주제를 반복한다. 힘겨운 투쟁들을 거치면서 그는 금을 되찾고 집으로 돌아온다.

상자 9에서 내적인 강인함과 새로운 가능성에 대한 아리의 발견은 상자 10에서 격렬한 싸움으로 전개된다. 상자 10에서 아리는 절망과 무의미 그리고 상실과 함께 작업한다. 이 이야기에서는 뱀파이어가 남자를 잡아먹고, 감시하기 위해 남자의 시체를 다시 토해 내고, 바이킹인 주인공은 누명을 쓰고 감옥에 들어간다. 두 명의 주인공은 간신히 탈출하여 목숨을 건진다. 원시적이며 무서운 곤충과 악어가 군인을 입에 물고 등장한다. 이야기 속의 군인은 휴가를 가려고 했지만 큰 싸움에 처하게 된다. 심지어 그는 과거에서 온 해골들의 공격을 받기도 한다.

싸움의 의미 없는 본질은 이혼이라는 슬픔과 그것을 받아들이기 위한 아리의 내적 투쟁을 전달한다. 아리는 자신의 경험을 제어하거나 변화시킬 수 없고, 그러한 경험들은 예고 없이 다가올 것이라는 점을 지각했다. 가족사의 급격한 변화는 그에게 깊은 상처를 주었다. 그러나 모래상자에서 자신의 분노를 표현해 내는 그의 성장 능력은 감탄스러우며, 이는 치유와 발달을 위해 필요한 단계이다.

중심부 하단에 흰색과 검은색이 섞인 판다 한 쌍이 눈에 띈다. 이것은 아리가 두 번째로 놓은 피규어로, 우측 하단 코너에 커다란 죽은 나무를 놓은 후 가져다 놓았다. 가장 맹렬한 전투가 벌어지는 동안, 그는 모래상자에서 분노와 직면했으며 중국에서 음양을 상징하는 흰색과 검은색이 섞인 판다 한 쌍은 새로운 정신적 자질의 탄생을 예고한다. 이 정반대 쌍은 나누어지지 않은 전체가 본래의 이원성(original diality)으로 분리될 때 발생하는 원형적인 이중성으로, 물질적 현시(manifestation)의 기저를 이룬다(Kalff, 2003). 아마도 움직일 수 없게 된 대장이 보여 주는 용기가 앞으로 중요하게 될 것이다.

아리는 수송 수단으로 비행기 다섯 대를 사용한다. 아리는 이야기 속에서 종종 비행기를 언급했는데, 이번에는 상자에서 실제로 비행기를 사용했다. 치료실의 피규어들 중에 진짜 비행기가 없었는데, 아리는 영리하게 양의 척추뼈를 사용했다. 두 명의 착한 군인들은 전쟁에서의 학살을 피하기 위해 두 대의 비행기를 타고 이집트를 떠났다. 그들이 사막을 떠나는 동안, 핵폭탄으로 인한 커다란 폭발이 발생하여 그들 중 한 명을 날려 버렸다. 아마도 아리는 자신의 내적 능력을 발달시켜 전쟁터를 뒤로 하고 떠날 수 있게 될 것이다.

아리는 세 그루의 초록색 나무와 한 그루의 커다란 죽은 나무를 그의 상자에 놓았는데, 이는 비록 상실과 죽음이 있었더라도 새로운 성장과 발달에 대한 약속을 보여 주는 것이다. 또한 아리가 상자 주위에 동굴과 장소들을 만드는 데 사용한 수많은 커다란 암석들도 이를 반영한다. 그가 자신의 환경을 변화시키는 데는 무력하지만, 자신이 서 있을 수 있는 건실하고 단단한 기초를 발달시키고 있었던 것이다.

아리의 상자 11a

아리의 상자 11b

아리 이야기

상자 11

✨ 공룡과 함께 있는 남자 ✨

공룡을 데리고 있는 남자가 있었고 그는 어디든 다녔어요. 한번은 동굴에 갔다가 땅
에서 올라오는 수많은 군인과 동물들을 보았고, 동물들이 군인을 공격하는 것도 보았
어요. 그 남자도 공룡과 함께 군인들을 공격했어요.

사령관이 다가와서 작은 군인들에게 동굴에 가서 그들이 찾을 수 있는 것들을 살펴보라고 말했어요. 그들은 황금알을 찾았지요. 공룡이 다가가서 그 알을 지켰어요. 장교가 다가와서 군인들에게 공룡이 애완동물 같다고 말했어요. 이 군인들 중 한 명이 공룡을 밀치고 황금알을 가져가려고 했는데 갑자기 그 군인이 지뢰를 밟고 폭발해 버렸어요. 군인들은 황금알 주변에 있는 지뢰들을 발견했어요.

군인들은 총과 포탄을 가지고 도착하여 다른 군인들을 잡아먹으려고 하는 악어를 쏘았어요. 사람들이 와서 동물들에게 폭탄을 던졌어요. 그들은 남자와 공룡을 둥글게 둘러싸고 총으로 쏘아 버렸어요. 모든 지뢰를 터뜨리고, 그들은 황금알을 가지고 집으로 돌아왔어요.

논의
아리의 상자 11

상자 11에서 아리는 또 다른 잔인한 전쟁에 직면하게 되지만, 이 전쟁은 이전에 벌어진 전투에 비해 덜 혼란스럽고 질서가 있다. 왕은 아리가 상자에 놓은 첫 번째 피규어이다. 누군가가 이 사건을 책임지고 감독한다. 왕은 아리의 이전 상자들에서 영웅이었던 과장된 근육질 남자와는 다르다. 그는 권위를 나타내는 예복을 입고, 위풍당당한 지팡이를 가지고 있다. 그는 겉으로는 근육질 남자처럼 강력한 힘을 가진 것처럼 보이지는 않지만, 진정한 권한을 알려 주는 내면의 강함을 지니고 있다.

왕의 대각선 부분에 놓여 있는 남자는 커다란 붉은 공룡을 타고 있다. 상자 11에서는 원시의 생명체 중 가장 힘이 센 붉은 공룡이 사람의 통제를 받으며 등장한다. 또한 군인들에 의해 둘러싸여 있다. 통제하지 못하고 위험했던 공룡이 이제는 길들여지고 그 남자의 편이다. 아리의 정신을 향한 위협은 진정되고, 그는 발달을 지속하기 위해 새로운 강점을 활용한다. 이러한 주제는 황금알을 지키는 공룡이 점차 무해한 애완동물이 되는 과정에 반영되고 있다. 그를 위협한다고 느끼던 것들이 이제는 위험하게 느껴지지 않는다.

한 군인이 소중한 알을 가지려고 성급하게 움직이다가 지뢰를 밟아 죽게 된다. 우리는 자기(self)라는 소중한 진주를 지키는 공룡이 등장하는 신화적인 주제를 떠올린다. 그것은 쉽게 얻을 수 없으며, 변형(transformation)이라는 어려운 작업을 견뎌 온 지혜가 있어야 접근할 수 있다. 모든 사람이 성공하는 것은 아니다(Eliade, 1991). 영웅의 여정에는 희생과 상실 그리고 뒤이어 성장과 성숙이 나타난다.

전쟁터에는 죽은 군인들과 동물들의 시체가 흩어져 있다. 아리는 가족의 변화로 요구된 변형에 대해 엄청난 대가를 치렀다. 본질적으로 그는 부모 원형의 보호적 보살핌 아래에 있는 어린 소년이었지만 상실을 겪어야 했다. 그는 정신 내적의 급격한 변화를 겪고 어머니와 아버지가 분리되는 소년으로서의 자신을 경험하게 되었다. 모래놀이의 자유롭고 보호적인 공간은 이처럼 어려운 과제를 달성할 수 있도록 한다. 그가 보인 위축을 고려할 때, 짧은 시간에 상당한 작업이 가능했던 것은 모래놀이치료가 주효했기 때문이다.

아리의 상자 12

아리의 상자 12a

아리의 상자 12b

아리의 상자 12c

아리 이야기
상자 12

✨ 아기 거북이 ✨

바다에 두 마리의 거북이가 살고 있었어요. 어느 날 한 마리가 알을 낳았어요. 몇 달이 지나고 아기 거북이가 태어났어요. 바다의 다른 동물들이 다가와 아기 거북이를 지켜주었는데, 왜냐하면 괴물이 아기 거북이를 죽이려고 했기 때문이에요.

작은 군인들이 다가와서 거북이를 구하려 했어요. 군인들이 다가왔을 때, 거북이들은 모래 속으로 가라앉고 있었어요. 그때 커다란 군인이 세 명의 다른 군인들을 데려왔어요. 그들은 가라앉지 않았어요. 왜냐하면 컸으니까요. 그들은 공룡들에게 총을 쏘기 시작했어요. 그때 공룡의 우두머리가 친구 둘과 함께 도착했고, 군인들은 그들을 죽였어요. 커다란 공룡이 다른 공룡 한 마리와 도착했고, 악어가 그들을 공격했어요.

모래 속에 숨어 있는 한 마리를 제외한 모든 공룡들은 죽었어요. 전갈이 이걸 보고 쏘려고 다가갔지만, 공룡은 모래 속으로 더욱 깊이 들어가다가 옆에 있는 연못 위로 나왔어요. 그때 공룡이 재빨리 황금알을 가져갔지만, 작은 알이 튕겨 나갔어요. 그 공룡은 황금알을 가져가지 못했고, 상어가 다가와서 그 공룡을 먹어 치웠어요.

논의
아리의 상자 12

아리는 모래놀이라는 긴 여행의 끝에 도달했다. 마지막 모래놀이에서 아리는 상자 중앙의 넓은 물에 집중하였다. 그다음 호수의 중앙에 거북이 가족을 가장 먼저 놓았다. 아기 거북이는 어머니와 아버지 거북이 사이에 놓여 있다. 부모 거북이들은 상당히 떨어져 있지만, 새로 부화한 아기 거북이가 어머니와 아버지 사이의 관계를 연결하고 있다. 상징적으로 아리는 다시 태어났다. 그는 새롭게 구성된 그의 가족 안에서 살아남고 적응할 것이 요구되는 정신내적인 변형을 겪었다.

여전히 안전에 대한 위협은 존재하지만, 그가 보호를 위하여 악어와 전갈, 그리고 상어의 힘을 활용하는 것은 흥미롭다. 그들이 연약한 작은 생명체를 구하는 동안, 그곳에는 여전히 분노가 표출되고 있으며 적절한 방법으로 그 분노는 전달되어야 한다.

세 개의 머리가 달린 초록색 괴물은 연못 아래에 있는 세 마리의 거북이가 보이는 위치에 있는 흔들의자에 앉아 있다. 아마도 이 머리가 세 개 달린 괴물은 가족그림자(family shadow)일 것이다. 새로운 탄생 밑에 깔린 분노는 이혼을 겪은 가족에게 남아 있는 분노일 것이다. 아리는 새롭게 발달한 자기감(sense of self)의 탄생과 안전함을 경험하면서도, 가족 분위기를 물들이는 분노와 원망을 처리해야만 한다.

아리는 다른 사례에서 볼 수 있는 하강, 중심화 그리고 상승으로 나타나는 전통적인 과정 없이 모래놀이 시리즈를 완성했다. 우리는 아리가 모래놀이를 지속하기를 희망했지만 학년이 끝나면서 모래놀이를 계속할 수 없었다. 그러나 그가 좋은 작업을 수행하였고, 상당한 발전을 이루어 냈다는 사실은 명백하다. 우리는 아리가 부모님의 이혼을 받아들이지 못했던 것을 기억한다. 그는 학교에서 수업을 따라가지 못했고, 친구들에 비해 신체 성장도 느렸다. 모래놀이는 고통스럽고 혼란스러운 문제를 깊게 살펴볼 수 있는 기회를 제공했으며, 그의 분노를 안전하게 분출할 수 있도록 하였다. 비록 모래놀이가 계속 이루어지지는 못했지만, 그는 학교에서, 가족 내에서, 그리고 사회적인 상황에서 더 잘 적응하였고, 학업도 제대로 수행할 수 있었다.

모래놀이 사례

알다: 여아, 4학년, 9세

알다의 모래놀이 작업: 개관

알다는 학습에 문제가 있는 온순한 성격의 소녀로 매우 느리며 공부하는 것을 힘들어하였다. 알다는 난독증 진단을 받았다. 그녀는 항상 우물쭈물하며 방금 쓴 것을 지우곤 하였다. 알다는 몹시 수줍음이 많았지만 학급 공연에 참여할 때는 마치 다른 사람인 것처럼 노래하고 춤을 추었다. 그녀는 공연에서 성숙해 보이는 옷을 입고 대담한 춤을 추었다. 그러나 학급에서는 고립되어 있었다. 선생님은 흡연의 위험성을 다룬 수업 시간에 알다가 낙심하며 슬퍼했다고 보고하였다. 알다의 부모님은 모두 흡연을 했는데 선생님은 알다가 부모님 관련 문제들로 걱정하고 있다고 추측했다.

알다는 자주 눈물을 보였는데 그녀는 자아상이 불안정했고 자신이 수행한 일에 대해 만족하지 못했다. 그녀의 읽기와 수학은 2년 정도 뒤처져 있다. 그러나 모래놀이 회기에서 알다는 자신감이 넘쳤고 자신의 모래놀이에 만족하였다.

그녀의 가족사는 스트레스가 많은 환경이다. 아버지는 알코올 중독자이고 아버지의 형제도 중독자이다. 알다는 성 학대 전력의 의혹이 있었고 아동복지위원회가 아버지의 알코올 중독 때문에 관여했지만 아무것도 밝혀지지 않은 채 수사는 중단되었다. 알다는 자주 불안해하였고 걱정이 많았으며, 두통 같은 신체적 통증으로 힘들어하였다. 알다의 부모, 특히 아버지는 알다가 연구에 참여하는 것을 꺼려했지만 마지못해 동의해 주었다.

연구에 참여하는 동안, 알다는 반 친구들보다 훨씬 뒤처졌지만 읽기는 상당한 진전이 있었다. 또한 철자법과 글쓰기가 향상되었다. 하지만 수학에 대한 자신감이 낮았고 성적은 계속 좋지 않았다.

알다는 지능검사인 WISC-Ⅲ에서 평균 하 수준을 나타냈다(81/92). 그녀의 주의집중력(17점)과 지각조직화 능력(12점)은 양호했지만, 처리속도 점수는 낮았다(-3점).

학년 말에 실시된 자기평가지인 Beck 척도에서 분노와 혼란스러운 행동이 높게 나타났다. 알다의 모래놀이 작업에 대한 연구와 그녀의 고달픈 삶에 관한 정보를 통해 우리는 그녀의 분노와 낮은 자기평가를 잘 이해할 수 있었다. 우리는 모래놀이 작업을 통해 접촉한 정신적인 힘이 알다의 인생이 도움이 되길 바란다.

알다의 선생님에 따르면, 알다는 학년 초 ADD 임상 증상들을 나타냈으나 학년 말에는 증상이 감소되었다고 한다. 선생님이 실시한 Achenbach 척도에서 신체 증상과 통증과 사회적 고립 정도가 매우 높게 나타났다. 학년 초 이러한 증상들은 임상 수준이었는데, 학년 말에는 상당히 감소한 것으로 나타났다. 또한 알다의 선생님이 실시한 우울과 불안 사전검사 결과, 임상 수준에 해당했지만, 학년 말에는 감소한 것으로 평가되었다. 그러나 부모는 알다의 우울과 불안 증상이 학년 말에 증가하였다고 보고하였다. 아마도 부모가 우울과 불안으로 보았던 것들은 알다가 자신이 겪었던 학대와 상실을 정서적으로 인식하게 되면서 나타난 것들로 보인다.

알다는 모래놀이에 매우 열정적이었으며 성실히 참여하였다. 학업 수행이 느린 알다는 모래놀이 작업은 빠르게 진행하였으며 활동적으로 피규어들을 움직였다. 빈번히 보여 주는 모래에 파묻거나 피규어를 숨기는 행동은 인상적이었다. 알다는 상자에서 물을 사용하지는 않았지만, 상자 9에서 파란색 바닥을 드러냈다. 그녀는 종종 같거나 비슷한 피규어를 한 상자에서 다음 상자까지 연달아 사용하였다. 이 피규어들 중 검은 거미는 가장 자주 등장하여 9개의 상자에서 사용되었다. 알다의 상자에는 갈등 관련 주제들이 빈번히 나타났다. 마법은 모든 상자에서 나타났으며, 대립, 보물, 테러는 9개 상자에서 나타났다. 독과 동굴은 여섯 번, 성장과 변화의 주제도 다섯 번 나타났다. 알다는 종종 혼란스럽고 몽환적인 긴 이야기를 만들곤 하였다.

알다의 상자 1

알다의 상자 1

알다 이야기
상자 1

🪄 힘 ⭐

이건 사악한 악마(우측 하단 코너 뱀파이어)예요. 지구본이 그의 앞에 있는데 그는 전 세계를 지배하려고 해요. 이 여자는 (좌측 상단 코너) 무슨 일이 일어나고 있는지 알고자 하며 원숭이는 매우 놀란 것 같아요. 악마는 물건들을 모아요. 악마는 물건들을 훔치고 숨겼어요. 그는 물건들을 얻기 위해 힘과 마법을 사용해요.

보물을 묻은 장소를 표시하기 위해 뼈를 놓았어요. 그는 다리 밑에도 물건들을 숨겼어요. 상자의 열쇠로 감췄어요. 갈색 병에는 독이 들어 있어요(뱀파이어 뒤 우측 하단 코너).

거미는 독이 있어요. 타란툴라는 악마의 애완동물이에요.

상자를 만든 후 그녀는 몇 가지 설명을 덧붙였다.

빠뜨린 것이 있어요(여자를 겨냥하는 총을 든 남자를 추가한다).
그는 악마를 위해 일해요.
공룡들이 사냥을 하고 있어요.
무당벌레는 해롭지 않은 작은 벌레예요.
조개껍데기는 덫이에요.
악마는 성공적으로 세상을 변화시켜 사악하게 만들어요.
회색 쥐는 악마를 위해 일해요.
하지만 소녀(여자)가 보물상자를 갖게 돼요.

논의

알다의 상자 1

알다의 첫 번째 상자는 악마와 선한 존재 간의 분명한 대립을 보여 준다. 상자의 악마 편에는 뱀파이어, 독거미, 총을 든 남자, 회색 쥐, 독 그리고 악어가 있다. 선한 편에는 알다가 '소녀'라고 이야기한 흑인 여자, 원숭이, 무당벌레 그리고 흰색 쥐가 있다. 알다는 사악한 뱀파이어가 전 세계를 지배한다고 말한다. 뱀파이어는 마법을 이용해 물건들을 훔치고 숨긴다. 그는 훔친 것들을 다리 아래에 숨기고, 분홍색 하트 모양 상자에 넣어 땅에 묻고 뼈로 십자가 표시를 해둔다. 알다는 더 큰 보물상자를 묻으려고 시도했지만 성공하지 못했다. 악마의 조력자는 좌측 상단 코너에 있는 빨간 옷을 입은 흑인 여자를 겨냥하는 총을 든 남자이다. 애완동물은 알다가 독이 있는 거미라고 부르는 독거미이다. 뱀파이어 뒤에 있는 병에도 독이 들어 있다. 위험하고 대극적인 주제는 중앙 호수에 놓인 악어와 먹잇감인 흰색 쥐에서도 나타나고 있다.

알다가 상자 1에서 선택한 상징들은 매혹적이다. 남자로 알려져 있지만 뱀파이어는 본래 15세기 독일과 체코슬로바키아에 있었던 여자 형태의 악마이다(Russell, 1977). 이 여자 악마들은 아이들을 훔쳐 저녁으로 구워 먹는다고 한다. 뱀파이어를 악한 존재, 악마라고 들려준 알다의 이야기는 집단 무의식을 보여 준다. 융은 집단 무의식을 모든 사람의 지식 저장고라고 보았다(Jung, 1981). DNA로 전달되는, 집단 무의식은 사람들의 의미 형성에 대한 원형적인 원판(template)이다. 융이 말한 집단 무의식의 한 예로 다양한 종교와 문화에서 나타나는 유사한 주제의 출현을 들 수 있다. 이러한 주제의 기본 본질은 유사하지만 특정 문화의 외견과 특성을 띠고 있다. 알다는 뱀파이어가 어린이들을 죽이는 사악한 여성 에너지라는 지식을 가지고 있지 않았다. 하지만 그녀의 무의식은 알다가 모래놀이 작업을 시작하는 데 필요한 완벽한 상징을 찾아내었다.

유사하게 아이를 죽이는 여성성의 상징은 악어와 커다란 거미, 무당벌레로

이어진다. 실제는 아니지만, 어미 악어가 갓 부화한 새끼들을 물어서 물로 옮기기 때문에 악어는 새끼들을 먹어 치운다는 통념이 있다. 이집트의 '사자의 서(Book of Going Forth By Day)'에서는 악어 괴물이 악한 행동을 한 사람들을 잡아먹는다(Budge, 1904). 또한 커다란 검은색 거미는 아름다운 거미줄을 짜는 밝은 측면과 먹이를 포획하고 잡아먹는 어두운 측면을 가지고 있다. 알다가 해롭지 않은 작은 벌레라고 묘사한 무당벌레는 커다란 조개껍데기 안에 갇혀 있다. 이 작고 순수한 존재는 포로로 잡혀 있다. 알다의 과거사와 관련된 문제들은 원형적인 여성성, 모성과 남성성, 부성이라는 에너지에 상처를 입혔고 그녀의 내면 세계에 반영되고 있다. 상자 1의 상징적인 내용인 잡아먹는 주제(devouring theme)의 반복은 알다가 앞으로 모래놀이 작업에서 다룰 문제들이 그녀의 순수함의 파괴와 보호의 결핍에 관한 것임을 보여 준다.

　알다의 이야기에서 여자는 무슨 일이 일어나고 있는지 알고 싶어 한다. 그러나 이것은 위험한 일이며 총을 든 남자가 여자를 겨냥하고 있다. 상자에서 총을 든 남자는 여자의 바로 좌측에 놓인 작고 검은색 피규어이며, 꽃잎 바로 앞에 있다. 알다는 남성에게 위협을 받고 여성에 의해 보호받지도 못하고 있다. 그녀는 위험하며 잡아먹는 피규어들에 둘러싸여 있다. 진실과 선함의 자기(self)라는 보물은 하트 모양 상자에 담겨 땅속에 있으며 뼈로 만든 십자가가 표식이다. 위쪽의 꽃잎 두 장은 눈물처럼 보인다.

　야생 고양이는 긍정적인 상징이다. 야생 고양이는 강인하며 능숙하게 스스로를 돌본다(Sunquist & Sunquist, 2002). 상징적으로 야생 고양이들은 그 시간에 필요한 것과 협력하여 움직인다는 점에서 자기(self)와 연관된다. 고대 이집트에서는 고양이를 본질적으로 여성적인 것으로 받아들였다(Malek, 1997). 고양이는 비언어적인 방법으로 지혜를 전한다. 고양이는 야생에서 보이는 행동의 일관성과 확신 덕분에 초인적인 존재로 받아들여진다.

　피부가 흰 알다가 모래놀이에서 중요한 역할을 하는 흑인 여자 피규어를 선택했다는 것은 중요한 의미를 갖는다. 검은 피부의 피규어는 그녀가 불우한 환경에 대처하기 위해 무의식으로 억압해야 했던 여성적 본성이 가지는 자연스러운 강점의 그림자적인 특성을 보여 준다. 우리는 모래놀이 작업에서 이러한 특성들이 재출현하여 스스로를 보호할 수 있게 되기를 희망했다.

중앙에 있는 호수의 고래는 상징적으로 매우 중요하다. 자연에서 고래는 먹이를 먹기 위해 물속 깊이 잠수하며 숨을 쉬기 위해 다시 수면 위로 올라온다. 상징이나 신화적 주제에서 고래는 '밤바다 여행자(night sea journey)'로 불린다. 융의 서술에서 위아래로 움직이는 이러한 심리 변화 유형의 중요성을 볼 수 있다.

> … 하데스(Hades)로의 하강과 이 세계 너머에 있는 유령의 땅으로의 여행,
> 의식의 너머, 그러므로 무의식으로의 몰입(Jung, 1985, par. 455).

이는 알려진 것의 경계를 넘어 무의식 속으로 들어가는 것이다. 무의식은 개인에게 근본적인 변형(transformation)이 일어나는 곳이다. 요나와 고래에 관한 성서 이야기와 마찬가지로, 신화적 이야기에는 종종 용이나 바다 괴물에 의해 삼켜지는 이야기들이 포함되어 있다(Jung, 1985). 알다의 모래놀이 작업은 매우 힘든 여정이 될 것이다.

임박한 무의식으로의 하강과 더불어, 알다는 작은 원숭이와 두 쌍의 깃털을 여자 뒤쪽의 상자 코너에 배치하였다. 새의 깃털은 상승이 가능하고 영혼(spirit)에 접근할 수 있음을 암시한다. 민첩한 원숭이는 잘 기어오른다는 점에서 비슷한 특성을 가지고 있다. Dora Kralff는 원숭이를 '정신을 향하는 초기 충동'이라고 보았다(1988, Conference Notes). 깃털과 원숭이는 많은 공포 속에서 희망의 느낌을 주며, 알다가 앞으로 겪을 어려움들을 헤쳐 나갈 수 있게 해 주는 정신적 자산(psychic asset)이다. 바닷가재들이 물 밑바닥의 쓰레기를 먹고 산다는 점을 고려해 본다면, 호수에 있는 커다란 붉은 바닷가재 또한 정신적 자산이다. 상징적으로 바닷가재는 오래된 것들과 자기(self)를 따르지 않는 것들을 정화해 주는 것을 나타낸다. 호수 양편에 놓인 두마리 공룡은 알다가 싸우고 있는 문제들이

매우 오래된 것임을 보여 준다. 공룡의 등장은 아마도 세대를 거슬러 올라가는 오래된 가족사를 지닌 고통스러운 상황을 의미할 것이다.

가장 중요한 문제는 그녀의 성장과 발전에 도움이 될 여성적 에너지를 일깨우는 것이다. 알다의 목표는 그녀를 버텨 주고(hold) 사랑할 수 있는 정신내적의 여성 에너지를 찾는 것이다. 위험을 몰아내고 자신을 보호할 수 있는, 필요하다면 거칠어질 수도 있는 여성적 본성(feminine nature)을 개발할 필요가 있다. 동시에 그녀는 길을 이끌어 나갈 수 있도록 내면의 남성적 에너지, '아니무스(animus)'와 접촉해야 한다. 알다는 외부 세계 양육을 통해 자신이 겪었던 상처와 정신 내부의 원형적 어머니 그리고 아버지를 화해(reconcile)시켜야 한다.

알다가 상자에 올려놓은 첫 번째 피규어는 다리였다. 하지만 그녀는 그것을 선반에 도로 갖다 놓았다. 긍정적 요소와 부정적 요소들을 짝지어 상자를 구성한 후에, 그녀는 호수 위에 다리를 다시 올려 두었다. 이를 통해 알다는 문제의 이면을 연결하고 정신에서 대립하는 힘들을 화해시킬 수 있다는 희망적인 가능성을 만들어 냈다. 이야기를 마치면서 알다는 그 여자는 마지막에 보물상자를 얻었다고 말한다. 이것은 믿을 수 있는 결말이 아니다. 왜냐하면 악마가 여전히 세계를 지배하고 있고 그런 해결에 이르기에는 너무 이르기 때문이다. 분명 알다는 자신의 마음, 정신 그리고 자기(self)를 되찾기를 원한다. 나중에 추가된 다리와 보물상자를 얻었다는 이야기를 통해 모래놀이 작업을 통해 이것이 가능해질 것이라는 희망을 품게 한다.

알다의 상자 2

알다의 상자 2a

알다의 상자 2b

알다 이야기
상자 2

🪄 어두운 동굴 ✨

이 사람은 마법사예요(우측 하단 코너의 모자를 쓴 키 큰 피규어). 병에는 독이 들어 있고 갈색 컵에는 독이 있는 사과와 열매들이 있어요. 이 소녀는 경비견들을 데리고 보석을 찾고 있어요. 권총을 든 남자가 그녀를 막으려고 해요. 남자가 그녀를 겨냥하자 그녀가 손을 올렸어요.

여기에는 많은 동물과 상어 그리고 위험한 것들이 있어요. 보라색 뱀은 파이톤(python)이고 독을 뿜을 수 있어요. 이 거대한 개미는 전기 충격을 줄 수 있고요. 작고 순수한 무당벌레 한 마리가 있어요.

마법사는 남자에게 여자를 감옥으로 데려가라고 말해요.

작은 소년이 밖에서 놀다가 동굴 안으로 들어갔어요. 악어가 다가와 소년을 점심으로 잡아먹어 버렸어요.

남자는 여자를 감옥에 집어넣었어요. 원숭이는 보물상자와 감옥을 여는 열쇠를 얻어요. 그리고 그들은 달아났어요.

개가 그 남자의 발을 물었어요. 남자는 너무 배가 고파서 독이 든 열매를 먹었어요. 그는 죽지는 않았지만 쥐로 변했어요.

여자는 상자에서 간신히 목걸이를 하나를 얻었어요. 하지만 마법사가 계속 세상을 지배하고 있어요.

논의
알다의 상자 2

알다의 두 번째 상자에서 많은 피규어와 주제는 상자 1과 같지만 몇 가지 중요한 변화가 있다. 상자 1의 흑인 여자가 다시 나온다. 그녀는 똑같이 좌측 상단 코너에 있다. 하지만 지금은 힘센 경비견 두 마리와 작은 원숭이와 함께 있다. 자연에서 개들은 충성스럽고 직관적이다. 상징적으로도 개들은 같은 특성을 나타낸다. 여자를 보호하는 두 마리의 개가 있다. 숫자 2는 무의식 속에서 뭔가 새로운 것이 나타나고 있음을 상징적으로 나타낸다. 숫자의 상징성을 바탕으로, 정신 발달은 이원성으로 나뉠 수 있는 '하나' 또는 '분할되지 않은 전체'에서 진행된다는 점을 상기해 본다. 이원성 혹은 '2'는 그 자체를 볼 수 있거나 반영(reflect)할 수 있도록 시작하는 한 쌍이다. 이는 막 탄생하여 보살펴야 하는 새로운 정신적 자질(psychic qualities)이다(Kalff, 2003). 이 한 쌍의 개는 그녀의 본능적인 능력에 새로운 발전이 나타나고 있다는 것을 보여 준다. 원숭이는 이제 여자의 좌측 상자 가장자리 위에 앉아 있다. 영혼(spirit)을 향하는 하강이 임박했으며 한 쌍의 개들이 보호하고 있다.

상자 1의 사악한 뱀파이어는 이제 양옆에서 근육질 보디가드의 호위를 받고 있는 마법사로 등장한다. 그의 앞에는 여전히 지구본이 있고 독거미가 애완동물이다. 야생 고양이들, 고래들 그리고 공룡들이 상자 1에 이어서 다시 나타나는데, 계속해서 강력한 상징 에너지가 알다의 정신에 작용하고 있다는 것을 보여 준다. 그녀는 장애물에 맞서고 자신의 문제들을 극복하는 데 필요한 자질에 접근하기 위해 무의식 깊은 곳으로 계속해서 하강하고 있다. 알다가 마지막에 놓은 피규어는 상자 1에도 보였던 작은 무당벌레이다. 무당벌레는 사악한 적의 근처에 있는 큰 조개껍데기 안에 놓여 있다. 위험과 위협이 존재한다. 무당벌레는 조개껍데기 은신처를 제외하곤 무방비 상태이다. 흑인 여자는 개들의 보호와 안내를 받고 있지만, 무당벌레는 노출된 채 혼자이다.

알다는 많은 초록색 나무로 풍경을 완성한다. 나무는 다양한 상징을 나타낸다. 나무는 대모(Great Mother)의 여성 원리(feminine principle), 양육, 피난처, 보호를 상징한다(Neumann, 1972). 나무는 성장과 발전을 의미하기도 한다. 이는 잡아먹는 악어에서 나타나는 여성 원리의 어두운 부분을 상쇄하기 시작하는 긍정적이고 양육적인 특성이 있다. 알다는 계속해서 여성과 남성의 에너지를 가지고 작업하지만, 초록색 나무는 여성의 보호적이고 양육적인 면을 보여 준다. 그러나 동시에 잡아먹는 측면도 여전히 남아 있다.

이야기 도중에 알다는 무방비 상태로 동굴에 들어간 소년에 관한 무서운 이야기를 덧붙였다. 동굴 안에서 그는 파이톤(비단뱀), 거대한 개미 그리고 악어를 포함한 무서운 동물들에 둘러싸여 있다. 우리가 상자에서 볼 수 있듯이 악어는 소년을 먹어 치운다. 알다의 정확한 표현은, "… (그는) 점심으로 소년을 잡아먹어 버렸다."였다. 알다는 이 말을 하자마자 여자와 그녀의 모험에 대한 이야기로 돌아갔다. 상자 1에서 악어는 흰색 쥐를 쫓아다녔다. 상자 2에서 악어는 작은 소년을 먹어 치운다. 알다는 작은 소년의 긍정적이고 순수한 아니무스를 소개하지만 그는 매우 약한 상태이며 잡아먹히고 만다. 치료자는 이 상자를 걱정스러워했고, 학교 상담선생님께 연락했다. 그들은 함께 이 소녀를 지켜보고 다음에 일어나는 일들을 살펴보기로 결정했다.

상자 1에서는 마법에 의해 물건들이 도둑맞고 감춰졌지만 이번 상자에서는 그렇게 비밀스럽지는 않다. 여기에서 갈등은 더 직접적으로 드러난다. 독이 있는 열매와 독이 든 병이 밖으로 드러나 있다. 이것은 아버지의 알코올 중독과 그것이 가족들에게 미친 영향을 의미하는 것으로 보인다. 알다의 이야기에서 남자는 열매 중 하나를 먹었고 쥐로 변했다. 그는 동물이 되었고 더 이상 인간성에 지배받지 않는다. 독은 알다의 모래놀이에서 두드러지는 은유로서, 아마도 아버지의 '독'이 그녀에게 가했던 고통과 피해를 의미할 것이다.

알다는 남자가 여자를 감옥에 가두었다고 말한다. 그러나 원숭이는 그녀를 풀어 줄 수 있고 보물상자를 열 수 있다. 상징적으로 영혼으로 향하는 정신으로의 하강은 그녀를 자유롭게 하며 보물상자 속의 목걸이로 치장하고 있다. 비록 마법사가 계속해서 세계를 지배하고 있지만, 그 여인은 이제 자신을 자유롭게 할 수 있는 영혼과 연결되었다.

목걸이는 원형이며 보석으로 만들어졌다는 점에서 흥미로운 상징이다. 목걸이는 왕관, 지상의 왕권 통치자, 천상의 통치자 또는 자기(self)의 자질을 나타낸다. 또한 그것은 다산(fertility)과 성적인 것(sexuality)과도 관련되어 있다(De Vries, 1984). 성 학대가 의심되는 알다의 과거력을 고려할 때, 그 목걸이는 복잡한 상징이 될 수 있다. 목걸이는 전체성(wholeness)과 자기를 향한 재정렬(reordering)의 가능성을 보여 주기도 하지만, 성행위와 연관 지어 볼 때, 어두운 그림자를 나타내는 것일 수 있다. 그녀는 여자가 사악한 남자에 의해 감금되었다가 풀려난 직후 그 목걸이를 받는다고 이야기한다. 남자에 의해 감금되었다는 점과 목걸이가 가지는 함축적인 성적 의미와의 밀접성은 당혹감을 불러일으킨다. 목걸이가 보여 주는 긍정적인 자질 이외에도, 아버지의 포로가 되어 알다가 겪었던 고통을 의미할 수도 있다.

알다의 상자 3

알다의 상자 3a

알다의 상자 3b

알다 이야기

상자 3

🪄 여성의 힘 ⭐

여동생과 오빠. 이 둘은 자신들의 개를 찾고 있었어요. 개들이 동굴로 들어가서 계속
짖었어요. 아이들은 동굴 안으로 들어갔어요. 동굴이 열리고 그들은 안으로 들어갔
어요.

여기에 있는 지구본은 죽은 호주 남자가 지배했던 거예요. 책 한 권이 있고 그 안에는 주문이 들어 있어요. 주문을 암송하면 세계를 지배할 수 있는 힘을 가지게 돼요. 마법사는 세계를 지배하기 위해 지구본을 가지려고 해요.

노파가 오리들에게 빵을 먹이려고 했는데, 길을 잃고 동굴 안으로 들어갔어요.

마법사는 동굴을 소유했지만 오랫동안 그곳에 가지 않았어요. 호주인은 책을 동굴에 보관했고 열쇠를 촛대에 숨겼어요(우측 상단 코너). 마법사에게 딸이 있었는데, 딸은 마법사가 자신을 심하게 배신했기 때문에 그에게 화가 나 있어요. 이제 그는 딸을 위해 무언가를 하기 위해 세상을 지배하고 싶어 해요.

곰들은 마법사와 타란툴라의 경호원이기도 해요. 개구리들은 독이 있고 호주인 소유예요.

호주인의 딸은 그를 방문할 예정이었지만 그녀의 여행은 너무 오랜 시간이 걸려서 그녀가 도착했을 때 그는 죽어 있었어요. 호주인은 약간 나쁜 사람이었어요. 마법사와 호주인은 처음에는 좋은 친구였어요. 호주인은 너무 어리석어서 마법사에게 책과 지구본에 대해 얘기했고, 그 후 마법사는 그를 죽이려고 타란툴라와 뱀을 보냈어요.

아이들은 보물찾기를 하다가 그들의 개를 찾았어요.

달걀은 마법이에요. 만약 그것이 열린다면 모든 소원이 이루어질 거예요. 공주의 것이었는데 마법사가 그것을 훔쳤어요. 오직 여자만이 소원을 빌 수 있어요. 달걀에서 요정들이 나와요.

마법사는 세상을 지배하지 못했어요. 아이들은 울부짖고 있는 바다표범을 가엾게 여겼어요. 소녀가 (마법)책을 얻어 읽기 시작하자 광선이 나오면서 세상을 지배할 수 있었고 달걀이 열렸어요. 소년이 달걀을 향해 달려갔지만 달걀이 닫혔어요. 소원을 빌수 있었던 것은 오직 소녀뿐이었던 거예요. 그러자 마법사는 갑자기 평범한 사람이 되었어요.

부처는 눈에 카메라가 있었는데 아이들을 위해 호주인 사진을 찍어요. 마법사의 올빼미는 매우 영리해요. 올빼미는 책에 광선을 쏘는 힘을 가지고 있어요. 하지만 이제 소녀는 주문을 알게 되었고 세상을 계속해서 지배할 수 있어요.

논의
알다의 상자 3

알다는 상자 3을 만들면서 힘들어하였다. 그녀는 선반에서 많은 피규어를 꺼냈지만 곧바로 다시 선반에 올려놓았다. 상자 1과 2의 여자 피규어도 다시 올려놓았다. 그녀는 상자를 만들면서 많이 변경하였다. 그녀는 약간 불안해 보였고 상자를 만들면서 여러 차례 치료자를 바라보았다. 그녀의 양가성과 불안전감은 지속적인 성장과 발달을 방해하는 그녀의 자아 구조가 새로운 정신 영역으로 이동하면서 해체되기 시작하고 있다는 것을 나타낸다. 이는 두서없고 꿈같은 알다의 이야기에 반영되고 있다. 마법사와 호주인은 서로 융합되어, 서로의 딸들처럼 유사한 모습을 보여 준다. 마법사는 사악하고, 호주인은 조금 덜 사악하다. 마법사의 딸은 아버지에게 화가 나 있고 그와 관련된 많은 비밀을 알고 있다. 호주인의 딸은 아버지를 만나기 위해 긴 여행을 하지만 그녀가 도착했을 때 그는 죽어 있었다.

이 이야기는 오빠와 여동생, 남성과 여성 에너지의 균형 잡힌 한 쌍에서 시작한다. 그들은 어두운 동굴에 들어간 개를 찾기 위한 여행을 떠난다. 동굴 속에서 남성과 여성은 빛과 어둠의 특성으로 나뉘면서 두 가지 역할을 맡는다. 남자 주인공을 통해서 알다는 양가적이고 배신하는, 동시에 갈망하지만 얻을 수 없는 남성적 원형(masculine archetype)의 양면을 구분하고 있다. 여성적 원형(feminine archetype)은 아버지에게 매우 화가 나 있지만 동시에 아버지를 만나기 위해 긴 여행을 떠나는 소녀라는 특징을 가지고 있다.

상자 3은 아이슬란드의 여성의 날인 10월 24일에 만들어졌다. 이것은 학급토론에서 다루어졌고, 여성의 권리는 많은 뉴스의 소재였다. 이것은 알다가 자신의 이야기를 '여성의 힘'이라 명명하고 주제를 선택하는 데 영향을 주었음이 틀림없다. 알다의 작업은 여성의 힘이 중심이 된다. 오직 소녀만이 좌측 하단 코너에 있는 아름다운 초록색 달걀을 열 수 있다. 소년이 달걀로 달려가자 달걀은 닫혔고 접근할 수 없게 되었다. 달걀은 모든 창조의 기원이자 번식의 상징이다. 소녀는 마법의 책을 얻게 되면서 세상을 지배할 수 있게 되었고, 달걀이 열리면서 소원을 빌 수 있다. 그런 다음 많은 변화가 일어난다. 마법사는 초자연적인 능력을 잃고 평범한 사람이 된다. 그는 한때 그녀에게 미쳤던 불가사의한 힘을 이제 그녀에게 미칠 수 없게 되었다. 마법사가 영향력을 상실함에 따라, 소녀의 오빠는 긍정적인 아니무스(animus) 피규어가 된다. 지난번 상자에서 악어에게 잡아먹힌 작고 무방비 상태였던 소년이 변화되었다. 비록 그는 여전히 매우 어리지만, 동맹자가 되었다.

또 다른 긍정적 자질이 상자의 우측 하단의 어미곰과 새끼곰이라는 '모아 단일체(mother-child unity)'로 나타나는데, 이것은 새로운 정신 발달의 상징적 전조이다(Kalff, 2003). 새로운 아이가 세상에 태어나는 것과 마찬가지로, 새로운 정신적 자질이 처음 나타날 때 상징적으로 어머니와 아이들로 등장한다. 자연에서 곰은 사납고 보호적인 어머니이다. 좌측 하단 코너에 있는 거대한 녹색 달걀 옆에 있는 암탉 또한 긍정적인 여성 피규어이다. 알다가 어미곰과 새끼곰을 우측 하단 코너에 있는 사악한 남성상인 마법사 가까이 두었다는 점이 흥미롭다. 아마도 새롭게 출현하는 정신적 자질은 외부 세계 남성들의 부정적인 영향과 정신 내부의 이에 대응하는 부분으로부터 그녀 자신을 보호할 수 있도록 해 주는 어미곰의 사나움 같은 것일 것이다. 여성 내면의 힘이 발달한다는 것은 희망적이다. 동시에 여성성의 어두운 측면에 많은 위험이 계속해서 존재한다. 잡아먹는 악어가 중앙에 위치해 있고, 거미는 마법사 근처에 있다. 상자 1에서 보았듯이 둘 다 어두운 여성적 자질을 가지고 있다.

좌측 하단 코너 근처에 있는 두 마리 나비는 앞으로 발생하게 될 변형(transformation)을 강조한다. 자연에서 나비는 애벌레에서 날아다니는 아름다운 생명체로 변화한다. 상징적으로 나비는 재탄생(rebirth)과 부활(resurrection)이라는 자질을 보여 준다. 이와 같은 부활의 상징성은 재생력이 두드러지는 붉은 불가사리에 반영되고 있다. 불가사리는 정신의 변형을 보여 주는 크리슈나(Krishna) 신상의 발 아래에 놓여 있다. 알다는 좌측 상단 코너에 큰 부처를 놓고, 상자 1과 2에 출현했던 작은 원숭이를 머리 위에 올려놓았다. 부처의 손은 머리 위에 놓인 밥그릇을 잡고 있는데 이는 자양분과 부를 상징한다. 성장하는 정신의 출현은 마법사가 서 있는 우측 하단 코너를 제외한 모든 코너에 나타나는 새들과 깃털에도 반영되고 있다. 많은 위험이 존재함에도 불구하고, 상징적으로 알다는 그녀의 영혼(spirit), 자기(self)를 향하는 경향을 따르는 데 필요한 정신 내적 자양분을 가지고 있는 것으로 보인다.

알다의 상자 4

알다의 상자 4

알다 이야기
상자·4

🎇 장난꾸러기 ⭐

소녀는 아버지가 어부였기 때문에 종종 바다에 가곤 했어요. 하지만 아버지의 배가 침몰했어요. 아무도 바다에 있는 상어에 대해 알지 못해요. 여기 세 아이들은 장난꾸러기인데 거미는 그들의 애완동물이에요. 그들은 소녀를 놀리고 있어요. 아이들의 우두머리는(파란색 모자를 쓴) 막대기로 소녀를 물속으로 밀어넣었어요. 그러자 소녀의 언니(우측 상단 코너의 빨간 색 옷을 입은 여자)가 검은 말을 타고 와서 소녀를 구해줘요. 아이들이 말을 가져갔지만 자매는 다시 찾아내요.

표범은 소녀를 잘 이해했어요. 왜냐하면 그도 어렸을 때 놀림을 당했고 물속에 빠졌기 때문이에요. 표범은 아이들을 놀리고 겁을 주었어요. 그는 위험하기도 하고 위험하지 않기도 해요.

그 소녀는 항상 바다로 가는 길에 언니와 함께 음식을 먹었어요. 그녀는 언니와 고양이를 빼곤 친구가 많지 않아요. 그녀에게 가장 친한 친구는 아빠였어요. 하지만 아빠는 배가 침몰했을 때 죽었어요.

(작은 언덕을 만들고 그 위에 하마를 올려놓는다.)

야생동물들은 코뿔소들(좌측 하단 코너)과 큰 하마들을 제외하고는 위험하지 않아요. 소녀는 주로 등대(그녀의 집)에서 살아요. 그녀의 방은 위쪽에 창문이 있는 곳이에요. 세 명의 아이들이 아래쪽 창문이 있는 곳에 살아요. 그들은 항상 창문을 깨뜨렸어요. 그들은 등대의 꼭대기로 올라가 전구를 깨뜨려 버렸어요.

소녀의 어머니는 스튜어디스였는데 비행기가 추락했어요. 그래서 그녀는 부모님이 없어요. 소녀의 언니가 소녀를 보살펴요.

소녀는 배가 어디에 있는지 알고 있었지만 어머니와 언니는 소녀를 믿지 않았어요. 하지만 그들은 배를 발견했어요.

(알다는 맨 좌측 상단 코너에 있는 배를 들어올린다.)

그녀의 아버지는 배 아래에 있었고 많은 상처를 입었지만 그들은 가까스로 아버지를 구해 냈어요.

논의
알다의 상자 4

이번 상자에서 주인공은 비극적인 사고로 어머니와 아버지가 모두 죽은 어린 고아 소녀이다. 상자에 부모는 없다. 알다의 이야기에서 어머니는 스튜어디스였는데 비행기 추락으로 죽었다. 마찬가지로 비극적이게도 아버지는 어선이 침몰하면서 죽었다. 알다는 자신을 돌봐 줄 수 있는 능력을 상실한 여성과 남성, 어머니와 아버지를 사용해 작업하고 있다. 그녀는 놀이에서 이같이 매우 슬픈 사실에 대한 해결책을 찾고자 고심하고 있다. 아마도 그녀는 비탄의 단계, 즉 모든 일이 잘 되고 부모는 변화되어 자신이 필요로 하는 방식으로 그녀에게 가용할 것이라는 희망을 포기하는 단계에 접어든 것으로 보인다. 상실에 대한 인식과 슬픔은 알다가 자신의 정신에서 부모 원형에 접근하기 전에 필요한 단계이다.

몇 가지 요소들은 상자 3에서 가져왔다. 기린, 코끼리와 하마가 각각 모아 단일체로 나타나고 있다. 새와 나비가 초록색 나무 위에 놓여 있는데, 이는 영혼이 존재하고 변형이 일어나고 있다는 희망을 준다. 어린 소녀가 있는 물 바로 건너편에는 바다에서 올라오고 있는 거북이 있다.

상징적으로 거북은 전체성(wholeness)의 에너지를 보여 준다. 거북의 등껍데기 모양은 사각형과 원이라는 원형적 형태를 결합한 형태이다. 거북 등껍데기의 아랫부분은 사각형이고 윗부분은 둥글다. 원형적으로 사각형과 원형은 사각형인 땅과 원형인 하늘을 결합한 전체성을 의미한다(Kalff, 2003). 또한 달팽이처럼 거북은 자신의 집을 가지고 다니는데, 이는 상징적으로 자기라는 전체성을 가리킨다. 거북과 나비의 결합된 출현은 그녀의 내면 세계에서 대극(opposites)의 합체로서 이러한 이행(transition)의 자질을 강조한다(Bradway & McCoard, 1997).

빨간 옷을 입은 흑인 여자가 다시 등장한다. 상자 1에서 그녀는 "…무슨 일이 일어나고 있는지" 깨닫기 시작했고, 상자 2에서 그녀는 "…경비견을 데리고 보석을 찾고 있다." 두 경우 모두에서 그녀는 한 남자의 위협을 받는다. 이번 상자에서 이 흑인 여자 피규어는 어린 소녀를 구하기 위해 검은 말을 탄다. 그녀는 소녀의 언니이며 보호자이다. 여전히 위험은 남아 있지만 이처럼 긍정적인 여자 피규어는 그림자(shadow)에서 벗어나 빛으로 향하는 양육적인 자질을 보여준다. 흥미롭게도 자매는 등대의 맨 윗층에 살고 있다. 등대는 어둠 속에서 배를 안내하는 구조물이다. 상자 4에서 알다는 자신을 양육하고 돌보기에 충분한 내적 자원에 접근한 것으로 보인다. 그녀는 그녀가 경험한 정신적 그리고 정서적 어두움 속에서 자신의 길을 찾을 수 있게 되었다. 그러나 비록 새로운 내적 자원이 나타나고 있지만, 그녀 가족의 현실을 고려할 때, 그녀가 외부 세계에서 자신의 내적 자원을 드러낼 수 있을지는 의문으로 남는다.

이 두 자매가 등대 높은 곳에 산다는 사실은 그들이 현실을 기반하지 않음을 나타낼 수 있다. 탑의 꼭대기에 사는 것은 그 상황을 잘 볼 수 있도록 해 준다. 세 명의 장난꾸러기 아이들이 바로 아래층에 있기 때문에 이 자매들이 사는 등대는 완전히 안전하지 않다. 알다는 그들이 창문을 깨고 등대의 전구를 깨뜨렸다고 말한다.

소녀는 협력자가 있다. 언니와 고양이라는 두 명의 친구가 있다. 고양이 앞에 밝은 빨간색 무당벌레가 있다. 일반적으로 행운의 징조로 여겨지는 무당벌레는 농부들에게 도움을 준다. 무당벌레는 농작물에 해를 끼칠 수 있는 진딧물을 없애 주기 때문이다. 밝은 빨간색은 열정 그리고 불과 관련된다. 민속에서는 무당벌레가 내려앉은 사람은 매우 운이 좋다고 여겨진다. 그러나 무당벌레 스스로 날아갈 수 있도록 해 주어야 한다(De Vries, 1984).

강한 야생 고양이과 표범의 존재는 알다가 또 다른 자원을 가지고 있음을 보여 준다. 표범은 어린 소녀의 상황에 공감하며, 놀림받고 괴롭힘 당하는 것이 어떤 느낌인지 이해하고 있다. 알다는 그가 "…위험하기도 하고 위험하지 않기도 하다."라고 말한다. 표범은 어린 소녀에게는 매우 친절하지만, 장난꾸러기들에게는 겁을 준다. 자연에서 표범은 강하고 빠르다. 그들은 밤에 배회하고 어둠 속에서도 예리하게 본다. 이러한 속성 때문에 상징적으로 표범은 경계하는 특성을 나타낸다(de Gubernatis, 1978). 이전의 상자에서 소녀의 오빠로 등장해서 도움을 주는 아니무스는 이제 표범으로 더 공격적인 역할을 한다.

상자 3에서 오빠로 사용되었던 피규어는 이제 놀리는 소년들 중 한 명이 되었다. 그녀의 이야기에서 그들 중 한 명이 막대기로 어린 소녀를 바다로 밀어넣는다. 막대기와 마찬가지로, 좌측 하단 코너에 있는 코뿔소는 공격적인 남근의 상징이다. 표범의 보다 보호적인 내면의 강점을 이용하게 되면서, 알다는 자신이 경험한 학대를 다루기 시작할 수 있다. 성 학대는 밝혀지지 않았지만, 그녀의 작품에 나타나는 공격적인 상징성은 성적 경계가 침해되었다는 것을 나타내는 것일 수 있다. 어쨌든, 알다는 내적 자원을 개발하여 방심하지 않고 경계하며, 그녀가 경험한 신체, 마음, 영성에 대한 부적절한 침해를 다룰 수 있는 능력을 가지게 될 것이다.

위협적인 소년들 중 한 명이 애완 거미를 가지고 있다는 점은 흥미롭다. 상징적으로, 거미는 아름다운 만다라 같은 거미줄을 짜는 능력 때문에 근면성이라는 긍정적인 자질을 나타낸다. 그것은 과거, 현재, 미래를 연결하는 끈을 통해 삶에서 일관성을 발견하고 창조성을 가지게 되는 것과 연관된다. 부정적인 자질은 덫을 놓고 잡아먹는 것과 관련된다. 악어와 유사하게 거미는 위험하며 잡아먹는 모성성(devouring mothering)과 관련 있다(Neumann, 1972). 이야기에서 알다는 거미가 장난꾸러기 소년의 것이라고 한다. 상징적으로 부정적인 모성성은 부정적인 남성적 영향력에 의해 또는 부정적인 남성적 영향력에 기여하면서 유지된다. 아마도 이 소년과 거미의 조합은 순종적 배우자인 어머니와 알코올 중독자인 아버지의 건강하지 못한 관계를 반영하는 것으로 보인다.

알다에 따르면, 아버지는 어린 소녀의 가장 친한 친구였고, 소녀는 아버지의 배가 어디에 가라앉았는지 안다. 알다는 이를 통해 아버지에 대한 사랑과 현재 그녀가 느끼는 배신감과 상실감에 대한 통찰과 지혜를 공유한다. 알다는 마지막에서 좌측 상단 코너 모래 밑에서 배를 들어올려 아버지를 살리는 것으로 이야기를 바꾼다. 아마도 알다는 아버지를 죽이는 이야기 속에서 죄책감을 느꼈거나, 공격받거나 비난받을 수 있다는 기분이 들었을 것이다. 그래서 끝날 즈음 모든 것을 좋게 만들려고 노력했을 것이다.

고통스러운 면을 감추려는 노력에도 불구하고, 상자 4에서 중심화(centering)가 일어나기 시작한다. 상자의 중앙에 있는 작은 소녀는 용감하다. 그녀는 많은 문제도 가지고 있지만 잠재력도 가지고 있다. 그녀는 바다에 갈 때면 준비를 통해 식량을 자급자족한다. 마지막에 알다는 소녀의 발 앞에 신중하게 작은 분홍 꽃을 놓는다. 이 꽃과 붉은 불가사리는 자기의 전조(precursors of the self)일 것이다.

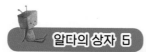

알다의 상자 5a

알다의 상자 5b

알다 이야기
상자 5

🪄 마법의 꽃 ✨

(좌측 상단 코너에) 이건 사자의 우두머리이고, (우측 하단 코너에) 이건 개구리 우두
머리예요. 이 소녀와 소년은 친구였고, 방과 후에 그들은 항상 호수에서 낚시를 하기
위해 숲으로 갔어요. 소년은 빨간 원 안(마법사 주변에 빨간색 콩으로 에워싸고 있는)
으로 들어갔고, 마법사는 시간을 멈췄어요.

소녀의 부모, 그녀가 좋아하는 말 그리고 친구들이 거기에 있어요(안경 낀 남자, 머리 묶은 소녀, 초록 모자를 쓰고 있는 소년, 파란색 모자와 파란색 바지를 입고 있는 소년). 마법사는 그 여왕과 여동생을 중국에서 이쪽 땅으로 들어오게 했어요.

만약 누군가가 갈색 병을 마시고 녹색과 빨간 베리(좌측 하단)를 먹는다면 마법사의 모든 힘을 빼앗을 수 있어요. 나쁜 동물들이 그것들을 지키고 있어요(사자, 개구리, 큰 거미). 악어가 소녀를 쫓고 있어요. 마법사 어깨 위에서 부엉이가 쳐다보고 있어요. 무당벌레는 친절해요. 모든 동물들은 말할 수 있어요. 뱀, 물개, 코뿔소 같은 일부 나쁜 동물들이 마법사에 대항했어요. 검은 표범은 소녀를 돕고 있어요. 마법사가 날씨를 바꿀 수 있어요.

소녀의 꽃은 그녀에게 힘을 줘요. 마법사는 그녀와 협상을 통해 꽃을 받고 싶어 해요. 그는 힘을 갖기 위해 교환하기로 약속했지만 약속을 지키지 않았어요. 마법사가 꽃을 갖게 되자 큰 폭풍이 와요. 시간은 다시 흐르기 시작하고, 모든 건 좋아져요. 마법사와 소녀만이 움직일 수 있어요. 모든 것이 얼어붙었어요.

논의

알다의 상자 5

알다는 오늘 자신의 모래놀이에 열정적이었다. 상자 4에서 등장한 이 어린 소녀는 두 개의 호수에 걸쳐 있는 작은 다리 위, 상자의 중앙에 서 있다. 그녀 바로 앞에는 사악한 마법사가 있고, 뒤에는 공격적인 악어가 있다. 알다의 주인공은 악어의 부정적인 여성적 힘과 사악한 마법사의 부정적인 남성적 에너지 사이에서 있다. 이 상자에서 알다는 부적절하며 위험한 부모, 특히 아버지를 둘러싼 문제가 미치는 심리적 영향을 직접 다루고 있다. 이 같은 움직임의 중심 위치와 "마법사와 소녀만이 움직일 수 있어요. 모든 것이 얼어붙었어요."라는 그녀의 이야기가 이를 강조한다.

마법사 좌측 옆에는 중국의 여왕이, 우측에는 뮬란(Mulan)이 있다. 상징적으로 여왕은 위대한 권위를 행사하는 강력한 통치자이다. 알다는 이 여왕이 아주 먼 곳에서 왔다고 한다. 뮬란은 전쟁에서 싸우기 위해 남장한 가상의 인물이다. 악어의 부정적인 어머니상이 어린 소녀 뒤에 남아 있지만, 이 두 피규어는 알다가 아버지와 관련된 문제에 맞서는 데 필요한 긍정적인 여성적 힘을 보여 준다.

마지막에 알다는 빨간색 옷을 입은 여자와 원주민 미국 왕을 짝지어 어린 소녀와 악어 뒤에 놓는다. 이 부부는 제왕적 자질을 지닌 남성적 그리고 여성적 에너지의 균형이다. 왕 옆에 서 있는 붉은 옷을 입은 여자는 검은 성모 마리아(Black Madonna)의 모습처럼 보인다. 가톨릭에서 검은 피부를 가진 검은 성모 마리아는 키 큰 백인 모습의 성모 마리아(Virgin Mary)와 뚜렷한 대조를 보인다. 검은 성모 마리아의 기원은 초기 교회에서 각 지역의 신을 통합하면서 비롯된 것이지만, 가톨릭에서는 표현되지 않은 여성의 어두운 원형적 자질을 나타내는 것으로 보인다. 검은 성모 마리아는 생명의 공여자와 수혜자인 대지의 여신(earth goddess)을 나타낸다. 그녀는 여성적 신성성의 전형이다. 또한 성모 마리아에 존재하지 않는 성스러움과 여성성(female sexuality)을 동시에 보여 준다 (Preston, 2010).

알다가 이 흑인 여자를 사용한 빈도는 그녀에게 이 인물이 지니고 있는 상징주의의 중요성을 보여 준다. 이 상자에서 그녀는 대지의 여신 에너지와 대지의 남자인 원주민 미국 왕의 에너지를 짝지었다. 흑인 여자를 통해 나타난 강점들은 성숙되었고, 동등하게 현실에 기반한 안전한 남성상과 결합되어 있다. 알다는 사악한 아버지를 직면하면서 동시에, 원형적인 부모 에너지에 접근하여, 그녀가 자신의 삶을 통해 스스로를 안내하고 인도하는 것을 도울 수 있는 건강하고 안전한 부모에 대한 내면 세계 모델(inner world model)을 형성하고 있다.

성모 마리아처럼, 어린 소녀의 보호자인 표범 역시 검은색이다. 상자 4에서 표범은 그녀의 고통을 동정하고 이해함으로써 그 소녀를 도왔다. 아마도 그녀 자신의 고통과 상실을 견딜 수 있는 능력이 그녀의 여행을 돕기 위해 어둠 속에서 나타나고 있는 것 같다.

알다의 상자 5에서 소녀는 자신에게 힘을 주는 마법의 꽃을 가지고 있다. 이 꽃을 원한 마법사는 속임수와 거짓말을 통해 그녀에게서 꽃을 훔친다. 그가 꽃을 손에 쥐자마자 무서운 폭풍이 일어난다. 만약 알다가 성폭행을 당했다면 이 작은 꽃은 그녀에게서 훔친 천진난만함과 순결함을 나타내는 것으로 보인다. 그녀의 과거사에서 이 부분에 대한 진실은 알려지지 않았지만, 모래놀이 작업을 통해 그녀는 악의적인 남성적 힘이 자신에게 가한 유해한 현실을 마주하고 있는 것이 분명하다. 그러나 알다는 급작스럽게 긍정적 결말로 이야기를 끝내며 가혹한 현실을 숨기려 한다. "시간은 다시 흐르기 시작하고 모든 건 좋아져요."

마법사 주위에 밝은 붉은 색 콩이 놓여진 마법의 원이 있다. 이것은 알다가 마법사를 위험하다고 인식하고 분리해서 이 안전하지 못한 남성 에너지를 통제하려 시도하는 것으로 보인다. 아마도 붉은 콩은 그녀의 상처를 입증하는 핏방울일 것이다. 풍경 전반에 위험한 동물들이 많이 있다. 그녀의 새로운 정신적 강점들과 함께 여전히 많은 위험이 산재해 있다. 그녀의 성장과 발달과는 무관하게, 알다의 가족생활은 고통스럽고 불안정하다. 그녀는 어렸기 때문에 이 가정으로 돌아가는 수밖에 없었다.

알다의 상자 6

알다의 상자 6

알다 이야기
상자 6

✨ 노란 동산 ✨

나쁜 사람들, 좋은 사람들, 나쁜 동물들, 좋은 동물들이 있어요. 좋은 동물들 중에서
돼지, 개, 암탉 그리고 말이 나쁜 세상으로 넘어갔어요.

나쁜 사람들은 호수(모래에서 보이지 않는 코너)에서 물고기를 잡아요. 이 나쁜 동물
들은 자유의 여신상을 믿지 않았지만 노란 불상을 믿었어요. 모퉁이에 있는 신(좌측
하단)은 동물들을 위해 뭔가를 했어요. 신은 커다란 부엉이가 되어(노란 동상 우측)

좋은 동물 세상에 무슨 일이 일어나고 있는지 볼 수 있어요. 신들과 부엉이가 그들의 일을 할 수 있도록 선생님은 주문을 외워야 했어요.

좋은 세상에는 작은 요정들이 있어요. 한 남자가 자신의 동물들에게 먹이를 주고 있었어요. 그 양은 두 마리의 새끼를 낳고 있었어요. 좋은 동물들은 평온했지만 나쁜 동물들을 보자 매우 흥분했고 또한 매우 배가 고팠어요. 남자는 보물을 찾기 위해 캠핑을 떠났고, 동물들에게 네 그릇의 음식을 남겨 두었지만 오래전에 동물들이 다 먹어 치웠어요.

남자의 부인은 산에 보물을 두고 왔어요. 한 군인이 그녀가 땅을 파고 있을 때 그녀를 데려가 감옥에 집어넣고 보물을 가져갔어요. 남자는 보물을 찾으러 갔고 노란 동상이 지배하고 있는 세계로 들어갈 아이디어를 짰어요. 그는 보물을 발견하고 군인들과 싸워서 이겼어요. 그런 다음에 그는 아내를 찾아 감옥에서 빼내어 집으로 돌아가서 동물들을 돌봤고 모든 일이 좋아졌어요.

논의
알다의 상자 6

이날 알다는 피곤하고 불행해 보였다. 전에 학교 선생님은 알다의 손위 형제가 약물 중독이며 이로 인해 가정에 어려움이 많다는 것을 알려 주었다. 가정생활의 불안정함은 그녀의 상자 6에서 나타난다. 상자 5에서 나타났던 조직화나 상징적인 일관성 없이 상자는 혼란스럽고 복잡하다. 알다의 이야기도 두서없고 혼란스러웠다. 퇴행(repression)이 나타났다. 외부 세계의 고통과 무질서에 의해 알다가 발달시키고 있었던 사고의 명확성과 강점은 그림자가 드리워져 있다.

그녀는 이야기에서 주제가 되는 갈등을 나타내고자 하지만 그것은 곧 모호해지고, 좋은 동물과 나쁜 동물을 구분하는 경계가 모호하다. 상자를 보면 방향이나 목적 없이 야생동물과 가축이 뒤섞여 있다. 알다는 좋은 쪽의 동물 일부가 나쁜 쪽으로 넘어간다고 이야기한다.

동물들은 배가 고프고, 보살피던 사람은 충분한 먹이를 남기지 않고 떠났다. 게다가 그의 아내도 부재중이다. 동물들은 버려지지는 않았지만, 근본적으로 방임되고 있다. 그들의 욕구는 충족되지 않고 있다. 그러나 새끼 양 두 마리를 출산한 양과 새끼 곰과 함께 있는 곰에게서 긍정적인 모성성의 이미지가 보인다. 많은 동물은 가정 내 혼란에서 기인한 알다의 본능과 정서의 갑작스러운 활성화를 나타낼지도 모른다. 이전에 보았던 것처럼, 적절한 보살핌을 받지 못하고 자연스러운 정서적 욕구가 충족되지 못한 아동은 지원을 갈구하는 내적 상태가 된다. 심지어 혼란과 불명확성 속에서도 알다는 그녀를 지탱할 수 있도록 돕는 두 가지 원형적인 어머니(archetypal mothers)에게 접근하고 있다. 이것은 매우 긍정적인 성장이다.

두 명의 신도 부가적인 자원이 될 수 있다. 만약 적절한 주문을 사용한다면, 그 신들이 동물들을 도울 수 있다고 알다는 이야기한다. 상자 우측 상단에 있는 새 두 마리는 영성과의 연결을 강화해 준다. 그녀는 작품 내내 그녀 자신보다 더욱 큰 영성 에너지와 본질적인 관계를 맺고 있다. 상자 1에서는 깃털과 작은 원숭이가, 상자 2에서는 흑인 여자의 조력자로 원숭이가 나타난다. 상자 3에서는 불가사리가 크리슈나(Krishna) 발 아래에 놓였고, 상자 4에서는 새와 나비를 통해 영성이 나타난다. 외부 세계 자원이 빈약함에도 불구하고, 알다가 신과 관계를 유지할 수 있다는 점은 고무적이다.

행복한 분위기로 끝을 내는 익숙한 시도 속에서, 알다는 남편이 아내를 해방시키고 함께 보물을 가지고 집으로 가서 동물들을 돌보았다고 말한다. 슬프게도 이 행복한 결말은 그럴듯하게 느껴지지 않는다.

알다의 상자 7

알다의 상자 7a–상자의 왼쪽에서 본 모습

알다의 상자 7b—상세하게

알다 이야기
상자 7

✨ 곰과 여성 기자 ✨

땅을 내려다보고 있는 권력자가 있어요. 한 여자가 그를 염탐하고 신문 기사에 사용

할 정보를 찾고 있어요. 그 여자는 기자예요. 그녀는 권력자와 그의 거미에 대해 썼어

요. 조개껍데기는 힘을 가지고 있는데, 거미의 집이에요. 권력자의 하인이 염탐하는

기자를 잡았어요. 그는 주인에게 그 여자를 어떻게 해야 하는지 물었고, 주인은 "그녀

를 여우 그리고 검은 표범과 함께 감금하라"고 말했어요.

보물상자를 가지고 있는 예언가 한 명이. 그 권력자는 많은 동물을 소유하게 되겠지만 동물들에게 친절하게 대하지 않을 거라고 했어요. 동물들이 울거나 버릇없이 굴때면 그 권력자는 동물들을 조각상으로 바꾸어서 보복했어요. 바다표범, 공룡, 염소, 고릴라, 하마, 거북이를 동상으로 변화시켰어요.

곰과 기자는 교도소 간수들이 곰을 무서워했기 때문에 권력자에게서 도망칠 수 있었어요. 곰은 기자의 애완동물이 되었어요. 교도소 간수는 곰과 협상을 통해 만약 자유롭게 해 준다면 권력자에게서 큰 힘을 빼앗을 것이라고 했어요. 그 후 조각상들은 살아있는 동물들로 다시 바뀌었어요. 그들은 전보다 더 온순해졌고, 모두 안전하고 건강하게 살았어요.

논의
알다의 상자 7

이 날 알다는 상자에 집중했고 안정적으로 보였다. 그녀의 이야기는 사람과 동물들에게 영향을 미치는 불친절한 남자에 관한 것이다. 흑인 여자는 신문에 기고하기 위해 권력자에 관한 정보를 모으고 있는 기자로 나타난다. 이제 알다의 여성적 본성의 일부는 자신의 상황에 대한 진실을 알고자 한다. 그녀는 가족사로 인해 경험한 고통과 상처를 직시할 준비를 마치며 기꺼이 직면하고자 한다. 그러나 그녀는 상자의 좌측에서 모든 권력을 가진 통치자의 근육질 하인에게 위협적인 모습으로 잡혀 있다. 그녀가 붙잡혀 무엇도 할 수 없다는 것을 알고 있다. 이처럼 무기력한 장면은 자신이 소유한 많은 동물이 복종하지 않을 때 마법사가 그 동물들을 처벌하고 동상으로 바꾼다고 말할 때 다시 반복된다. 동물들은 그 문제에 관해 선택의 여지가 없다. 동물들은 그가 자기 목숨을 빼앗을 것이기 때문에 감히 그의 판단에 의문을 제기하지 않는다.

　여자와 그녀를 붙잡고 있는 남자는 상자 우측에 있는 사악한 남자를 마주보고 있다. 그는 애완 거미가 위에 놓여 있는 돌기둥 사이에 서 있다. 상자 4에서 그랬던 것처럼 거미는 부정적이고 위험한 남성적 힘의 애완동물이다. 상자 7에서 알다는 거미가 커다란 조개껍데기에 산다고 말한다. 조개껍데기 바로 앞에는 작은 보물(나뭇잎과 유색 돌멩이)로 가득한 작은 상자의 일부를 묻어 놓았다. 이 귀중한 것들은 그곳에 사는 거미들의 손아귀에 있다. 알다는 위험한 남자의 지시를 받는 어머니 피규어의 보호에 의존할 수 없는 상자 4의 주제를 반복하고 있다. 그녀는 사나운 어미곰처럼 자신의 새끼들을 보호할 강력한 여성적 힘을 가진 어머니가 필요하다. 이야기의 후반부에, 알다는 원형적인 모성을 보여 주는 곰과 그 여성을 연합시킨다. 긍정적인 모성 에너지의 내적 자원을 강조하는 것은 모−아의 쌍이다. 중앙 하단에 있는 알에서 부화한 아기 거북이와 곁에 있는 한 마리의 거북이, 그리고 작은 기린과 함께 놓인 어머니 기린 한 마리는 마법사와 그의 끔찍한 애완동물과 함께 우측 상단에 놓여 있다. 근접해 있는 기린과 사악한 남자는 알다가 누려야 할 좋은 양육(good parenting)은 그녀의 외부 세계 부모가 아니라 무의식의 내적 자원에서 유래된 것임을 강조한다.

상자를 만들 때, 알다는 제일 처음 전갈과 문어와 코뿔소를 중앙 호수에 놓았다. 그녀는 나중에 이 위험한 동물들을 우측 상단 코너에 있는 작은 호수로 옮기고, 큰 호수 주변에는 붉은 콩과 돌멩이로 아름답게 둘렀다. 아마도 그녀는 길을 내어, 흑인 여자가 따라갈 수 있는 길이나 방향을 만들고 있는 것 같다. 그녀는 그 호수를 흑인 여자에게 도움이 될 수 있는 신성한 장소로 만들고 있을 것이다. 놀이가 끝날 때쯤 알다는 쳐다보면서 "이상이에요."라며 재빨리 악어와 공룡을 추가했는데, 이는 그녀가 부정적인 어머니상으로 인해 힘들다는 점과 이는 오래된 이야기라는 사실을 강조하는 것처럼 보인다.

알다의 상자 8

알다의 상자 8a

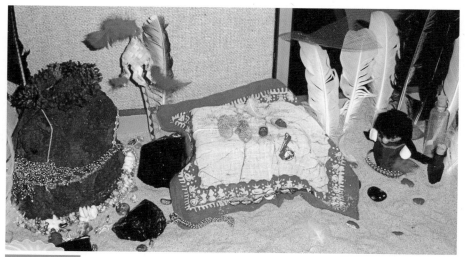

알다의 상자 8b

알다 이야기
상자 8

✨ 소망들 ✨

이 사람은 진짜 지도자는 아니지만 이 나라의 족장이에요. 이 나라에는 많은 외국인들이 있어요. 이곳은 진짜 대륙이 아니라 섬이에요. 외국인들이 구경하러 왔어요.

만약 마법의 알을 발견하면, 다섯 가지 소원을 이룰 수 있어요. 그 알을 가진 사람은 사고를 당했던 사람이에요. 스파이더맨이 가지고 있는 잎사귀가 있어요. 그것은 진짜 마법은 아니에요. 그건 악이에요. 이 잎으로 세상을 멈출 수 있어요. 꽃 아래에 숨겨진 문이 닫혀 있는 상자에는 가면이 있어요(알다는 가면을 찾지 못한 후, 상자에 "가면이 있다고 해요."라고 말한다). 가면을 쓰면 정말 강해지지만 조금 웃겨요.

나뭇잎, 알, 가면을 얻으려고 애쓰던 어린 소녀가 있었는데 갖지 못해요. 알을 가진 남자는 가면의 주인인데 그는 족장의 좋은 친구였어요. 지금보다 젊었을 때, 그들은 사업 파트너였는데 그가 사고를 당했어요. 족장은 모든 것을 가졌지만 알을 집어들자, 부상당한 남자(그의 친구)의 얼굴이 나타나 세상에는 다른 사람들이 있으니 자기 자신을 위해서만 소원을 빌지 말아야 한다고 말했어요. 족장은 그것에 대해 생각했어요. 족장은 네 가지 소원을 빌었어요. 1. 부자가 되고, 2. 모든 사람들이 그의 말을 따르며, 3. 자신이 원하는 모든 일을 할 수 있고, 4. 좋은 아내를 얻게 되기를. 그때 영혼이 찾아왔고 족장은 좋은 아내를 제외한 모든 소망을 이루었어요. 그 후, 이 나라는 점점 좋아졌고 물과 동물들이 도착했어요.

그녀는 자신의 이야기를 끝낸 후 다음과 같이 덧붙였다.

요정들이 큰 돌에 살아요. 병에 독이 들어 있어요. 진짜 독은 아닌데 동물과 외국인 한테는 독이 돼요. 꽃 앞에 있는 파란 돌은 날씨를 이야기해 줘요. 그것을 들여다보 면 날씨 사진이 나타나요. 외국인들이 장갑과 신발을 쳐다봐요(중앙 상단의 단 위에 있는).

논의
알다의 상자 8

비록 이야기는 산만하고 혼란스럽지만 알다는 상자 8에서 매우 중요한 작업을 한다. 이 상자에서 알다는 긴 깃털로 코너 네 군데를 표시한다. 다른 상자에서 논의했듯이, 깃털은 영혼(spirit)을 나타낸다. 깃털은 지상보다 더 높은 창공을 날아다니는 새들의 것이다. 수직적이거나 신성한 물건이 상자의 네 코너에 놓일 때, 상자 안에 있는 것들이 내담자 정신에서 중요한 의미를 가지게 되는 특별한 분기점이 된다. 코너 네 곳은 상자에 담긴 것들의 프레임처럼 작용한다. 일부 경우에는 코너 네 곳이 상자에서 발달하고 있는 재료를 부가적으로 담아내기(containment) 하는 기능을 하기도 한다. 또한 코너는 신성한 공간이 되기도 한다. 알다는 높은 깃털을 사용하여 수직성의 차원, 아래 있는 것과 위에 있는 것의 연결을 나타낸다. 이것은 지하세계와 천국 사이의 축(axis)이며, 원형적으로 삶의 영혼적 차원(spiritual dimension)을 보여 준다(Eliage, 1974). 숫자 4와 네 모서리를 가진 사각형은 지구의 원형이고, 물리적이며 코너 네 군데를 모두 깃털로 표시해 놓은 것은 물리적 현실에서 나타나는 정신적 자질을 보여 준다.

알다는 좌측 상단 코너에 조심스럽지만 사랑을 담아 커다란 돌을 보석과 솔방울로 꾸미면서, 자신의 작품을 견고하고 소중한 것에 혹은 자기(self)에 고정시켰다. 그녀는 세 점의 아름다운 흑요석(obsidian) 조각을 신성한 성지 주위에 두었다.

알다는 상자의 중심부 상단에 마치 피가 튄 것처럼 보이는 빨갛고 하얀 손수

건으로 마치 침대처럼 보이는 구조물을 만든다. 빨갛고 하얀 커버 위에 그녀는 조심스럽게—작은 벙어리장갑 한 쌍, 작은 빨간색 신발 한 쌍, 작은 붉은 브로치 그리고 작고 하얀 깃털—어린 소녀의 흔적을 배치한다. 이것은 알다가 아동기에 잃어버린 소중한 자질이 놓인 제단일 것이다; 일을 처리하는 능력—벙어리장갑; 견고한 토대—신발; 아름다움—화려한 보석으로 장식된 브로치; 그녀의 순결함—놓여 있는 깃털

알다는 심장 모양의 큰 상자를 제단 바로 아래에 묻었다. 이는 성폭행 장소의 표상으로 아마도 알다는 다른 사람을 사랑하는 마음을 지하에 넣고, 물에 잠겨 보이지 않게 만들어서 분노를 표상하고 있는 것 같다. 침대 모양의 구조물이 좌측 성스러운 바위와 우측 이기적인 뱀파이어 우두머리 사이에 놓여 있는 점이 흥미롭다. 알다는 신성한 것의 도움을 받아 학대적인 가해자와 그녀가 견뎌야 했던 희생과 상실을 바라볼 수 있다.

알다는 그 남자가 족장이지만 실제 지도자는 아니라는 점을 강조한다. 그는 세상에 대한 책임을 가져야 하지만 사람들을 돌보고 인도할 능력이 없다. 그의 곁에는 마치 그의 존재가 위험하다는 것을 강조하듯 독이 들어 있는 2개의 병이 있다. 이야기에서 알다가 소개한 또 다른 2개의 남자 피규어는 남성적 결함을 가지고 있다. 하나는 세상을 멈출 수 있는 거미이며, 또 다른 하나는 부상을 입은 사람이다. 이 사람은 자신을 강하지만 우스꽝스러운 행동을 하도록 만드는 마법의 알과 가면을 가지고 있다. 이 모든 남자 피규어들은 알다 아버지의 알코올 중독을 묘사하는 것처럼 보인다. 그는 독약을 가지고 있고, 때로는 강하고 재미있는 행동을 하며, 아버지처럼 능력이 없다. 그리고 거미처럼 독이 있고 질리게 한다.

상자의 좌측에 알다는 조개와 보석으로 된 작은 제단을 만든다. 그녀는 검은 거미를 제단에 놓고 작은 체인으로 그 위치에 놓았다. 제단 바로 우측 바깥쪽에 작은 하트 모양의 상자를 묻고 그 위에 꽃을 놓았다. 제단 바로 앞에는 일기예보를 나타내는 파란 돌이 있다. 알다는 돌과 붉은 콩으로 우측 상단 코너의 족

장에서 작은 제단으로 이어지는 길을 만든다. 좌측 상단에 있는 커다란 장식이 되어 있는 돌에서 보이는 자기(self) 구성의 견고함과 힘으로 알다는 학대와 상실에 직면할 수 있다. 그 후 그녀는 가해자와 신성한 제단 사이를 유색 돌로 연결하여 길을 만든다. 상처에 직면하면서, 알다는 순결을 바친 자신의 고통스러운 경험을 경로의 한 부분으로 인식하였다. 심리적으로, 압도된 거미는 더 이상 자신의 손아귀에 그녀를 쥐고 있지 못하며, 신성한 자기(self)라는 힘의 지배를 받고 있다. 이처럼 새로운 자유와 자신의 역량 발달을 강조하면서 알다는 자유의 여신상을 좌측 하단 코너에 놓고 우측 하단에 등대를 놓는다.

  알다는 마지막에 우아한 몸짓으로 파란 돌을 작은 제단 바로 앞에 놓으면서 이곳은 날씨를 볼 수 있는 곳이고, 대기 중에 무엇이 있는지 그리고 실제가 어떠한지를 볼 수 있는 공간이라는 점을 명확히 한다. 알다의 아버지는 그녀의 외부 세계에서 위협으로 남아 있지만, 그녀는 아버지의 병리적 행동과 자신은 누구인가에 관한 진실을 명확하게 구분할 수 있는 정신 구조(psychic structures)를 가지게 되었다. 우리는 그녀가 이렇게 싹트고 있는 인식을 더욱 키워 나갈 수 있기를 바라며, 가족의 역기능이 더 이상 그녀의 성장을 방해하지 않기를 기대해 본다.

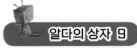

알다의 상자 9a

알다의 상자 9b

알다의 상자 9c

알다의 상자 9d

알다 이야기
상자 9

✨ 부자와 가난한 자 ✨

이것은 하나의 세계이고, 이건 두 번째 세계예요.

한쪽은 먹을 것이 많고 값비싼 것을 가진 부유한 여인이 있고, 다른 한쪽은 부부인데 가난하고 먹을 것이 많지 않아요.

부유한 여인은 음식을 다 먹고 나서 디저트를 먹으려고 해요. 그 부부도 음식을 조금 먹고 있지만 그들은 물고기가 약간 들어 있는 조개껍데기만 한 개 있어요. 그들은 계속 같은 것을 먹어야 했어요. 여자가 더 많은 음식을 가져오기 위해 해변으로 내려갔어요. 거기서 마법의 돌, 금 그리고 여섯 개의 소원이 담긴 상자를 우연히 발견했어요. 그녀는 남자에게 가서 이것에 대해 말했어요. 그는 신이 주신 선물이라고 말했어요.

몇 주가 지나 신문에 소원을 성취해 주는 마법의 돌에 관한 기사가 났어요. 부유한 여인은 이기적이어서 개를 데리고 가서 그것을 찾았어요. 그녀는 돌덩이가 들어 있는 상자를 발견했어요. 그녀가 다섯 개의 소원을 사용하자 영혼은 상자 밖으로 나와 그녀에게 세상에는 그녀 말고 다른 사람들이 있다고 말했어요. 그 영혼은 먹을 것이 적은 사람들도 많다고 말했어요. 그런 다음 영혼이 떠났고 그녀는 자신의 다섯 가지 소원이 성취되기를 바랐어요. 그녀는 세상이 더 좋아지고, 사람들이 더 많이 먹게 되고, 더 좋은 집에서 살 수 있기를 소원했어요.

부부가 집에 돌아왔을 때 그릇은 고기로 가득 차 있었어요. 헬리콥터가 그들을 기다리고 있었고 그들은 가족을 방문했어요. 그들은 잘 살았고, 배불리 먹었어요. 그 부부가 살고 있는 곳에 위험한 동물들이 있었고 그들은 위험에 처했어요. 부유한 여인은 실제로는 행복하지 않았어요.

논의

알다의 상자 9

이전 상자에서 알다는 그녀가 경험했던 고통스러운 학대에 직면했고, 현실로 인정하고, 자신의 고통과 상실을 신에게 드러내었다. 상자 9에서 그녀는 새롭게 발전하고 있는 자신의 경험에 대한 이해를, 자신이 누구인지에 대한 보다 성숙한 인식으로 통합하는 과정을 시작한다. 그녀는 모래상자를 부유한 땅과 가난하고 안전하지 않은 땅으로 대조되는 두 개의 세계로 나누었다. 알다는 두 세계 사이의 불균형을 드러내며, 한 곳은 번영했지만 자기중심적이고, 다른 한 곳은 거칠고 위험하다고 말한다.

현명한 영혼이 출현한 후, 부유한 여인은 다른 사람들에 대해 알게 된다. 그녀는 사람들에게 더 좋은 집과 먹을 것이 많은 더 나은 세상을 만들기 위해 마지막 마법 소원을 사용하지만, 많은 위험이 상존하며, 가난한 부부는 위험에 처하게 된다. 알다는 이 이야기의 교훈이 이기적이어서는 안 되며, 부자가 된다고 행복해지는 것은 아니라는 점을 이야기한다.

알다는 매우 다른 정신적 자질들 간의 관계를 구축하기 위해 다리로 두 세계를 연결한다. 알다가 그녀의 새로운 자원들로 균형을 유지하거나, 새로운 자원들을 통합하려고 하지만 많은 위협이 남아 있다. 그녀가 이 단계에서 통합을 이루기에는 상처가 너무 많을 것이다. 난관이 지속됨에도 불구하고, 상자 안의 많은 쌍의 조합은 새로운 정신적 자질을 나타낸다. 두 마리의 돌고래, 두 마리의 해마, 두 쌍의 개 그리고 알에서 부화하고 있는 새끼들과 함께 있는 한 쌍의 거북이가 있다. 숫자 상징주의에서 한 쌍의 물체는 새롭게 떠오르는 정신적 자질을 보여 준다. 2라는 것은 숫자 1이라는 나누어지지 않은 전체에서 태어난다.

이러한 자질은 새로운 에너지가 움직이고 있음을 보여 주는 3으로 발전할 것이다(Eastwood, 2002). 그들은 역동적이고 성장하는 것이다.

돌고래들은 즐겁고 영민한 에너지를 지니고 있다. 돌고래들은 고래들이 새끼를 낳을 때 산파 역할을 하는 것으로 알려져 있다(Waldau, 2006). 상징적으로 돌고래는 새로운 발전을 용이하도록 돕는 존재이다.

해마의 상징성은 알다의 작품에서 특히 중요하다. 이전에 논의했듯이, 자연에서 수컷 해마는 배아가 성장하는 동안 알을 운반한다(Indiviglio, 2001). 해마는 선하며, 보호적인 아버지이다. 한 쌍의 해마는 알다가 정신내적으로 아버지 원형을 이용하고 있음을 보여 준다. 그녀는 내부 세계에서 선한 부성 에너지에 접근하여 외부 세계에서 아버지와 건강한 관계를 맺을 수 있는 자질을 개발할 것이다. 이러한 자질들은 여성으로의 발달을 지지하며, 지침을 제공해 줄 수 있는 훈육과 사랑 사이에서의 균형을 이루도록 해 줄 것이다. 이 같은 전체성을 향한 잠재력은 다빈치의 유명한 그림인 〈비트루비안 맨〉에서 볼 수 있는 사람(anthropos), 혹은 완전한 사람(팔 2개, 다리 2개, 머리 1개)을 나타내는 별 모양의 불가사리에서 반복되고 있다. 이 상징은 빈번히 등장하므로 자세히 살펴볼 필요가 있다.

이 형태에 대한 좀 더 자세한 배경을 살펴보면, Marcus Vitruvius는 건축학 구조로 유명한 『건축서(De Architectura)』를 저술한 기원전 1세기 로마 건축가였다. 그는 사원의 적절한 균형에 대해서 다음과 같이 저술하였다.

신전의 각 구조재들의 관계는 인체와 같이 전체와 부분이 대칭적으로 조화를 이루어야 한다. 인체의 중심점은 배꼽이다. 어떤 사람이 등을 펴고, 손과 발을 뻗은 후, 배꼽을 중심으로 컴퍼스로 원을 그리면 양손과 양발의 손가락과 발가락은 원의 둘레에 닿는다. 인체로 원형의 형태를 그릴 수 있듯이 사각형 모양도 발견할 수 있다. 발바닥에서 머리 꼭대기까지의 거리를 측정한 후 팔을 뻗으면, 평면의 폭과 높이가 같은 정사각형이 나타난다(Vitruvius, 2008, p. 3).

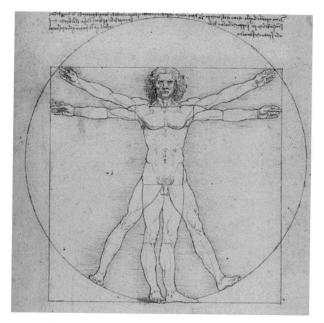

레오나르도 다빈치, 〈비트루비안 맨(Vitruvian Man)〉

레오나르도 다빈치는 Vitruvius의 노트를 통해 오늘날 잘 알려진 다이어그램의 초안을 작성했다. 이 형태는 사람의 오각형 형상을 원과 사각형의 결합하여 나타냈다는 상징적 의미가 있다.

알다는 모래놀이를 통해 많은 긍정적인 정신 가능성을 일깨웠지만, 아직 그녀가 현재의 스트레스가 많은 가정환경에서 얼마나 많이 구현할 수 있는가를 보여 주어야 한다. 이야기의 결말은 그녀가 노력한 결과는 불확실하다는 것을 보여 준다. 알다는 부유한 여자는 행복하지 않았고, 가난한 부부는 먹고 살 만은 하지만 위험한 동물들과 싸워야 한다고 말한다. 그녀가 어린 시기에 구현할 수 없었다면, 성인이 되었을 때 강력한 긍정적인 잠재력을 꽃피울 수 있게 되기를 희망해 본다.

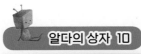

알다의 상자 10a

알다의 상자 10b

알다의 상자 10c

알다의 상자 10d

알다 이야기
상자 10

🪄 위험에 처한 자매 ⭐

옛날에 두 자매가 있었어요. 그들은 오랫동안 보지 못한 어머니와 아버지를 찾아 나섰어요. 그들은 외국에 갔어요. 소녀가 음식을 얻으려 하고 있을 때, 치타가 달려들었어요. 검은 표범이 겁을 줘서 치타를 쫓아 버렸지요. 치타는 도망갔고 여동생이 간신히 그녀를 구했어요.

한 비열한 남자가 그들의 아버지와 어머니를 큰 뱀으로 만들었어요. 착한 곰이 있었어요. 곰은 그 남자에게 덤벼들었어요. 그 순간, 그 남자가 언니에게 총을 쐈지만 그녀를 놓쳤어요.

착한 새는 언니가 여동생을 구하는 것을 도와주었어요. 그들은 이 나라에 다시는 돌아오지 않기로 해요. 가장 좋은 일은 그들이 엄마와 아빠를 찾았다는 건데, 거미가 부모를 뱀으로 바꿔 놓은 상태였어요. 엄마와 아빠는 다시 인간이 되었고, 소녀들을 카나리로 데려갔어요.

논의
알다의 상자 10

알다는 독감에서 회복된 직후 가졌던 이번 회기에서 천천히 상자를 만들었다. 그녀는 뱀과 야생 고양이로 가득한 정글을 만들었다. 마지막에는 상자의 좌측 상단에 깃털로 만든 집 안에 거미를 놓아두었다. 그녀는 부모가 실종되어 뱀으로 변해 버린 두 자매에 대한 이야기를 한다. 이 두 자매는 부모가 회복되도록 힘을 합쳐 많은 위험한 시련을 겪어야 했다. 상징적으로는 알다에게는 그녀가 필요로 하는 양육이 부재하며, 사실 위험에 처했음을 보여 준다. 상자 9에서 한 쌍의 해마가 보여 주는 좋은 부성 에너지가 상자 10에서는 그녀의 원형적 부모(archetypal parents)를 회복하기 위한 의식적인 탐구로 진화한다. 위험에도 불구하고, 소녀들은 위험 속에서 자신들을 보호하는 강력한 동물 에너지의 도움을 받는다. 표범은 치타를 쫓아 버리고, 곰은 총으로 그들을 위협하는 사람을 공격한다. 야생동물들은 자연에서 본능적으로 행동하기 때문에 상징적으로 에너지를 전달한다. 이 상자에서 알다는 그녀를 보호하기 위해 본능의 조력을 활성화한다.

상자 10에서도 위험과 긍정적인 요소라는 상반된 혼합이 나타난다. 논의했듯이, 만다라 같은 거미줄에서 보이듯, 거미는 인생이라는 실을 짜는 직공의 긍정적인 에너지를 전달한다. 반면, 부정적이며 집어삼키는 여성적 에너지도 될 수 있다. 알다의 이야기에서는 사악한 거미로 등장한다. 여기서 거미는 좌측 상단에 있는 깃털집 안에 있는 소중한 작은 분홍꽃에 근접해 있다. 동시에 중앙에 배치된 불가사리와 세 마리의 거북이 그리고 풍부한 녹색 식물들은 치유와 변형 에너지(transformative energy)의 긍정적인 집합체이다.

많은 위험에 직면한 후, 이 자매들은 사악한 거미에 의해 뱀으로 변한 그들의 부모를 발견한다. 이야기 후반에 부모는 다시 인간이 되고 소녀들을 인기 있는 아이슬란드 휴양지 카나리로 데려간다. 가족과 함께 휴가여행을 하는 행복한 결말은 비현실적이며 상자의 위험한 내용이나 이야기와도 모순된다. 야생동물들은 집에도 출현했고 자연환경에 많이 놓여 있는데, 일부는 조력자의 역할을 하기도 했지만, 우측 상단에 놓인 산 아래 작은 소녀의 목전에 치타를 남겨 놓은 점은 흥미롭다. 알다는 모래놀이의 제목을 '위험에 처한 자매'라고 이름 붙였고, 그들은 많은 조력과 자신들이 개발한 강점에도 불구하고 여전히 위험에 처해 있다.

알다의 상자 11

알다의 상자 11a

알다의 상자 11b

알다 이야기
상자 11

✨ 조카딸 ✨

인도인, 바이킹, 요정, 왕자들을 연회에 초대한 가족이 있었어요. 아주 즐거웠어요. 이것은 집과 차고(좌측 상단 코너)이고 정원에 음식과 불이 있어요. 삼촌은 불 앞에 앉아 이야기를 해요. 이 여자는 이 남자의 여동생이에요. 그렇게 위험하지는 않지만 그녀는 마법에 걸려 있어요. 그녀의 어머니는 검은 머리카락을 가진 여성이고 그녀의 아버지는 바이킹이에요. 그녀의 발자국이 그 집 뒤에서 발견되었고, 곰들은 경비원과 다른 동물들에게 도움을 요청했어요. 그녀는 세상을 지배할 수 있는 보석이 보관된 창고를 열 수 있는 열쇠를 가져갔어요. 보석이 사라지자 경비원은 힘을 잃었어요.

그들은 보석을 찾기 위해 사방을 다 뒤졌어요. 그리고 마침내 그것을 찾았는데 곰 가족이 다시 가져가 버렸어요. 여자가 집을 나서자 소리가 났어요. 그 여자는 감옥에 갔지만 작은 보석 조각으로 만든 귀걸이를 하고 있었어요. 그녀는 계속해서 조금씩 세계를 지배했어요. 그녀가 감옥에서 나왔을 때 모두가 다시 친구가 되었어요.

몇 년 후, 요정 가족은 파티를 열었고 곰, 인디언, 바이킹을 초대했어요. 통제할 수 없는 불이 났지만, 그들은 간신히 그것을 끌 수 있었어요.

논의
알다의 상자 11

이번 상자에서 즐거운 파티가 열렸지만 비극적인 이야기가 펼쳐진다. 알다는 조카가 마법에 걸렸으며 전 세계에 위력을 가할 수 있는 보석을 훔쳤다고 말한다. 그녀는 발각되어 투옥되었다. 하지만 그녀는 작은 보석 조각을 가지고 "…계속해서 세계를 조금씩 지배한다." 그녀는 대담함 때문에 감옥에 갇혔지만, 애써 작은 보석을 가지고 있다. 그녀가 풀려난 후 모든 사람이 화해하지만 상황은 달라진다. 젊은 여성적 에너지가 자신의 인생에 영향을 주는 보석을 얻기 위해 도둑질에 의지해야만 한다면, 다른 모습을 상상할 수 있을까? 그녀는 자신의 자율성(self autonomy)을 주장했다는 이유로 처벌받는다. 결국 그 조카는 자신이 가졌던 힘의 흔적만 간직할 수 있다.

모래놀이 작업의 종반에 이르자, 알다는 이전의 많은 상자에서 목격되었던 성장과 상실이라는 주제를 반복한다. 상자 11은 행복한 파티라는 외양과 달리, 그 주제는 슬픈 희망의 상실을 보여 준다. 알다는 진지한 노력에도 불구하고, 오직 자기(self)의 한 조각만을 유지할 수 있다는 것을 알게 된다. 그녀의 삶은 자신의 진정한 성격을 탐구하고 발전시키는 데 필요한 안전과 지원을 제공하지 않는다. 그녀가 의식적으로는 긍정적으로 받아들이려고 노력하는 동안, 무의식은 자신의 운명에 대한 절망감을 드러낸다. 이러한 인식을 바탕으로 생겨난 불안감은 혼잡스럽고 불안정한 상자 구성이나 두 발로 서 있지 않고 누워 있는 조카의 모습에 반영되고 있다. 바이킹, 요정, 왕자들이 파티의 손님이지만, 피를 빨아먹는 드라큘라가 중심에 있는 눈에 띄는 침대에 누워 있다. 게다가, 상자 10에서 어린 소녀의 목전에 있던 치타는 이제 중심에 나타났다. 이전에는 보물이 가득한 채 매장되어 있던 두 개의 하트 모양 보물상자가 이제는 열린 채 비어 있다. 그녀는 더 이상 보물에 대한 희망을 갖지 않는다.

알다는 모래놀이치료 회기가 한 번 더 남았다는 것을 알고 있다. 비록 그녀는 두려운 문제들을 직면했고, 모래놀이 과정을 통해 많은 정신적 강점에 접근했지만, 우리는 이 작업 단계에서 종결과 해결은 보지 못했다. 알다는 가정환경이 자신의 발달을 지지하지 못하며, 그녀가 할 수 있는 최선은 그 작은 보석에 의지하는 것뿐이라는 점을 이해하게 된 것으로 보인다.

알다의 상자 12

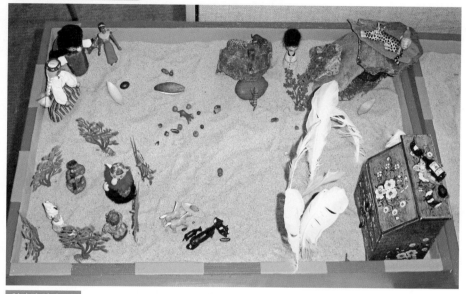

알다의 상자 12a

알다의 상자 12b

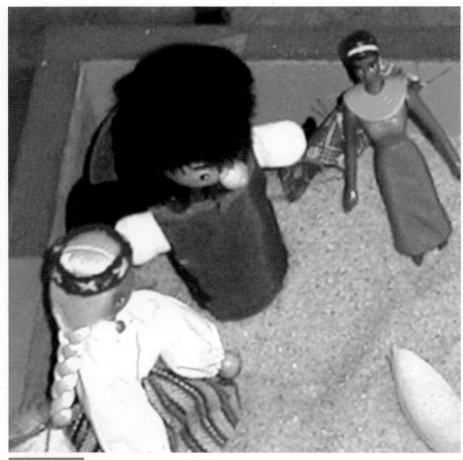

알다의 상자 12c

알다 이야기
상자 12

🪄 마법책 ✨

그들은 세상을 변화시키는 것에 대해 회의를 하고 있었어요(인디언, 난쟁이, 바이킹). 이 여자(검은 머리, 우측 상단)는 생일을 맞이했어요. 그녀는 사자와 표범의 여왕이었어요. 그녀는 생일선물로 새끼 사자를 얻었어요. 그녀는 새끼 사자를 원하지 않았어요. 그녀는 동굴에 있는 마법책을 갖고 싶어 했어요. 마법책으로는 세계를 다스릴 수 있어요. 그녀의 남편과 한때 부유했던 어린 시절에 데리고 있던 하녀 외에는 아무도 이 마법책에 대해 몰랐어요. 중요한 열쇠는 사자 동굴 안에 있지만 아무도 몰라요. 그것을 소유했던 사람이 사라졌고 돌로 변했어요. 소녀들은 말을 많이 가지고 있었는데, 왕이 소녀들에게서 말을 빼앗아 갔어요.

어느 날 여왕은 사자 동굴을 정리하고 열쇠를 발견했어요. 그녀는 기뻐했지만 어떤 자물쇠에 열쇠가 맞는지 몰랐어요. 그녀는 보석 동굴에 가서 열쇠를 시도해 보았지만 맞지 않았어요. 그녀는 다시 시도했고 음악을 들었어요. 돌이 돼 버린 사람이 노래를 부르고 있었어요. 여왕은 자물쇠를 열고 책과 왕관을 얻었어요. 다음 날 왕관의 효과가 나타났어요. 그녀는 세상을 지배하고 자신의 아이들을 찾기 바랐어요(두 명의 소녀). 그녀는 남편(왕)이 그녀가 해야 하는 일을 결정하지 않기를 바라요.

인디언, 요정들과 바이킹들은(좌측 하단) 여왕이 왕을 제거하는 것을 어떻게 도울 수 있는지 이야기하고 있었어요. 그들은 수프에 파리를 넣어서 왕을 골탕먹였어요. 마침내 왕은 포기하고 이집트를 통치하기 위해 떠났어요. 머지않아 그는 아이슬란드로 떠났고 그곳을 잠시 통치했는데 지시를 내리되 너무 강요하지 않는 방법을 배웠어요.

그는 고국으로 돌아왔어요. 처음에는 아무도 그에게 말을 걸지 않았지만, 사람들이 왕을 신뢰하게 되었어요. 그는 다시 왕이 되었고 여왕과 다시 결혼했어요. 그녀는 훨씬 더 재미있고 웃기는 사람이 되었어요. 소녀들은 자유로워졌고 말을 되찾았어요.

논의
알다의 상자 12

알다는 모래놀이 활동을 마무리하면서 자신의 가족 상황을 정리한 이야기를 들려준다. 아버지, 나쁜 왕이 두 딸들에게서 말을 빼앗았다. 말이라는 것은 운송수단이면서 개인적인 힘(personal power)이다. 그의 아내는 야생 고양이들과 함께 사는 강인한 여성임에도 불구하고, 왕의 영향 아래에서 왕의 말을 따르려고 한다. 알다는 가족에게서 아버지를 제거하는 이야기를 들려준다. 그리고 모든 것을 바로잡으려고 시도하는 그녀의 독특한 방식에 따라, 아버지가 친절하고 신뢰할 수 있는 사람으로 돌아온다는 믿을 수 없는 결론을 내린다.

그러나 상자의 요소들은 이 같은 행복한 결말이 거짓임을 보여 준다. 마지막에 알다는 파란색 서랍장 위에 있는 늙은 남자와 여자 사이에 술병을 들고 누워 있는 돼지를 놓았고, 중앙에는 빨간색 콩과 베리들을 뿌렸다. 이전의 상자에서 이 열매들은 독성이 있었다. 독이 든 열매와 술과 게으른 모습의 돼지는 알코올 중독자인 아버지가 끼치는 해로운 영향을 분명하게 나타낸다.

알다는 12개의 상자에서 굉장하며 용감한 작업을 수행했다. 그녀는 많은 자원에 접촉했고 최선을 다해 자유롭게 건강한 심리적 삶을 이끌려는 목표를 가지고 그 자원들을 통합하고자 최선을 다했다. 하지만 알다는 자신의 상황을 통제할 수 없으며 위험은 여전하다. 우리는 그녀가 모래놀이에서 접촉했던 강점들이 그녀의 치유와 발전에 도움이 되어, 그녀가 가족의 고통스러운 영향에서 벗어날 수 있기를 바랐다.

모래놀이 사례
·················
필립: 남아, 3학년, 8세

필립의 모래놀이 작업: 개관

필립은 부드럽고 섬세한 소년이다. 그는 조용하며 종종 자신의 세계에 빠지곤 했다. 선생님과 부모는 필립의 '독특한 생각과 행동'에 대해 우려했다. 담임선생님은 필립이 설명을 잘 듣지 않기 때문에 그에게 개인적으로 따로 이야기해야 하며 지시를 이해시키기 위해 시연이 필요하다고 말했다. 또한 필립은 공상에 빠지는 경향이 심해서 창가자리에 앉힐 수 없으며, "순식간에 멍해질 거예요."라고 강조했다. 그는 종종 상상 세계로 빠져들었고, 현실로 돌아오는 것이 힘들었다. 그는 특히 반 친구 중 한 명과 책상 아래에서 손가락으로 상상게임을 많이 했으며, 휴식시간에는 밖에 나가서 함께 놀았다. 필립은 환경에 의해 쉽게 방해받았고, 소리, 냄새 또는 보이는 것들에 대해 과하게 반응하였다. 필립은 수업 시간에 쉽게 다른 것에 정신을 팔았고, 때로는 퇴행해서(regressed) 어린아이같이 행동하였으며, 매우 소심하다. 부모님과 조부모님은 필립에게 많은 지원을 제공하였고, 그에게 명확하게 이야기해 주고, 규칙적으로 책을 읽어주어 필립의 어휘력은 풍부하다.

　선생님은 필립이 낮은 자존감으로 어려움이 있는데, 스스로에게 엄격하고 자책한다고 보고하였다. 필립은 비난받게 되는 상황에 처하면, 감정을 주체하지 못하고 울거나 자기 잘못이라고 확신하였다. 선생님은 같은 반 친구들도 필립이 정말 친절하다는 것을 알고 있으며, 필립에게 착하다는 것을 알려주려고 노력한다고 이야기한다. 한번은, 필립이 세게 밟아 튕겨진 나뭇조각이 친구의 뺨에 맞아 피가 났다. 그 후 피가 났던 어린 소녀는 오히려 필립을 찾아가 위로했지만, 소용이 없었다고 한다.

　WISC에서 그의 전체 지능(IQ)은 평균 하에 속하였다(71/80). 사전평가와 달리 그의 언어이해는 사후평가에서 20점이 향상되었다(82/102). 그의 부모에 따르면, 필립은 학년 초 또래들보다 더욱 심한 불안, 우울, 위축, 불만감, 집중력 저하를 보였다고 한다. Achenbach 검사에서는 임상 수준에 해당하였다. 학년 말 즈음에는 이러한 증상들과 그의 특이한 생각과 행동이 감소되었다. 부모는 불안이 크게 감소했다고 보고하였다. 다만 부모가 평정한 높은 사전평가 결과와 달리, 학년 초에 이루어진 담임 선생님의 Achenbach 검사 결과는 임상 수준 이하에 해당하였다. 교사의 사후평가는 부모와 의견과 일치했는데 불안과 우울이 학년 말에 감소한 것으로 나타났다.

　부모에 따르면, 필립은 학기 초에는 임상 수준에 해당되는 ADD 증상을 보였으나 학년 말에는 상당히 감소되었다고 한다. 담임 선생님은 학기 초에는 ADD의 일부 증상을 보고했으나, 학년 말에는 50% 이상 감소한 것으로 보고 하였다. 부모가 보고한 과잉행동 증상들도 학년 말에는 극적으로 감소된 것으로 나타났다. 선생님은 과잉행동 증상은 보고하지 않았다. 필립의 자기 평가(self-assessment) 결과는 평균 상에 해당하였다. 필립은 읽기에 진전을 보였고, 학년 말에는 반에서 평균 상 수준을 나타냈다. 다만 수학에서의 진전은 미미했고 수학 점수는 매우 빈약하였다.

필립은 모래놀이에 매우 높은 흥미를 보였으며, 모래놀이 작업을 할 때 집중했으며 세심하였다. 필립은 모래놀이 작업을 하면서 그가 하고 있는 일들에 대해서 많은 이야기를 하였다. 그는 작업을 하면서 기뻐했고, 종종 치료자에게 '굉장한' 것을 발견했는지 물었다. 필립의 상자는 우아함과 분위기가 있었다. 그는 일단 피규어를 놓은 후 크게 이동하지는 않았으나, 정확한 위치를 찾기 위해 조금씩 조정하였다. 그는 모래를 많이 사용하지 않았다. 그는 많은 물을 사용한 적이 없으며, 물을 사용할 경우에는 늪(quicksand: 올라서면 빠져버리는 모래)이라고 표현했다. 비슷한 피규어들을 반복적으로 상자들에서 볼 수 있었다. 모든 상자에서 유색 돌(보물)을 사용하였고, 10개의 상자에서 남자, 군인 그리고 나무들을, 8개의 상자에서 동상, 집, 꽃병을 사용하였다. 10개 상자의 모든 등장인물은 남자였고, 여자는 단지 두 번만 나타난다. 1개의 상자에는 성별을 알 수 없는 외계인이 출현했다.

　다양한 주제가 반복적으로 등장한다. 반항, 투쟁과 보물이 11개의 상자들에서 나타났다. 구원(rescue)은 8회, 위험은 7회, 여정(journey)은 6회, 마술은 5회 나타났다. 필립은 편하게 이야기했고 상상력이 풍부했다. 그의 이야기는 보물사냥, 전쟁 및 전투로 가득 차 있었다. 모든 활동과 싸움에 대해 필립은 자신의 감수성을 드러내며 부드러운 목소리로 이야기하였다. 그의 이야기 제목은 모험적인 성격(예를 들면, 아름다운 정글과 위험한 동상, 해적 유원지의 비밀, 드래곤 전사와 타이 롱) 주제가 많았다. 필립의 모든 이야기는 그림 같았고, 가끔은 자신이 보았던 영화들의 영향을 받았다. 모든 이야기는 긍정적인 결말을 보이며, 대개 모래놀이와 스토리텔링으로 40분을 가득 채웠다.

필립의 상자 1a

필립의 상자 1b

필립의 상자 1-분할

필립 이야기
상자 1

✨ 정글 속 보물 ⭐

옛날 옛적에 아프리카에는 많은 위험이 있었어요. 사람들은 자신의 땅을 지키기 위해 카우보이가 필요했어요. 인디언도 있어요.

숲에 거대한 보물이 있고, 군인들이 그 보물을 소유했어요.

어느 날 탐정 한 명이 왔어요. 그는 인디언들과 공룡들을 염탐했어요. 그 후, 그는 군인들에게 만약 자신에게 보물의 일부를 주지 않는다면, 카우보이들이 그들을 공격할 것이라고 말했어요. 원래 카우보이들이 보물을 소유했었는데, 군인들이 영토에 침입하여 가져간 것이에요. 그 군인들은 탐정에게 보물을 몇 개 주었고, 그는 떠나면서 사람들에게도 일부를 나누어 주었어요.

〈구성 과정 기록〉

필립은 처음에 집을 놓았고, 나중에 제기에 물을 따르면서 "신들을 위해."라고 말했다.

그는 거북이를 놓으면서, "(그것들이) 도움이 될 수 있어요."라고 말했다.

필립은 서류 가방을 들고 있는 사람을 탐정이라고 했다.

"카우보이들과 인디언들은 착해요. 그리고 군인들은 나빠요."라고 말했다.

논의
필립의 상자 1

필립은 첫 번째 상자를 네 개의 영역으로 나누었는데 영역 간의 연관성은 없다. 대각선 우측 상단에는 마을 또는 평범한 삶을 볼 수 있다. 대각선 좌측 하단에는 풍요롭지만 혼란스러운 보물들이 있다. 다른 대각선 양 편은 위험하며 혼란스러운 에너지가 나타나고 있다. 우측 하단 코너는 특히 위협적으로 느껴지는데, 물의 영역은 명확하지 않으나, 물 밖에는 보트, 치명적인 '늪'과 거대한 바다 동물들이 붐비는 작은 연못이 있다. 필립은 많은 내적 자원을 가지고 있지만, 활기 없는 마을은 이러한 내적 자원들이 일상생활과 연결되지 않는다는 것을 보여 준다. 첫 번째 모래상자는 필립이 자신의 모래놀이 과정에서 보여 주게 될 정신 자원과 일상적인 생활과의 통합(integration)을 보여 주고 있다. 이를 성취하기 위해서 그는 대각선의 반대쪽에서 전달되고 있는 불길한 어두운 에너지에 초점을 맞출 필요가 있다.

필립의 재치 있는 이야기와 신중하게 구성된 모래놀이는 그의 언어적 · 공간적 강점을 보여 준다. 하지만 학업 장면에서는 자신의 재능을 의미 있게 생산적으로 사용하지 못하고 있다. 필립은 고립된 기능들을 연결하여 전체로 기능할 수 있도록 통합하는 방법을 개발해야 한다.

그의 이야기에는 빼앗긴 보물을 찾아 정당한 보물의 소유주에게 일부를 돌려 주는 탐정이 있다. 그 탐정은 경계와 한계를 건너 두 개의 다른 영역 사이의 다리로서 존재한다. 탐정은 신비를 탐구하는 사람이다. 탐정은 탐색하고 질문하여 미스터리를 해결하는 사람이다. 이 탐정은 딜레마에 대한 대답을 끌어낼 수 있는 내적 자원에 대한 강력하고 희망적인 표식이다. 탐정이 파란색 가방을 들고 있다는 것이 흥미롭다. 왜냐하면 파란색은 종종 신성성과 관련 있기 때문이다. 힌두교에서 비슈누(Vishnu)와 관련된 신들은 파란색 피부로 묘사된다(Reyna, 1993). 가톨릭에서 파란색은 성모 마리아와 관련되며(Glazier & Hellwing, 2004), 유대교에서 파란색은 신의 영광과 연결되어 종교의식 의복에 사용된다(Goodenough, 1992).

필립은 중앙에 탑, 교회와 공룡을 배치하였다. 이것은 그의 모래놀이 과정에서 그가 직면한 작업의 개요가 될 것이다. 남근 모양인 탑은 남성적인 것, 신경학적으로 높은 것과 관계가 있다. 공룡은 이 문제가 아주 오래된 것임을 보여 준다. 교회는 푸른 여행 가방에 의해 전달된 영적 특성을 잘 반영해 주고 있다. 필립의 여정은 자신의 사고 과정의 어려움을 다루는 것일 것이다. 이는 신경학적 초기 발달 문제에 근원을 두고 있을 수 있다. 이러한 장애물을 극복하기 위해, 그는 영성성(spiritual), 내적 진실(inner truth), 또는 융 심리학에서 이야기하는 자기(self)에 의지해야 한다. 필립은 양초 홀더에 물을 넣으면서 영적 차원에 대한 감수성을 드러내며, 그 의미를 치료자가 알고 있는지 물었다. 그는 "… 이건 신들을 위한 거예요."라고 말한다. 탐정 옆에 한 쌍의 거북이가 서 있다. 필립은 두 마리의 거북이를 배치할 때, "(이것들은) 유용할 거예요!"라고 말했다. 그렇다. 상징적으로 거북이는 통합과 전체성(wholeness)의 특성을 가지고 있다. 거북이는 둥근 모양의 등껍질과 사각형 모양의 배를 가지고 있으며, 원형적으로 둥근 모양의 남성성 에너지와 사각형의 여성성을 통합한다. 파란색 가방을 들고 있는 탐정과 근접성은 모래놀이 작업의 치유 잠재력을 더욱 강화하고 있다.

필립의 첫 번째 상자를 ADHD와 연관지어 볼 수 있는데, ADHD는 전두엽 피질의 '실행기능(executive function)'의 역기능과 관련된다(Biederman, Monuteaux, Doyle, Seidman, Wilens, Ferrero, Morgan, & Faraone, 2004). 전두엽은 상반되는 감각 입력에 따라 행동 계획을 종합하고, 평가하고, 움직이는 뇌 영역이다. 전두엽은 무엇이 옳고 그른 것인지 판별하고, 내적 목표에 따른 선택 및 그 결과와 연관된다. 최근에는 ADHD를 불변하는 신경학적, 심리적 또는 생물학적 결함으로 보지 않으며 기저의 발달과정에 따른 결함으로 인식한다.

　　실행기능에 관여하는 과정은 복잡하고 다양하다. 감각 정보를 입력하고 처리한 후, 이러한 인식을 기반으로 선택한다. 이것은 매우 복잡하고 난해한 정신 과정인데, 특히 모든 아동이 각기 다른 방식으로 감각 정보를 처리하기 때문이다. 만약 한 아동의 감각 입력 채널에서 감각 민감성이 과민하거나 또는 둔감하다면, 그는 잘못된 정보로 의사결정 과정을 시작할 것이다(Greenspan & Wieder, 2009). 불편하거나 왜곡된 감각을 통한 입력 정보는 정서 또는 감정 톤이 부여되는 변연계를 지나가게 된다. 이를 통해 입력된 신경 정보는 더욱 왜곡되어진다. 전두엽 피질로 움직이고 있는 신호는 이러한 과정을 거치면서 결함을 가지게 된다. 잘못된 정보 처리는 ADHD 아동의 특성인 과잉행동이나 부진한 주의집중을 초래할 수 있다. ADHD는 하부 뇌 구조(lower brain structure)에서 입력된 것이 상부로 입력되면서 변연계(limbic system)를 거쳐 전두엽 피질(prefrontal cortex)로 향하는 감각 입력의 수직적인 신경학적 통합(vertical integration)과 연관된다. ADHD는 이 같은 두뇌의 두 영역 사이가 연결되지 못했거나 잘못 연결된 것으로 볼 수 있다. 필립은 청각, 후각 그리고 시각 민감성이 높은 다양한 감각 입력 문제를 겪고 있었다. 감각 결함의 진단과 치료는 임상 장면에서 이루어져야 하나, 필립은 이같이 단절된 뇌(isolated brain) 기능과 첫 번째 상자에서 보여 준 4개의 분리된 공간 구성을 통해 연결(connection)의 필요성을 보여 주고 있다. 만약 그러하다면, 모래놀이 작업이 의미 있고 유용한 가교가 되어 단절된 요인들이 통합되기를 희망해 본다.

필립의 상자 2a

필립의 상자 2b

필립의 상자 2-분할

필립 이야기
상자 2

✨ 아름다운 정글과 위험한 동상 ✨

옛날 옛적에 섬에 살았던 사람들은 매우 행복했어요. 어떤 남자들이 피라미드를 찾으러 갔는데, 거대한 피라미드가 정글에 있었어요. 그들은 동상을 발견했어요. 그들은 동상을 집으로 가져가서 먼지를 닦았는데, 그때 동상의 입이 벌어졌고, 연기와 함께 자신들의 금을 훔쳐간 수많은 적군들이 나왔어요. 그다음에 독이 든 병이 나왔고 유령 기사가 나타났어요.

그때 남자들은 정글로 피신했고, 다시 금을 가져오도록 카우보이를 보냈어요. 정글은 너무 아름다웠어요. 카우보이들은 작은 요새와 도끼를 들고 있는 인디언을 보았어요.

그들은 계속 해서 나아갔고 동상과 유령 기사가 있는 탑을 발견했어요. 그들은 밧줄에 걸렸고, 독이 든 병에서 코르크가 튀어나왔어요. 그때 많은 경비원 적들이 다가왔어요.

한 무리의 카우보이가 와서 적들을 에워쌌어요. 카우보이가 그들을 붙잡아 감옥 탑에 넣고 감금했어요. 동상과 유령 기사는 그것이 누구의 잘못 때문인지 논쟁했어요. 그러고 나서 사람들은 금을 모아 집으로 갔어요.

논의
필립의 상자 2

　평범한 삶이 원형적 세계와 통합되어 있다. 행복한 섬의 주민들은 피라미드를 찾기 위해 정글에 들어갔다. 피라미드는 전통적인 상징주의(symbolism)에 따르면, 꼭대기는 가장 높은 영적 그리고 입문적 성취(initiatory attainment)를 의미한다(De Vries, 1984). 정글에서 그들은 동상을 발견하여 집으로 가져간다. 먼지를 닦자 동상의 입에서는 끔찍하게도 연기가 나오고 사람들의 금을 빼앗아 간 수많은 적들이 뒤따라 나타난다. 카우보이들은 금을 되찾기 위해 떠났고, 일을 처리한 후 집으로 돌아온다. 마지막에 적들은 붙잡혀 감옥에 감금된다.

　이전 상자에서도 분할과 연결을 위한 시도와 관련된 주제들이 나타났었지만 상자 2에는 많은 변화가 있다. 여기서 상자는 4개가 아니라 2개 영역으로 나뉘어 있다. 더 나아가서, 이전 상자와 달리 좌측은 마을이며, 우측은 도난당한 보물이 있는 정글로 원형적 세계이다. 이번 상자는 이전 상자보다 훨씬 더 체계적이다. 보물이 더 많고, 그 내용은 더욱 분명해 보인다. 물의 영역은 훨씬 명확해졌고, 바다 생물로 가득 차 있다. 보트는 바다로 갈 준비가 되어 있고 늪은 나타나지 않았다.

　카우보이들이 금을 되찾아 오면서 중앙에 있는 작은 인디언 요새를 쳐다보고 있다. 상자의 두 영역을 연결하는 가교이며, 처음으로 중심을 나타내는 이정표가 나타난다.

상자 2에서 긍정적인 동물 에너지의 수는 배가 되었다. 두 마리의 부엉이는 필립이 상자에 처음 놓은 피규어이다. 필립은 중앙에 부엉이를 놓았는데, 한 마리는 나무 앞에, 다른 한 마리는 나무 뒤에 놓았다. 부엉이는 지혜를 상징한다. 부엉이는 어둠 속에서 볼 수 있는 예리한 눈을 가지고 있으며, 머리를 360도 돌려서 주위의 모든 것을 볼 수 있다(Waldau, 2006). 코끼리 세 마리,(검은 색 한 마리, 회색 한 마리, 작은 흰색 한 마리)가 중심 영역으로 이동하고 있다. 코끼리는 강함과 충실함을 상징한다(De Vries, 1984). 자연에서 코끼리는 깊은 정글을 통과하면서 길을 내어 준다(Waldau, 2006). 상징적으로 경로를 찾고, 길을 발견하며, 장애물을 제거하는 특성을 나타낸다(de Gubernatis, 1978). 요새를 둘러싼 세 마리의 생쥐도 있다. 자연에서 생쥐는 굴을 파고 입구를 만든다. 이전에 보았듯이, 쥐는 상징적으로 통찰력 있고 끈기 있는 행동 및 사고와 관련된다(de Gubernatis, 1978). 그리고 중심에서 떨어진 곳에 강인한 사자가 서 있고 이전 상자에서 보았던 두 마리의 거북이가 있다. 전갈과 수많은 공룡을 포함한 무서운 동물들은 필립의 문제가 오래된 것이며 그 문제들을 직접 드러내는 것은 두려운 일이라는 점을 상기시킨다.

모래상자에 신성한 인물상이 세 개 있으며 이는 필립의 영성적 성향을 보여준다. 마을에는 목조 부처상을, 카우보이들 옆에는 힌두 신(Hindu deity)을 놓았고, 정글에 있는 촛대가 놓인 제단 위에 또 다른 힌두 신을 올려놓았다. 필립은 그 동상이 정글에서 마을로 이동한다고 이야기했다. 원형적 세계에서 평범한 세계로의 영적 움직임은 두 세계에 놓인 힌두 신들의 배치에도 반영되고 있다. 즉, 필립은 영적인 내면 세계를 외부의 일상 세계와 연결하는 가교를 형성한 것이다.

이러한 동상들은 위험하며, 적을 내포하고 있다는 이야기가 흥미롭다. 4개의 병과 1개의 꽃병 모두 여성적인 수용 원리(receptive principle)의 상징인데, 필립은 악령과 독이 들어 있다고 말한다. 무서운 공룡과 전갈처럼 그의 의식에서는 이러한 요소들을 위협적이거나 위험한 경험처럼 받아들이고 있다. 무의식에서 나타난 새로운 특성들은 의식적 마음에는 알려져 있지 않으므로 처음에는 위협적으로 인식된다. 내재된 위협에도 불구하고, 보물을 되찾고, 모든 적들은 안전하게 감금되었다. 우리는 필립의 작업이 진전됨에 따라, 필립이 자신의 역량을 강화하여 영성적인 면들을 수용하게 되기를 희망한다. 필립은 유감스럽게 감옥에 감금된 것이 누구의 책임인지 유령 기사와 동상이 논쟁하는 것으로 자신의 이야기를 마무리하였다.

필립의 상자 3

필립의 상자 3a

필립의 상자 3b

필립의 상자 3c

필립의 상자 3-분할

필립 이야기

상자 3

✨ 보물 상징들 ✨

옛날에 매우 아름다운 나라가 있었는데, 많은 위험이 도사리고 있었어요. 그곳엔 늪, 인디언, 군인들이 있어요. 군인들이 많은 보물을 가지고 이 나라에 왔는데, 인디언과 카우보이들이 다이아몬드를 소유하고 있다는 이야기를 들었어요.

군대장은 군대에 공격을 명령했고, 길고 긴 전투가 있었어요. 그러나 군인들은 인디언과 카우보이가 그들의 보물을 몰래 가져가는 것을 눈치 채지 못했어요. 그때 큰 탑이 열렸고, 인디언과 카우보이는 동상을 발견하고는 그것 또한 가져갔어요.

장교는 분노하여 위스키를 마시려고 했어요. 그는 매우 혼란스러웠고, 또 다른 술병을 요구했고 다른 군인들이 그에게 또 다른 술병을 가져다주었어요. 그들은 병에 써 있는 내용을 읽지 않았는데, 병에는 독이 들어 있어서 그걸 마셨던 모든 사람들이 죽었어요.

필립은 치료자에게 보물은 여러 가지 의미를 지니고 있다고 말했다.

금은 산이고.

진주는 바다예요.

다이아몬드는 화산이고.

그리고 목걸이는 정글이에요.

필립은 목조상이 인디언과 카우보이에게 좋은 충고를 해 줄 것이라고 덧붙였다. "… 그러고 나서 달라졌다."

논의
필립의 상자 3

상자 3은 상자 2의 인디언의 중앙 요새 피난처가 큰 열린 공간으로 바뀌었다. 중앙 왼쪽에는 둑에 여러 개의 카누가 놓인 커다란 호수가 있다. 상자 2의 우측 상단 코너에 있었던 파란색 카누는 상자를 가로질러 왼쪽 구석에 뒤집혀져 있다. 그 밑에는 많은 보석이 있다. 이는 물에서 항해할 수 있는 충분한 자원이 나타난 것으로 보인다. 상자 2의 보호받는 공간이었던 중심부는 크고 풍요로운 장소가 되어 새롭고, 다른 것이 출현할 수 있는 공간으로 성장했다. 이러한 가능성은 물과 무의식의 알려지지 않은 것들에 개방된 호수로 강조되고 있으며, 새로운 정신적 자질이 심해에서 나타나 개발될 것이라고 예상할 수 있다.

그러나 위협이 존재한다. 필립은 훔친 보물을 운반하는 군인들을 노상강도 부대라고 한다. 방어선으로, 필립은 그가 '늪(quicksand)'이라고 명명한 젖은 모래 시내를 호수와 적 사이에 배치하였다. 군인들이 아름답고 평화로운 땅을 침공하여 공격한다. 그들은 더 많은 재물을 획득하고자 카우보이와 인디언들로부터 다이아몬드를 훔치려 한다. 필립의 정신이 새로운 가능성을 열어 감에 따라 위협과 불안감이 계속해서 나타나고 있다. 새롭게 떠오른 역량들이 개발되어 의식으로 성장할 만큼 충분히 안전할까? 필립의 정신 기능의 무엇 때문에 완전히 기능(full functioning)하지 못하고 있을까? 필립의 학습부진을 놓고 볼 때, 필립 내부의 보물은 매우 가치 있으나, 학교 교실이라는 평범한 학습 환경에서는 필요하지 않은 것으로 인식되고 있는지 의문이 생긴다. 아마도 필립 내부의 보물은 신경학적으로 통합될 수 없는 것일 수도 있다.

필립의 이야기에서 탐욕스러운 침략자는 성공하지 못하지만, 용기 있는 인디언과 카우보이가 한 팀이 되어 보물을 가져가려고 한다. 또한 그들은 현자의 충고를 들려주는 신비한 동상을 발견한다. 은밀함과 교묘함으로, 이 용감한 영웅들은 경비원 모르게 침입하여 적진을 가로질러 도난당한 물건을 회수한다. 또한 그들은 동상과 함께 현명한 의사결정 방법에 도달하게 된다.

카우보이와 인디언 한 쌍은 함께 일을 한다. 전통적으로 이들은 상대의 적이다. 그러나 상징적으로 같이 작업하고 있는데, 반대되는 한 쌍이 적진에 침입하여 그곳에서 풍요로운 보상을 이끌어 낸다. 즉, 위협에도 불구하고 그는 자기 내부의 윤택함에 접근하게 된 것이다. 이러한 내적 윤택함은 그를 인도하고 보호해 준다.

용감한 영웅들은 침략자들을 파괴하지 않는다. 흥미롭게도, 적 스스로가 무분별하게 독약을 섭취하여 스스로 파괴된다. 그들은 통제하지 못해, 보물을 지킬 수 없으며, 경계심이 해이해져 보물을 잃어버린다. 그들은 자신들의 풍부한 가치를 알지 못하며, 자원을 사용하지 못하고 있다. 그의 우화에서 필립은 어떠한 자원들이 관리되지 못하고 헛되이 낭비되다가 지금은 유능한 사람의 수중에 들어간다고 이야기한다. 추측건대, 그는 신경학적 회로를 형성하기 시작하여 수직적 통합을 이끌어서 하부 두뇌 기능과 높은 사고 능력을 연결할 수 있게 될 것이다.

필립이 보물은 실제 자연의 요소(산, 바다, 화산 및 정글)라고 밝히는 점이 흥미롭다. 그는 자신의 이야기를 '보물 상징'이라고 부르며, 의미의 중요성을 알고 있다. 이 보물들은 파괴될 수 있는 예쁜 장신구가 아니다. 오히려 생명을 지원하는 지구의 풍요로운 것들이다. 필립의 정신은 반대되는 에너지 한 쌍을 결합하려는 노력을 기울이며 이질적인 장소로 침투하여 정신적 가능성에서 새로운 영역을 관통하여 새로운 자질과 잠재력에 접근하고 있다. 새로운 자질들은 인내하며, 조심해서 보살피고, 영광스럽게 받아들여야 한다.

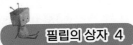

필립의 상자 4

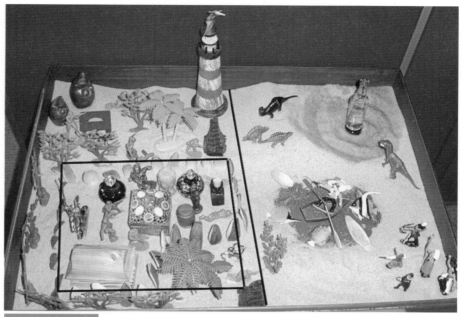

필립의 상자 4-분할

필립 이야기
상자 4

✨ 정글 속의 요새 ✨

한때 정글이었어요. 거기에 작은 요새가 있어요. 요새 안에는 좋은 팀이 있어요. 어느 날 나쁜 놈들이 침입했어요. 군인들은 무엇을 할 것인지 생각했어요. 군인들은 서로 의 아이디어를 속삭였어요. 전쟁이 시작되었어요. 나쁜 놈들이 보물을 가져가려고 왔 는데 군인들이 나쁜 놈들을 에워싸면서 "엿 먹어라"라고 했어요.

나쁜 편 대장이 화가 나서 부하들에게 소리쳤어요. 그리고 나쁜 놈들은 군인들이 자 신들을 어떻게 발견했는지 궁금했어요. 군인들은 그들이 정글로 들어올 때까지 기다

려다고 말했고 나쁜 놈들을 에워쌌어요. 나쁜 놈들은 도망쳤고 군인들은 매일 행복하

게 지냈어요.

논의
필립의 상자 4

필립의 이전 상자에는 한쪽에서 두 개의 세상을 잇는 다리를 창조하고 있는
다른 쪽으로 이동하는 피규어들이 있었다. 그러나 평범한 세계와 원형적 세계
는 다시 분리되어 있다. 상자 4에서는 두 가지 요소들의 통합(integration)이 상
자의 좌측에서 시작된다. 요새는 보물과 신 그리고 평범한 삶이라는 새로운 조
합을 보호하고 있다. 새로운 정신적 역량(psychic capacity), 원형적 내용은 미숙
하며 취약하다. 연약하며, 보호 속에서 성장할 수 있어야 한다. 이 이야기에서
적은 요새 밖에 있다. 그리고 좌측 상단 코너에 있는 부엉이 한 쌍이 지혜롭게
이 일이 뿌리를 내릴 수 있도록 다시 한번 나타났다.

필립의 상자 4에는 새로운 정신 내용의 출현을 보여 주듯 많은 사각형과 원의
형태를 볼 수 있다. 여성적이고, 남성적인 에너지이다. 필립에게 이러한 에너지
들은 원형적으로 존재하며, 아직 통합되거나 연합(union)되어 있지 않다. 피규
어들은 흩어져 있으며, 아직 두 가지 형태를 결합하여 새로운 심리적 통합을 창
조하는 피규어는 없다. 나무상자, 집, 테이블톱(table saw)과 같은 내부의 물건들
과 사각형 모양의 요새는 사각형과 원의 원형적 연합이 필요하다는 점을 강조
한다.

모래놀이에서는 새로운 정신적 자질이 출현하기 전에 대립되는 에너지를 보
게 되는 일이 흔하다(Kalff, 2003). 정신이 새로운 정신 능력에 생명을 불어넣을
때, 대립되는 압력은 커진다. 종종 강력한 역동적 긴장 속에서 서로 마주하고
있는 균형 잡히고 대립하고 있는 힘의 압력은 최고조에 달한다. 그 후, 새로운
정신 능력이 출현하기 시작한다. 새로운 자질들이 의식으로 이동하기 시작할

때 자양분이 필요하다. 중요한 점은 새로운 정신적 자질이 중심에 있어야 한다는 점이다. 중심화(centering)를 통해, 새로운 자질들은 인성의 중심인 자기(self)에서 출현하며, 자기의 부분이라는 점을 정신은 인지하게 된다.

모래놀이에서 나타나는 정신적 치유와 변형 형태를 인식하는 것이 중요하지만, 정신은 그 자체가 자신의 궤적(trajectory)을 가지고 있으며 변화와 발달에서 어떠한 규칙이나 모형을 따르지 않는다는 점을 알고 있어야 한다(Turner, 2005). 필립의 상자 4에서 우리는 새로운 특성이 통합되면서, 동시에 이와 다른 새로운 능력이 발달하기 시작하고 있다는 것을 볼 수 있다. 같은 상자나 일련의 상자들에서 일어나고 있는 동시적 발달 과정의 예는 특별한 것이 아니며, 모래놀이를 생활화하는 적절한 훈련이 필요하다. 모래놀이에서 일어나는 치유와 발달 과정은 매우 복잡하고 이해하기 어렵다.

네 마리 공룡이 늪 근처에 있다. 이전 상자에는 많은 양의 독이 있었다. 이제 우리는 독의 영향을 막는 항독소(antitoxin)의 보호를 받고 있다. 공룡들은 늪과 항독소를 둥글게 에워싸고 있는데, 아마도 이것은 매우 오래된 문제를 현재에서 다루는 방법을 제시하는 것일 수 있다. 그러나 커다란 병은 늪의 가운데에, 어두운 힘이 위치한 상자의 우측에 있다. 이것은 삼켜지게 될 위험에 처한 것일까? 아니면 심해에서 출현한 것일까?

주인공들이 상자마다 다른 역할을 보여 주는 방식이 흥미롭다. 군인들은 이제는 좋은 팀에 속하며, 인디언과 카우보이는 적이다. 이전 상자와 달리 적이 출현한 위치가 바뀌었다. 아마도 필립은 어떠한 정신 요소가 자신의 기능을 파괴하는지 또는 어떠한 정신 요소가 긍정적인지에 대해 명확하지 않은 것 같다. 또는 역할과 위치의 변화는 신경학적인 연결을 위한 시도일 수 있다.

필립의 상자 5

필립의 상자 5a

필립의 상자 5b

필립의 상자 5-분할

필립 이야기
상자 5

✨ 독재자 ✨

작은 마을이 있는 땅이 있어요. 하지만 그곳에는 독재자가 살고 있기 때문에 거기 사는 건 그다지 즐겁지 않아요. 독재자는 오직 돈만 많이 벌고 싶어 했어요. 그는 돈을 가지고 있는 사람들의 돈을 빼앗았어요. 사람들은 이것이 불공평하다고 여겼고, 그를 죽이고 싶어 했어요.

어느 날, 독재자는 총과 화살을 가진 사람들이 자기를 죽이러 온다는 걸 알게 되어 미칠 듯이 화를 냈어요. 그는 자신의 경비원들에게 폭약을 설치하라고 지시했어요. 하지만 그들은 이렇게 이야기했어요. "만약 우리가 폭약을 매장했는데, 당신이 그걸 너무 일찍 터뜨리면 우리를 날려 버릴 수 있을 것입니다." 그래서 그는 경비원들에게 무기를 들고 나가 싸우라고 했어요.

병력을 본 좋은 팀의 대장이 말했어요. "이건 싸워서 이기긴 힘들 것 같다. 나에게 좋은 생각이 있다. 우리가 항복한다고 편지를 보내자. 그다음 내가 웨이터로 분장해서 독재자에게 독이 담긴 물을 가지고 가서 그를 독살하겠다."

그들은 편지를 보냈고 독재자는 기뻐하며 파티를 열었어요. 그는 마실 것을 달라고 했고, 좋은 팀의 대장이 웨이터로 변장해서 독을 탄 물을 주었어요. 독재자는 독약을 마시고 바닥에 쓰러졌고 대장이 그의 목을 조르기 시작했어요. 독재자는 죽었어요.

병사들은 카누를 타고 도망치면서 다시는 돌아오지 않겠다고 편지를 썼어요. 이제 좋은 팀이 모든 황금을 차지했어요.

논의
필립의 상자 5

필립은 모래놀이 회기에서 매우 행복해하며 많은 이야기를 하였다. 그는 뮬란(Mulan)에 나오는 2개의 피규어로 놀이를 시작했고, 영화에 대해서 이야기했다. 그 후 피규어들을 선반에 올려놓았다. 이것은 항상 확신을 가지고 피규어를 고르던 평상 시 필립의 모습이 아니었는데, 아마도 그는 익숙함에서 벗어나 흔쾌히 새로운 방식을 시도하기로 결정한 것일 수 있다.

상자 4에서 마을과 보물은 좌측에 있었다. 상자 5에서 독재자가 이끄는 나쁜 무리들은 이 마을을 포위하고 있다. 상자 4와 같이 카우보이와 인디언 등 선한 팀은 상자 우측의 큰 강 너머에 있다. 이전 상자에 비해 요새의 장벽들은 덜 견고해 보인다. 여기서 그는 요새의 장벽과 가까운 좌측에 보물 일부를 배치하였다. 넓은 호수의 출현은 그가 무의식의 재료들에 접근할 준비가 되어 있음을 보여 준다.

카우보이와 인디언 상단의 중심 우측에 영적(spiritual) 요소가 다시 나타났다. 여기서 필립은 지난 상자에서 놓았던 3개의 동상을 놓았다. 비슈누(Vishna: 4개의 팔이 달린 힌두교 생명의 신), 그 옆에는 라두(Laddu: 축제를 위해 만들어진 특별한 인도 다과)를 쥐고서 춤추는 아기 크리슈나(Krishna: 힌두교 신화의 영웅신), 그리고 목조 부처 흉상까지. 세 개의 신상 옆에 필립은 빨간 루비가 헌상된 제단을 만들어 놓았다. 필립은 치료자에게 선한 팀은 신을 믿는다고 말하면서 이 신성한 영역을 두 개의 긴 검은 깃털로 표시해 놓았고, 해를 입지 않도록 주의 깊게 늪을 만들었다. 또한 우측 코너에 있는 적들로부터 급습당하지 않도록 선한 팀을 보호하기 위해 늪으로 만들어진 함정을 설치하였다.

필립의 작품에 처음으로 깃털이 등장했다. 깃털은 영혼과 새의 강력한 상징이다. 고대 문화에서는 신과 소통하기 위해 깃털이 사용되었다. 고대 이집트에서는 장례 판결 의식에서 죽은 사람의 심장과 깃털을 비교했는데, 깃털은 신의 질서와 이승에서의 여죄를 측정하는 것이었다(Wasserman, 2008). 필립은 우측 하단 코너에 놓인 야자나무 꼭대기에 작은 유리새를 놓아 이를 반영(mirror)한 것으로 보인다.

이 상자에서, 필립은 상자 4의 주제를 반복한다. 사악한 독재자와 나쁜 팀, 그리고 보물과 독을 이용해서 더욱 영리하고 현명함으로 무장한 선한 팀이 등장한다. 필립은 영리함과 유머를 이용해서 부정적인 폭력을 처리한다. 이 상자에서, 필립은 선한 팀이 거짓 항복 문서를 보내고, 대장을 웨이터로 변장시켜 독재자에게 독을 전달한다. 필립은 또래 아이들보다 유쾌하며 유머스럽다. 탐욕스러운 독재자는 총과 화살로 무장한, 규모는 작으나 통찰력이 있는 사람들에게 뒤처진다. 독재자는 독살되고 경비병들은 달아난다. 필립은 치료자에게 독재자는 부자가 되고 싶어 했지만 가난한 사람들을 동정하지 않는다고 이야기했다. 필립은 "그는 가난한 사람들에게서 모든 것을 갈취했어요. 그는 탐욕스러워요." 라고 말했다.

필립은 주인공과 적의 영역을 나누고 있는데, 그 두 영역 사이에는 많은 변화와 움직임이 있다. 첫째, 총과 화살로 많은 공격과 폭력이 일어났다. 둘째, 선한 팀은 계략을 담은 편지를 전달했고 차례대로 많은 일이 일어난다. 셋째, 가짜 웨이터는 적진으로 건너가서 독을 전달한다.

상자 곳곳에 뼈가 널려 있다. 아마 무엇인가가 죽었다는 것을 의미하는 듯하다. 어떠한 정신적 자질이 더 이상 필요치 않은 것이다. 죽음은 탄생과 부활(resurrection)을 위한 기회를 준다.

필립이 그의 상자에서 빈번히 밝은 빨간색 테이블톱을 보물의 일부로 사용한 점은 흥미롭다. 이것은 먼 훗날 자신의 테이블톱을 갖고 싶어 하는 작은 소년의 소중한 환상이 구현된 것일까? 이러한 출현은 깊은 감정, 열정과 분노의 색인 밝은 빨간색과 관련될 것이다. 필립은 어려운 정신적 재정렬을 지속할 에너지가 필요하다.

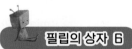

필립의 상자 6

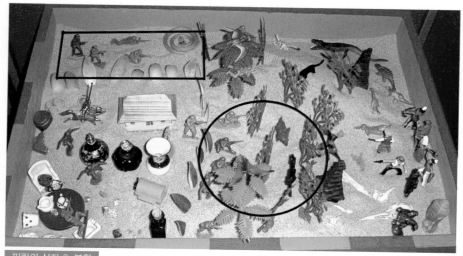

필립의 상자 6-분할

필립 이야기
상자 6

🎇 나치와의 전쟁 🎇

신을 믿는 사람들이 사는 아름다운 나라가 있었어요. 어느 날, 나치들이 와서 사람들의 금을 모두 가져가겠다고 했어요. 사람들은 "우리에게서 금을 가져가지 마시오"라고 했어요. 그러나 장교는 웃었어요. 그는 "다음에는 더 많이 가져가겠다."고 했어요. 왜냐하면 그 사람은 너무 탐욕스러웠기 때문이에요.

어느 날, 사람들이 "우리는 뭐라도 해야 해요."라고 말했어요. 그러자 군인 한명이 말했어요. "우리는 영국과 미국을 불러야 해요." 그 군인은 편지를 보내 영국과 미국에 도움을 청했어요. 그들은 도움을 받아 나치와 싸웠고, 나치를 쫓아냈어요.

논의
필립의 상자 6

필립은 모래놀이에 다시 와서 즐거워 보였다. 필립은 2차 세계대전을 배경으로 상자를 구성하기 시작했다. 필립은 자신이 완성한 상자를 만족스러워 하며 치료자에게 이렇게 훌륭한 상자를 본 적이 있냐고 물었다.

이 상자의 중앙, 이전 상자에서 넓은 호수가 있던 곳에 숲이 생겼다. 우측 상단 코너에 호수가 있지만, 크기는 작아졌다. 이 상자에서는 필립이 이전 상자에서 넓은 호수를 통해 무의식에 열린 마음을 가지게 되면서 접촉했던 자질들이 숲의 푸른 나무들 속에서 성장하고 있다. 이 상자에서도 탐욕, 절도, 투쟁 그리고 실소유자에게 반환되는 보물이라는 특징적인 주제들이 계속되고 있는데, 처음으로 조력을 구해 문제가 해결되고 있다. 이것은 치료자에 대한 긍정적인 전이로 보인다(Jung, 1985).

좌측 하단 코너에 놓인 테이블과 차 세트는 상자에 처음 놓인 것들이다. 테이블 옆에 앉은 활과 화살을 든 인디언이 가장 마지막에 놓인 피규어이다. 무의식에서 무엇인가가 출현했을 때, 종종 먹이고 자양분을 주는 주제들이 나타난다. 새로운 아이가 태어났을 때처럼, 정신에 있는 그 무언가가 적절히 발달할 수 있도록 음식이 공급되어야 한다. 상자 6의 숲은 이전 상자의 호수가 있었던 자리에서 성장하고 점점 확장되면서, 그 정신은 새롭게 티 테이블에서 자양분이 공급되고 지탱할 수 있게 된다. 각 팀의 멤버들이 테이블에 앉아 있다. 정신의 분리된 부분들이 함께 자양분을 섭취하고 있다. 대극(opposite)의 균형 잡힌 연합은 새로운 성장의 충분한 밑거름이 된다.

용기와 항아리는 필립의 과정에서 매번 나타난다. 용기나 액체를 담는 그릇은 종종 대모(Great Mother), 여성성의 전체성(wholeness of the feminine), 모든 존재의 원천을 뜻한다(Neumann, 1972). 연금술적인 맥락에 따르면, 용기는 질적 변형이 발생하는 장소이다(Jung, 1968). 이 상자에서 필립은 두 줄의 용기를 놓아 티테이블 주변을 에워쌌다. 그 사각형 내부에는 보석을 뿌려 놓았다. 티테이블에서의 대극의 합치(joining)는 항아리 4개와 보물상자로 경계지어 담겨 있으며, 새로운 연합의 신성성은 아름다운 보석으로 드러나 있다.

대극의, 그러나 균형 잡힌 에너지 형태는 상자 6에서 지속적으로 나타난다. 좌측 하단 코너에는 치유적이고 양육적인 특성들이 나란히 놓여 있고, 대각선 우측 상단 코너에는 원시적이며 집어삼키는 동물적 힘이 보인다. 좌측 상단 코너에는 나쁜 팀들이, 우측 하단 코너에는 좋은 팀이 위치해 있다. 좌측 하단에서 함께 차를 마시고 있는 두 상대 팀의 출현은 이러한 대극의 반영이다. 필립은 명쾌한 단순화를 통해, 정신의 원시적이고 파괴적인 힘들 사이에서 일어나는 갈등과 자신이 그 갈등과 치러야 했던 전투, 그리고 차(tea)라는 치유의식 속의 통합을 보여 주고 있다.

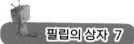

필립의 상자 7

필립의 상자 7

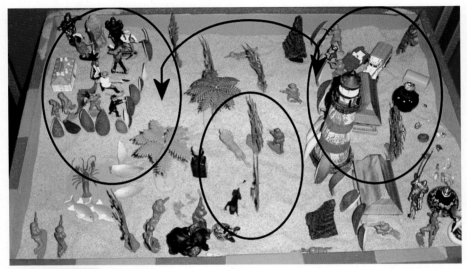

필립의 상자 7-분할

필립 이야기
상자 7

✨ 인디아나 존스와 서부의 사악한 강도들 ✨

뉴욕에서, 인디아나 존스는 어떤 남자들이랑 이야기를 나누고 있었어요. 그는 보물상자를 찾으러 떠날 것이라고 이야기했고 그 남자들 중의 한 명이 보물을 찾으러 떠난 사악한 남자의 사진을 보여 주었어요. 인디아나 존스는 그 사진을 보고 충격을 받았는데, 왜냐하면 사진 속 남자는 석상을 손에 넣기 위해 자신에게 속임수를 썼던 나쁜 사람이었기 때문이에요.

인디아나 존스는 아버지에게 보물상자가 그려진 목걸이를 물려받은 여자를 찾아 나섰고, 그 여자는 그에게 다음 날 오라고 말했어요.

그 후 그는 악당을 만났고, 그들도 목걸이를 찾고 있음을 알게 되었어요. 악당의 대장이 목걸이를 탈취했는데, 그 대장은 에너지가 소진되고 말았어요. 악당의 대장은 보물상자를 손에 넣기 위해 떠났어요. 인디아나 존스와 친구들은 기관총을 들고 지프를 타고 추적했어요. 인디아나 존스는 보물상자가 숨겨진 트럭으로 가서 나치에게서 트럭을 빼앗고, 트럭에서 그 대장을 내리게 한 후, 카이로로 이동한 후 배를 타고 보물상자를 뉴욕으로 옮겼어요.

논의
필립의 상자 7

처음에 필립이 모래상자에 가져온 것은 빨간 루비였다. 그는 이것이 마법의 돌인데, 보물을 만들고 싶다고 이야기했다. 진주, 금 한 덩어리와 유색 돌을 루비 근처에 놓으면서 나쁜 놈인 나치가 보물을 훔쳐갔다고 말한다. 그는 서로 대립하는 두 팀을 만들어 놓았다. 좋은 팀은 좌측 상단에 세 개의 신상과 함께 놓았고, 나쁜 팀은 상자 전체에 흩어 놓았다. 대립적인 힘이라는 주제가 지속되면서 상자 전체 구성에서 보다 큰 균형과 대칭이 나타났다. 적의 요새는 우측에 있고, 타원형의 나무 조각 울타리가 질서 있게 놓여 구획하고 있다. 울타리 너머 중앙에 등대가 있으며, 옆으로 길게 나무 건물 2개가 나란히 놓여 있다. 좌측 상단의 좋은 팀 영역 역시 울타리로 둘러싸여 있다. 중앙에는 나무, 야생동물과 적군 병사들이 놓여 있다.

이번 상자는 두세 개의 그룹으로 나누어 보면 흥미롭다. 숫자 상징으로 2는 새로운 것의 등장을 뜻한다. 물고기, 트럭, 두 마리의 힘 센 짐승인 사자와 검은색 표범이 한 쌍을 이루고 있다. 두 마리 물고기는 현세적(temporal) 그리고 영적(spiritual) 힘과 관련된 상징이다. 두 대의 견고한 트럭은 수송기관으로 사람들이 조종하며, 신체(physical body)와 관련된 에너지를 상징한다. 숫자 2는 상징적으로 전체 인간(whole human being)의 본질을 구성하는 두 개의 요소, 즉 신체와 정신을 상징한다. 추가적으로, 두 마리의 힘센 야생 고양이는 본능의 힘을 뜻한다. 사자는 동물들의 왕이며 용맹스럽고, 강력한 정글의 지배자이다. 초기 기독교에서 검은 표범은 악이나 악마로부터 사람을 구원하는 동물로 받아들여졌다(Waldau, 2006). 사자나 다른 야생 고양이처럼 표범은 강력한 잠행(stealth)과 힘이 특징적이다(de Gubernatis, 1978). 검정색 외피는 어두운 여성성적 힘을 전달하는데, 일부 문화에서는 태양, 남성성과 연관짓기도 한다(De Vries, 1984). 두 마리 고양이의 힘은 상자 중앙 하단에 놓인 검은 표범 옆에 서있는 세 마리 코끼리들로 인해 강조된다. 코끼리 또한 힘과 강함의 상징이다. 코끼리들은 인내심을 나타내며, 매우 열심히 일하는 것, 기억, 지혜, 위엄을 나타내기도 한다(Waldau, 2006). 필립은 세 개의 서로 다른 코끼리를 사용했는데, 커다란 검은색 코끼리 한 마리, 예식을 위해 꾸며진 작은 코끼리 한 마리, 상자의 가장자리 안쪽에 아주 작은 하얀색 코끼리 한 마리이다. 하얀색 코끼리는 열정 그리고 다정함과 연관지어진다. 이 다섯 마리 동물들(두 마리의 야생 고양이와 세 마리의 코끼리)는 상자 중앙에서 하나로 합쳐져서 완전하고, 강하고, 유능한 사람의 시작을 보여 준다.

수 상징에서 3은 성장이라는 역동의 힘과 창조적 에너지를 보여 준다(Eastwood, 2002). 필립의 상자 7에는 세 마리의 코끼리, 3개의 신상, 3개의 빨간 물건—가재, 루비, 트럭—이 등장한다. 빨강은 힘과 열정의 색이고, 활동적이고 남성적 원리를 보여 준다(Gage, 2000). 강렬한 빨간 트럭은 견고한 차량으로, 힘과 열정의 발달을 뜻한다. 두 마리의 물고기와 함께 있는 연못의 큰 빨간 가재는 긍정적 발달의 지표이다. 가재는 연못 바닥에서 찌꺼기를 청소하며 물을 정화시켜서 상징적으로는 무의식에 근접할 수 있게 됨을 나타낸다. 여기에 함께 짝지어져 있는 두 마리의 물고기는 정신의 정화가 일어나고 있음을 유추하게 한다. 세 번째 빨간 물건은 루비이다. 루비는 자기(self)의 전조로 마법적 특성을 가지고 있다.

필립이 상자에서 3개의 신상을 사용하는 방법과 좋은 팀을 묘사할 때 "… 신을 믿어요."라고 언급한 점이 인상적이다. 학습에서 겪은 많은 어려움과 자신은 약간 다르다는 고통스러운 지각에도 불구하고, 재정렬하여 자신의 심리적 기능과 연계하려는 필립의 작품은 항상 그 자신보다 더욱 큰 중심 원리에 뿌리를 내리고 있다. 상자 1에서 필립은 제기에 물을 담으면서 "신들을 위해."라고 말했고, 이후의 모든 상자에서 신성한 이미지를 사용한다. 비록 그가 3개 신상의 의미를 의식하지 않았으나, 신상은 그의 작품에서 중요하며 중심점이 되고 있다.

필립의 상자 8

필립의 상자 8

필립 이야기
상자 8

✨ 큰 요새와 작은 요새의 전투 ⭐

남아메리카에 세 개의 요새가 있었어요. 큰 요새는 웰두코 대령이 통치하고 있었어요. 중간 요새는 고대에서부터 전해 내려왔고 인디언 추장이 지배해요. 작은 요새에는 정글의 수호자들이 있어요.

한번은 웰두코 대령이 인디언 추장의 다이아몬드를 뺏어갔어요. 그들의 전쟁이 시작되었어요. 대학살은 끔찍했어요. 정글의 수호자들은 소란스러움, 혼란, 어리석음을 겪은 후, 이를 중단시키기 위해 둘 사이에 장벽을 건설했어요. 적군들은 길을 뚫고 가려고 했어요. 정글의 수호자들은 왜 싸우는지 이유를 알지 못했어요. 갑자기 웰두코 대령은 "내가 다이아몬드를 훔쳐서 미안해요."라고 말했고, 인디언 추장도 "당신이 가져도 좋아요."라고 말했어요. 그 후 이야기는 끝났어요.

논의
필립의 상자 8

상자 8에서 필립이 처음 놓은 것은 지난 상자에 있던 2개의 트럭이다. 여기서 트럭들은 줄지어서 전장을 떠날 준비를 한다. 보물—붉은 루비, 다이아몬드, 진주—은 한곳에 모아 큰 상자에 잘 보관되어 있다. 세 개의 신상은 또 나타났지만 산재되어 있으며, 신상 주변에서 벌어지는 일들을 통합하고 있다. 상자 7에서 1개였던 탑은 2개가 되었고, 이것은 필립이 자신의 힘, 실수에 대한 수용, 이해가 보다 발달되었음을 보여 준다.

필립은 모래에 두 개의 상반된 요새를 만들면서 이야기를 진행했는데, 상자에서 벌어졌던 전쟁은 평정을 찾고 종전된다. 상자 1에서 상자 7에 이르기까지 분쟁은 항상 탐욕스럽고 난폭한 적들이 훔쳐간 보물에 의해 시작되었다. 상자 8에서는 중재자로 정글의 수호자가 나타나 둘 사이에 장벽을 세우고 중재하고자 한다. 이 상자에서는 필립이 가진 유머와 인간 본성에 대한 깊은 이해가 드러난다. 적들은 계속 싸우려 하지만, 사실 왜 싸우는지도 모르고 있다. 그들이 이러한 부조리한 상황을 이해한 후에야 평화가 찾아왔다. 모래놀이를 통해 필립은 치료자에게 어느 쪽 진영에 가담하고 싶은지를 물었고, 그녀에게 좋은 편은 우측이라고 이야기했다. 그의 말에 따르면 정글 수호자들은 … 일종의 야생 상태라고 한다.

    그의 풍부한 상상력을 고려한다면, 중재자들이 다양한 특성을 가지고 있다는 것이 놀랍지 않다. 상징적으로 중재자들은 원형적인 현자로서 갈등의 가교가 되고, 긴장을 해결한다. 이러한 기능을 수행하는 에너지는 불공평한 분쟁의 고통에서 나타난 새로운 특성이다. 융의 성격이론에서 다소 사나운 중재자들은 자아의 대극(polarities of ego)이 더 이상 유지될 수 없을 때 나타나는 초월적 기능(transcendent function)의 산물이다(Jung, 1981) 의식 상태인 자아(ego)가 더 이상 감당할 수 없는 상황에 직면했을 때, 자아는 현재 가지고 있는 기술이나 심리적 자질 등을 이용해서 그 문제를 해결하고자 한다. 하지만 이러한 역량으로 새로운 도전을 다루기에 적절하지 않다. 무의식은 현재의 불균형한 상황에서 안정성을 형성하기 위해서 노력하는데 강력하지만 게다가 부적합한 정신적 산물을 만들어 낸다. 자신이 가치 없다고 느끼는 사람을 예로 들 수 있다. 이러한 태도는 자기가 가진 정신의 중심적 조직화 원리와 심한 불균형을 야기하며, 무의식은 이를 균형 잡기 위해 또 다른 태도를 만들게 된다. 예를 들어, 그는 자신이 우월하다고 느낄 수 있다. 그렇게 되면 정신은 부적절함과 우월함 사이에서 앞뒤로 움직이다가 결국 대극의 동등한 힘에 의해서 정지하게 된다. 반대 세력의 강력한 대극의 힘은 정신을 무의식으로 하강하게 하여 새로운 정신성에 접촉하여 그 갈등을 해결하게 한다. 상자 8에서 필립의 심리는 질적으로 발달한 새로운 자질과 역량에 접촉하면서 오래된 갈등에서 벗어난다. 필립은 그들이 사실 무엇 때문에 싸우는지도 기억하지 못한다고 말한다.

웰두코 대령의 말을 제외하고, 상자에 더 이상 동물이 나타나지 않는다는 점은 주목할 만하다. 오직 인간과 신만 존재하는 세상으로 들어가서 그 갈등이 해결되는 것처럼, 필립은 원시적인 힘의 원형적 전투에서 벗어나 보다 인간적이고 문명화된 영역으로 진입하였다.

필립의 상자 9a

필립의 상자 9b

필립 이야기
상자 9

✨ 드래곤 전사와 타이 롱 ✨

옛날 이집트엔 상상할 수 없는 특별한 사원이 있었어요. 그 안에 들어가면, 고대 중국

으로 이동할 수 있어요.

한 아이의 아빠는 어리석은 사람이었어요. 그 아빠는 국수를 파는 식당을 가지고 있

었죠. 아이는 국수를 나르는 것보다 드래곤 전사가 되기를 꿈꿨지만 아빠는 그 말을

듣지 않았어요.

어느 날 그 소년이 식당에서 손님들에게 국수를 나르고 있을 때, 전사 캠프라는 사원에서 온 세 명의 전사가 편지를 전해 줬어요. 그 편지에는 사원의 마스터인 우그웨이가 드래곤 전사를 뽑을 예정이라고 적혀 있었죠.

지금 우린 그 전사들의 사원으로 가야 해요. 그곳에서 우그웨이가 제자들에게 타이 롱(나쁜 녀석)이 돌아온다고 말했어요.

지금 우린 타이 롱이 있는 감옥으로 여행을 떠나요. 전령이 감옥의 책임자와 함께 타이 롱이 앉아 있는 장소를 보여 줘요. 그때 타이 롱이 사슬을 부수고 느슨하게 만들었어요. 우그웨이는 그 소년을 드래곤 전사로 선택했고 훈련시켰어요. 저녁이 되자 타이 롱이 사원으로 왔고 드래곤 전사는 그와 싸웠어요. 소년은 주먹을 움켜쥐었고, 타이 롱은 폭발했어요.

그 후 중국에 있는 전사들 모두 사원에서 행복하게 살았어요.

논의
필립의 상자 9

필립은 작업을 시작하면서 마법의 피라미드를 만들고 싶다고 말했는데, 나중에 그것은 이집트 사원이라고 했다. 그는 누군가 이 사원에 들어가면 그/그녀는 시공간을 초월한 장소, 특히 "… 그 사람은 고대 중국으로 가요."라고 말한다. 이전 상자들과 확연히 다르게 이 장면은 신비한 신성성을 발휘하고 있다. 이것은 테메노스(temenos: 고대 그리스의, 특히 신전이 있는, 또는 신에게 바쳐진) 성역이고 신성한 공간이다. 이것은 평화롭고 고요하며 심미적으로 순수하다. 필립의 상자 9는 '자기의 현현(manifestation of the self)'(Kalff, 2003; Turner, 2005)이 라고 할 수 있다. 이 상자에서 필립은 정신의 가장 깊은 곳과 조우한다. 그는 새롭게 개발된 정신적 역량을 성격의 중심 원형에 고정시킨다. 융 학파의 성격이론에서 '자기(self)'는 모든 현현(manifestation)의 원천이며, 최종 목표이다(Jung, 1980). 서양에서 성경은 신의 형상대로 만들어진 사람에 대한 묘사가 기술되어 있는데, 구체적으로 살펴보면 창세기 1장 26~7(개정 표준판)에 다음과 같이 기술되어 있다.

> 하나님이 말씀하시길 '우리가 우리와 유사한 형상으로 사람을 만들자….'
> 그리고 하나님이 인간을 자신의 형상 그대로 창조하셨다.

　모래놀이 내담자가 자신의 갈등을 충분히 해결하고 새로운 정신적 자질에 접근하게 되면, 그들은 새롭게 개발된 정신력과 역량으로 세상을 살고, 그 중심으로 돌아갈 수 있게 된다. 새로운 자질들이 의식으로 이동하기 전에, 정신은 우선 자기(self)에서 새로운 자질의 근원을 인정하고, 중심 원형과 정렬해야 한다. 이 과정에서 자아가 자기(self)와의 조화를 인식하면서 새로운 능력들이 의식으로 이동한다. 이러한 과정을 통해, 자아는 자기와 더욱 정렬하게 되고, 중심 원형의 상위의 권위(superior authority)를 인식하게 된다.

　자기(self)의 전체성은 필립이 둥근 코르크를 이용해 3개씩 3줄을 정렬해 둥근 형태로 사각형을 구성하여 만든 사원 건축물을 통해 나타난다. 이를 통해 그는 천상의 정신을 나타내는 원과 지구의 분명한 본체(body)인 사각형을 원형적으로 결합시킨다. 사원의 맨 위에는 이전 상자들에서 여러 번 나타났던 현명한 부엉이를 올려 놓았다. 그는 성스러운 공간을 두 개의 나무 기둥으로 표시하고, 보석들을 올려놓았다. 필립의 이전 상자에서 보물을 얻기 위한 분투에서 두드러졌던 루비는 영광스럽게 사원 위에 놓여 있다. 가장 성스러운 장소인 지성소(sanctum sanctorum: 유대 신전의 피난처. 구약 시대에 성전 또는 막 안의, 하나님이 있는 가장 거룩한 곳으로, 성소 안쪽에 있어 대사제만이 해마다 한 번 들어갈 수 있으며 그 속에 하나님이 인간에게 나타남을 상징하는 계약의 궤가 있다.)는 상자의 중앙 우측에 나무조각으로 만들어진 정교한 울타리를 이용해 분리되어 위치하고 있으며, 크리슈나(Krishna)와 비슈누(Vishnu)의 뒤로 부처의 흉상이 제단 위에 올려져 있다.

상자의 좌측 부분에는 단단해 보이는 거북이 한 마리가 물줄기에서 헤엄치고 있다. 이는 모래놀이 작업의 과정을 반영하는데, 이 작은 거북이는 등에 자신의 집을 가지고 다닌다. 거북이는 전체이며, 끈기 있고 집 그 자체이다. 게다가 이 거북이는 나비 모양의 구조물 곁에 놓여 있는데, 나비 모양의 구조물은 2개의 나무 원반과 잔가지로 이루어져 있다. 나비는 발달 단계가 낮은 애벌레가 아름다운 날개를 가진 생명체로 변화하는 것처럼 변형(transformation) 과정을 상징한다. 나비는 물을 가로질러 자기에서 변형된 신성한 신전으로 들어가는 가교일 수 있다.

드래곤 전사가 되어 타이 롱이란 악마를 무찌른 가난한 국수 장수의 아들이 영웅이 되는 필립의 이야기는 모래상자의 상징을 통한 변형 주제가 반영되어 있다. 필립은 영화에서 본 내용을 바탕으로 어려운 과제들을 극복할 수 있는 특별한 힘과 기술을 개발한 영웅을 보여 주고 있다. 필립이 비록 유명한 영화에서 주제와 주인공을 가져왔다 하더라도, 이는 그만의 설화(myth)이고, 모래상자에서 풀어놓는 무의식의 이야기이다. 전투는 끝났다. 새롭게 개발된 정신적 자질들은 자기(self)에서 그 원천(source)을 인식하고, 이제 의식화되려 하고 있다.

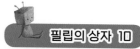

필립의 상자 10a

필립의 상자 10b

필립 이야기
상자 10

✨ 원더 스타(경이로운 별) ✨

옛날에 '원더 스타'라고 불리는 별이 있었어요. 그 별은 그냥 평범한 별이 아니라, '원더'라고 불리는 외계인이 살고 있는 굉장한 별이었어요. '원더'는 행복하고 기분이 좋았어요.

어느 날 원더가 자고 일어나 산책을 갔어요. 정원을 가로질러 가자 동굴이 나타났고 그 동굴 안에 갇혀 버렸어요. 원더를 보호해 주는 무기는 평소엔 아주 약한 전기가 흐르지만 화가 나면 강해지는 것이었어요. 원더가 많이 슬프고 아파하자, 많은 전기가 흘러 동굴에 있는 돌들을 폭발시켰어요. 빛이 동굴을 비추자 '원더'는 많은 다이아몬드를 볼 수 있었어요. 그래서 다이아몬드 몇 개를 챙겨서 동굴을 떠났어요. 즐거운 하루였어요.

논의
필립의 상자 10

이전 상자에서 나타났던 자기 중심화(centering of the self)의 영향이 상자 10에서 분명해진다. 일단, 우리는 우주 공간에서 새롭게 도착한 외계 존재의 평화롭고 편안한 집을 소개받는다. 이 집은 새롭게 개발된 자질을 의식적 사고로 통합하는 과정을 시작한 자아를 나타낸다. 분명 새로운 정신적 자질은 자아에게 '외계인'처럼 보일 것이다(Jung, 1970). 작은 초록색 외계 생물체가 기묘한 가구들이 놓인 집에 있는데, 이는 필립의 변형된 정신에 완벽하게 적합한 상징이다. 외부의 의식적인 세상은 필립이 보석으로 가득 찼다고 언급한 동굴, 즉 내면 세계와 균형을 이루고 있다.

필립이 이 상자를 만들었을 때는 그와 반 아이들은 우주 공간, 별, 외계인, 우주선에 대해 수업을 하고 있었고, 그는 그 주제를 모래놀이에 가져왔다. 필립은 매우 창의적으로 그가 사용할 것들을 찾아냈는데, 외계인이라면서 작고 긴 돌기들이 많은 초록색 공을 테이블과 함께 놓인 흰 의자 위에 앉히고, 금색 전등 부품을 우주선이라며 우측 코너 가까이에 놓았다. 창의적 방법으로 외계인의 집 가구를 구성했는데, 전등은 새의 뼈로, 소파는 성게 피규어를 사용했다. 외계인의 정원에 있는 연못은 하트 모양의 플라스틱 상자를 사용했다. 필립은 돌로 동굴을 만들고, 가장 큰 바위를 보석으로 장식했는데, 보석들이 자꾸 미끄러지자 주의를 기울여서 세심한 작업을 해야만 했다. 필립은 이 상자에서 매우 행복해했으며, 치료자에게 여섯 번이나 인상적이지 않냐고 물었다. 우려와 사랑스러운 친절함이 이 상자에서 느껴진다. 좌측 아기침대는 새로 태어난 '자기(self)'가 쉴 수 있도록 준비되어 있다. 필립은 하트 모양 상자에 물을 넣고 큰 돌에 경건하게 물을 칠하면서 자신의 내면 세계의 귀중한 집이 가지고 있는 경건한 본질에 대해 보호와 존경을 나타냈다.

필립은 이제 그의 내면 세계에 접근하여 자신의 자원을 발견할 수 있는 방법을 가지게 되었다. 필립은 외계인이 동굴에 갇히고 또 감정의 정도에 따라 활성화되는 전기 무기의 도움으로 자유로워지는 이야기를 하고 있다. 외계인이 슬프고 상처받자 커다란 전류가 생성되고 또 폭발로 이어지며 많은 다이아몬드가 나타난다. 보호 장치로 약한 전류가 흐른다는 선택은 대단히 흥미롭다. 아마도 동굴에서의 이러한 흐름은 의식과 무의식의 마음 사이에서 작동하는 신경학적 연결에 대한 은유일 뿐만 아니라 하부 두뇌 기능의 입력(input)과 변연계와 전두엽 피질로의 수직적 통합(vertical integration)으로 이해할 수 있다. 외계인이 자신의 감정을 인식하고 반응할 때만, 보물이 드러난다는 점은 매우 흥미롭다. 모래놀이 작업을 통해서, 필립의 ADD(주의력결핍장애)에 내재되어 있었던 신경기능 장애에 건강하고 주요한 신경학적 통합이 이루어지고 있는 것으로 보인다. 또한 외계인이 동굴에서 모든 다이아몬드를 가져갈 필요가 없다고 느끼는 점도 매우 흥미롭다. 이 이야기는 그가 돌아올 수 있음을 암시한다. 이러한 경로는 그에게 개방적이며, 정신기능 영역 사이의 활성화된 연결(connection)을 보여 준다.

필립의 상자 11

필립의 상자 11

필립 이야기
상자 11

🌟 여왕과 추장 🌟

옛날에 아름답지만 문제가 있는 나라가 있었어요. 이 섬은 두 부분으로 나눠져 있었는데, 한쪽 나라의 여왕은 거대한 보물을 가지고 있었지만 다른 쪽 추장은 보물이 없었어요.

그런데 두 나라 모두 하나의 나라를 만들고 싶어 해서 전쟁이 일어났어요. 많은 사람들이 도망쳤어요. 여왕이 이겼고 추장과 협상하여 평화를 되찾고, 두 나라를 연결하는 다리를 건설했어요.

논의
필립의 상자 11

필립은 오늘 모래놀이 시간에 매우 행복해하면서 나무들을 가져다 놓았고 상자 중앙에 긴 수로를 만들면서 작업을 시작했다. 군인 피규어가 다시 등장했다. 이 상자를 만들었을 때 필립은 여덟 살이었다. 군인 피규어는 이 연령의 소년들이 흔히 공통적으로 사용하는데, 이 시기 소년들은 남성 역할에 대한 주제를 다루기 시작한다(Turner, 2005). 이 상자는 이전 전투를 떠올리게 하지만, 실질적으로 다른 점은 필립이 여성성이라는 핵심 가치를 직접 다룬다는 점이다.

이 상자는 여성이 중요한 역할을 하는 첫 번째 상자이다. 상자 7에서 필립은 여성을 이야기에서 등장시키지만 상자에서는 발견할 수 없다. 이 상자에서 필립은 작은 금색 반지를 여왕의 왕관이라고 놓았고 상자의 제목은 '여왕과 추장'이다.

여왕이 다스리는 상자 왼쪽엔 많은 보물이 있다. 반대로 추장이 다스리는 오른쪽엔 보물이 없다. 필립은 그들이 전쟁을 시작하고 여왕이 승리자가 된다고 한다. 그러나 여왕은 추장의 땅을 차지하는 대신, 추장과 함께 협력적인 협정을 체결한다. 그들은 평화를 확립하고 그들 사이에 다리를 놓는다.

이 상자에서 여성성은 남성 정신과 대등하게 매우 존경받는 위치에 오르게 된다. 융 심리학에서는 여왕은 아니마(anima) 원형으로 여겨지며, 필립은 청소년기를 지나면서 아니마를 더욱 발전시킬 것이다(Jung, 1981). 비록 필립은 아니마가 나타나기엔 어린 나이지만, 그의 정신은 여성성의 핵심 가치를 알아차려 인정하고 있다. 이 이야기는 여성성이 없는 남성성은 귀중하지 않다고 말하며, 정신의 남성성은 여성성에서 비롯되었음을 인정하고 있다. 정신의 의식적이고 합리적 측면이 무의식적인 여성성의 가치와 여성성의 필요성에 대한 자각을 보여 준다. 여성 정신에서 아니무스(animus) 또는 남성적 에너지는 여성성이 가진 정의되지 않은 어두움을 정의하고 질서를 가져오기 위해 필요하다. 반대로 남성 정신은 보다 합리적이기 때문에, '자기(self)'에서 균형과 전체성을 찾기 위해 여성성의 존재와 중요성을 받아들여야 한다. 필립의 이야기에 내포된 우화는 여성성이라는 보물의 가치와 그것이 남성적 성격발달에 필요하다는 것을 보여 준다.

전체 모래놀이 과정의 맥락에서 상자 11을 본다면, 필립이 시작한 새로운 정신적 자질이 어떻게 의식화되는지 볼 수 있다. 의식의 위치는 상자 우측에 있는 추장의 남성 팀에 있다. 이곳에는 보물이 없기 때문에 그들은 보물이 필요하다. 반면, 필립이 모래놀이 과정에서 발달시킨 새로운 정신적 역량은 상자 좌측, 여왕의 통솔하에서 풍요로운 보물로 나타났다. 여왕의 영토는 필립이 과정을 통해 접근하게 된 여성성 또는 무의식이다. 여기에 있는 보물들은 무궁무진하지만, 아직 의식화되지 않았다.

상자 1부터 상자 5에서 많은 갈등을 직면한 후, 필립은 상자 6에서 화해의 티 파티에서 해결 방안을 찾기 시작했다. 이 작업을 수행한 후, 상자 7과 8에서 새

로운 정신적 자질이 나타나고 마침내 전투는 끝나게 된다. 상자 9에서 필립의
정신은 변형되어 '자기(self)'의 중심으로 돌아간다. 이를 바탕으로, 새로운 자
질을 의식하게 된다. 상자 10에서 필립은 '외계인'이라고 표현한 새롭게 발달된
자기(self)를 위한 완전히 새롭고 풍요로운 세상을 발견했다. 최종적으로, 새롭
게 형성된 자질이 의식의 영역으로 들어가는 원형적 과정(archetypal procedure)
이라는 극적인 실행이 뒤따르고 있다. 필립은 상자 11에서 남성성 에너지와 여
성성 에너지의 불일치와 불균형, 최종적으로는 협력에 대해 작업하고 있다. 이
원형적인 공동작업 후에, 필립은 "… 그들은 그 후로 행복하게 살았다."고 이야
기한다.

  필립의 모래상자 작업은 치유와 발달을 촉진시키는 데 필요한 기회와 환경이
주어질 때, 변화하는 인간 정신의 깊이와 적응 유연성을 뚜렷하게 보여 준다.
필립은 분명 엄청난 변화를 겪었다. Kalff가 변화의 절차가 용이하도록 요구되
는 두 가지 주요 구성요소로 묘사한 '자유롭고 보호되는 공간'은 필립에게 안전
하게 자신의 갈등을 드러내고 새로운 정신적 자질에 접근하도록 하였고, '자기
(self)'의 중심에 그 작업이 뿌리를 내리고, 새로운 능력과 지각이 의식적 성격에
통합되도록 하였다(2002).

필립의 상자 12

필립의 상자 12

필립 이야기
상자 12

🪄 해적 유원지의 비밀 ✨

옛날 옛적에 오래된 해적 놀이공원이 있었어요. 해적들은 그곳을 나누어서, 선장은 관람차를, 조타수는 유령의 동굴을, 요리사는 회전목마를, 음식 맛을 보던 해적은 롤러코스터를 각각 가지고 있어요. 다른 해적들은 과녁 맞추기를 가지고 있어요.

문이 닫혀 있는 집에는 보물상자가 있었는데, 그 상자는 다이아몬드, 에메랄드, 루비,

노란색 다이아몬드, 보라색 다이아몬드, 진주와 금덩어리로 가득했어요.

많은 사람들이 유원지를 방문했어요. 어느 날 행사가 열리던 섬이 바다 밑으로 가라 앉았어요. 보물상자도 함께 사라졌지만, 해적들은 물에서도 살 수 있고 그 유원지도 바닷속에서 계속 운영되었어요. 그리고 이제 이야기가 끝나요.

논의
필립의 상자 12

처음에 필립은 둥근 물웅덩이를 만들었다가, 상자 좌측에서 우측으로 흐르는 큰 강으로 변경했다. 그리고 그는 강을 모래로 덮으며 자신이 뭘 하고 싶은지 알았으며, 이야기는 '해적 유원지의 비밀'에 관한 것이라고 이야기했다. 그는 이야기 후반 부분에서 유원지가 침몰하고 그 후에 지하세계에서 계속 운영된다는 비밀을 밝혔다. 그는 비밀을 공개한 후 간결하게 '이제 이야기가 끝났다'라고 결론지었다. 그렇게 필립의 모래상자 작업은 결론에 도달했다.

이 상자는 이전 상자들과 상당히 다르다. 여기서는 군인들이 축제의 방문객들이다. 필립은 유원지에서 사용할 물건을 독창적으로 찾아냈으며, 끈기 있게 놀이기구와 오락시설을 만들었다. 유원지의 구조물들이 반복해서 넘어졌기 때문에 필립은 유원지 구조물들을 계속해서 만들었다. 그는 관람차와 롤러코스터는 치즈박스로, 회전목마는 나무로 된 실패, 원형 코르크, 막대와 말로 만들었고, 유령의 집은 돌로, 과녁 맞추기는 아주 작은 바구니로, 그리고 롤러코스터는 젓가락으로 바위 위에 조심스럽게 균형을 맞춰 만들었다.

필립은 상자 상단의 유원지를 배경으로 그의 특징적인 영성성(spirituality)을 보여 주었다. 3개의 신상 자리에 3개의 하얀 깃털이 놓였다. 인디언 추장이 축제를 내려다볼 수 있는 제단 꼭대기에 있고, 보석으로 장식된 보물상자가 제단 옆에 있다. 그는 유쾌하고 사랑스러운 방식으로 아이들이 즐길 수 있는 축제를 만들고 있는데, 필립은 치료자에게 모래놀이 작업으로 자신이 많은 것을 얻었고, 자신의 내면 세계에 이러한 것들이 계속 작용하고 있다고 말했다. 모래상자 작업 과정을 통해 발견한 자원은 그의 심연에 작용하며 자신의 것이 되었다.

작업 전반에 걸쳐, 필립은 유쾌한 유머감각과 상상력 넘치는 놀이를 통해 탐색하고 성장하려는 열망을 결합하며, 감동적인 온기와 지성을 보여 주었다. 모래를 통해, 필립의 상징과 이야기들은 자신감과 역량을 발전시켰다. 물론 그는 계속해서 학업에 어려움이 있겠지만, 이제 그는 자신을 믿을 것이다. 또한 그의 성장과 발전에 자양분이 되는 강력한 영성적 연결을 활성화하였다. 필립과 같은 아동들과 함께 작업하는 것은 인간이 가진 가능성에 희망을 품게 해 주는 선물과 같다. 필립은 그의 작업을 마치며 이렇게 말한다. "…그리고 이제 이야기가 끝나요." 그렇게 끝이 났고 우리는 말한다. "…고마워, 필립."

 끝맺는 말

　4명의 아동이 보여 준 모래놀이 과정에서, 우리는 상자의 상징적 내용과 줄거리 변화 그리고 심리검사 결과를 통해 아동들의 변화를 따라갈 수 있었다. 상자에서 나타난 상징적인 작업과 심리검사라는 양적 측정 사이에는 근본적인 차이가 존재하므로 우반구적인 모래놀이와 스토리텔링 과정을 향상된 언어이해 점수 또는 전체 지능지수와의 직접 관련성을 밝히는 것은 불가능하다. 그러나 사례 분석 결과, 분명 아동들이 자신의 내적 갈등이나 결핍을 설명하고, 보다 통합된 온전한 정신 기능을 향해 정신내적 도전을 통해 진전할 수 있음을 보여 준다. 알다의 작업은 모래놀이와 스토리텔링을 통해서 자신의 문제를 설명하고 새로운 강점을 발달시키는 인상적인 역량을 보여 주었다. 그러나 슬프게도, 알다의 가족 환경은 알다가 발전을 계속하도록 지지해 주지 못했다. 모래상자에서의 상상력을 발휘한 작업을 통해 아동이 이전에 사용할 수 없었던 기술과 능력에 접근할 수 있었으며, 우반구의 상징적인 과정이 지속되면서도 스토리텔링을 통한 언어중추의 활성화를 보여 준다. 검사 결과는 모래놀이 이후에 아동들의 기능이 상당히 향상되었음을 보여 준다.

　이 같은 가설을 발전시키기 위해서 더 많은 연구가 이루어져야 한다. 그러나 스토리텔링을 통한 상상놀이가 학습과 발달에 미치는 영향을 살펴봄으로써, 놀이와 관계를 통해 아동의 학습이 이루어진다고 주장해 온 많은 저명한 아동발달 전문가들의 관찰을 지지한다.

　교육에 대한 재정지원이 제한적이며, 학교를 위한 부가적인 자원이 매우 부족하다. 또한 많은 아동이 생산적인 시민으로의 삶을 영위하는 데 필요한 교육을 받지 못하고 있다는 점을 이해한다. 많은 학교가 시험에만 집중하고 있는데 이것은 학습이 아니다. 시험에만 집중하면 교사들은 아동들이 창조적인 방식으로 사고하고 정보를 처리하는 것을 배우는 것을 도울 수 없다. 많은 뛰어난 교사들이 역량을 발휘할 실습 수업을 할 수 없다는 점에 좌절하였다. 우리는 교육이 아동들의 발달 욕구를 고려해야 한다고 믿는다. 교과과정 개발자와 감독자들은 아동들이 각기 다른 학습 방법을 가지고 있으며 모든 학습과 창조적 사고는 놀이를 통해서 용이해진다는 연구결과에 주의를 기울이고 실천해야 한다. 우리는 수년간의 놀이치료 경험과 연구를 통해 모래놀이라는 상징 놀이, 그리고 상상력을 자극하는 스토리텔링에서의 자유와 안전함이 교육 장면에서 많은 이점을 줄 수 있다고 확신한다. 모래놀이를 지속하면서, 아동들의 지지자로서 우리의 사고는 현재의 교육체계 밖으로 확장되어야 한다. 우리는 아동들에게 우리가 알고 있는 방법을 통해 그들이 배워야 하는 것을 제공해 줄 필요가 있으며, 훌륭하고 헌신적인 교육자들에게 가르칠 수 있는 권리를 되돌려 주어야 한다.

배우고 발전하려는 욕구는 선천적인 인간 경험이다. 성인뿐만 아니라 아이들도 마찬가지이다. 마지막으로, 우리는 우리의 아이들을 양육하고 그들이 꽃을 피울 수 있는 창조적인 기회를 제공하는 학습 환경을 마련할 수 있게 되기를 희망한다. 이것은 끝이 없는 과정이다. 융(1981a)은 우리 자신의 이러한 면들을 돌보는 것이 일생 동안 필요하다는 점을 상기시켰다.

> 모든 성인에게는 끊임없이 발전해 나가지만 결코 완성되지 않으며, 끊임없이 보살핌, 관심과 교육을 요구하는 영원한 아이(eternal child)가 숨어 있다. 이것은 전체가 되고자 하며 발달하고자 하는 인간 성격의 한 부분이다(pp. 169-170).

우리는 우리의 작업을 통해 이러한 노력의 결실에 기여할 수 있기를 바란다.

융 심리학 용어 사전

개성화(Individuation): 자아를 자기에 일치시키는 과정. 개성화는 무의식으로부터 의식적 성격을 분리시키는 개인 무의식의 층을 감소시키는 그림자의 동화를 통해 일어난다.

개인 무의식(Personal Unconscious): 의식적 자각에 가장 가까운 무의식의 영역으로 그림자를 포함한다.

그림자(Shadow): 의식 속에 간직되어 있지만 자아가 감당하기에는 너무 개인적 특성. 그림자는 무의식으로 억압되어 인식 수준 바로 아래에 위치하고 있다. 그림자는 부정적인 특성일 수도 있고 긍정적인 특성일 수도 있다. 예를 들어, 매우 인색하다는 것은 개인이 받아들이기 어려운 부정적인 특성으로 이는 그림자로 감추어진다. 또한 항상 똑똑하지 않다는 취급을 받아온 어떤 사람의 경우 그 사람의 진정한 인지적, 긍정적 자질이 그림자 속에 감추어져 있을 수 있다.

남성성(Masculine): 남성의 정신은 기본적으로 남성적이며 합리성, 논리성, 보호성 및 주장적이라는 긍정적인 면을 가지고 있다. 부정적인 면에서 남성성은 완고하고 통제적이며 폭력적일 수 있다.

네 가지 기능(Four Functions): 개인이 내부 및 외부 세계로부터 정보를 받아들이는 네 가지 지각 양식. 생각, 느낌, 감각 및 직관을 말한다. 사람들은 네 가지 기능의 각기 다른 다양한 조합을 나타낸다. 개성화 과정의 목적은 우리가 어떠한 기능 양식을 통해 받아들인 정보를 구별(differentiate)하거나 구분하도록 하는 것이다.

대극(Polar Opposition): 자아가 자기와 일치되지 않아 정신이 균형을 잃을 때 발생한다. 보상적 산물이 질서 회복을 위해 생성되는데, 보상적 산물은 자기와 일치하지 않은 산물이 전달하는 정확히 반대되는 에너지를 전달한다. 이를 통해 정신이 정지하게 되는 대극적인 에너지의 상태가 형성되며 대극적 에너지는 자아의 문제를 해결하는 데 필요한 특성을 지닌 새로운 정신 산물에 접근하기 위해 무의식에 침잠하도록 압력을 형성한다.

무의식(Unconscious): 인간 정신 기능의 한 부분으로 인식 아래에 존재한다. 새로운 정신 산물이 무의식으로부터 출현한다. 무의식은 의식적인 것에 선행한다. 우뇌에 기반하고 이미지로 성격지어진다.

보상, 보상의 산물(Compensation, Compensatory Product): 보상의 산물은 자아가 자기와 일치하지 않았을 때, 정신적 균형을 회복하기 위해 무의식에 의해서 생성된다. 보상의 산물은 자아의 잘못 정렬된 생각, 아이디어, 자기 인식과 마찬가지로 균형 잡혀 있지 않다. 그러나 상반된 두 가지 사이에서 형성된 심리적 긴장은 자아의 딜레마를 해결하고, 정신의 균형을 회복하며, 자아를 자기와 적절하게 정렬시킬 수 있도록 무의식에서 상징이 출현하도록 자극한다.

상징(Symbol): 자아가 발달하고, 자아가 자기와 일치될 수 있도록 무의식에서 생성된 이미지와 감정에 기반한 정신적 산물. 상징은 현재 위기를 해결하는 데 필요한 기술이 의식에서 부족할 때 나타나며, 무의식과 의식이 정신적 성장과 발달할 수 있도록 하는 힘을 가지고 있다.

아니마와 아니무스(Anima and Animus): 남성과 여성의 정신에 존재하는 반대 성적인 특성. 균형 잡힌 성격을 위해서는 남성 정신은 내면의 여성성인 아니마와 협력하는 관계에 있어야 하며, 여성 정신은 아니무스와 건강한 관계를 맺어야 한다. 아니마와 아니무스는 자기의 중심 원형으로 가는 길을 보여 준다.

안트로포스(Anthropos): 온전하고 균형 잡힌 인간 존재.

여성성(Feminine): 여성의 정신은 본질적으로 여성적이며 수용성, 생식성(生殖性), 집단적 협력이라는 밝은 면을 가지고 있지만, 맹렬하게 집어삼키고 파괴적인 특징이라는 어두운 면도 존재한다.

원형(Archetypes): 정신적 삶의 핵심 또는 필수 판형. 유전되어 온 정신의 한 부분으로 인간의 심리적 경험을 구성하며, 무의식을 구성한다.

의식(Consciousness): 기본적으로 우리가 자각할 수 있는 정신 재료. 융이 명명한 네 가지 기능과 우리가 내부 그리고 외부 세계로부터 받아들인 정보를 포함하고 있는 정신 영역이다.

자기(Self): 인간 존재에 질서, 형태, 의미를 부여하는 무의식의 중심 원형. 자기는 모든 존재의 근원이며 도달해야 하는 목표이다.

자아(Ego): 의식적 마음의 중심이다. 자아는 자신이 알고 있는 것을 집요하게 붙잡는 경향이 있다. 개성화의 목표는 자아를 자기(self)라는 중심 원형과 일치시켜 의식적인 자각이 자기의 근원과 목표를 인식하도록 하는 것이다.

정향적 사고(Directed Thinking): 합리성과 이성을 특징으로 하는 사고 양식. 논리를 기반으로 하며 좌반구에서 일어나는 과정이다.

집단 무의식(Collective Unconscious): 집단 무의식은 본능과 원형으로 구성되어 있으며, 모든 시간과 문화를 아우른 인류의 잠재력과 역사를 담고 있다. 이미지와 상징은 무의식의 언어이며, 신화와 동화는 무의식의 스토리이다. 뇌에서 집단 무의식은 우반구의 기능이다.

초월적 기능(Transcendent Function): 정신 내적 위기 또는 적응적 위기가 발생했을 때, 자아에서 발생한 대극 간의 간극을 뛰어넘거나 초월해 가는 과정. 초월적 기능은 자아가 대극을 동시에 의식적으로 유지하도록 강요받을 때 발생한다. 이 교착 상태는 정지를 야기하는 심리적 압박을 유발하게 되며, 자아의 위기를 해결하고 자아를 자기와 일치시킬 수 있는 새로운 정신 자질에 접근하도록 무의식 속으로 들어가게 한다.

환상 또는 비정향적 사고(Fantasy or Undirected Thinking): 무의식적 과정이 특징적인 사고 양식. 이미지와 느낌을 기반으로 하는 우반구 과정이다.

 참고문헌

Achenbach, T. M. (1991). *Manual for the Child Behaviour Checklist/4-18 and 1991 profile.* Burlington: University of Vermont, Department of Psychiatry.

Adam, J. M. (1985). *Le texte narrative. Traité d'analyse textuelle des récits.* Paris: Nathan.

Adler, A. (1970). *The education of children.* Salt Lake City, UT: Gutenberg Publishers.

Arbib, M. (2002). The mirror system, imitation, and the evolution of language. In C. Nehaniv, & K. Dautenhahn (Eds.), *Imitation in animals and artifacts* (pp. 229-280). Cambridge, MA: MIT Press.

Armstrong, T. (1999). *7 Kinds of Smart: Identifying and developing your multiple intelligences.* New York, NY: New American Library.

Arnold, E. (1970). *The song celestial the Bhagavad Gita.* London: Routledge & Kegan Paul Ltd.

Badenoch, B. (2008). *Being a brain-wise therapist: A practical guide to interpersonal neurobiology.* New York, NY: W. W. Norton & Company, Inc.

Barkley, R. A. (1990). *Attention-Deficit Hyperactivity Disorder: A Handbook for diagnosis and treatment.* London: Guilford Press.

Barkley, R. A., Murphy, K. R. & Bush, T. (2001). Time perception and reproduction in young adults with attention deficit hyperactivity disorder. *Neuropsychology 15,* 351-360.

Beck, J. S., Beck, A. T., Jolly, J. B. & Steer, R. A. (2006). *Beck Youth Inventories of Emotional and Social Impairment.* 2. Ed. San Antonio, TX: Psychological Corporation.

Bergström, M. (1998). *Neuropædagogik: en skole for hele hjernen.* Köbenhavn: Hans Reitzel.

Biederman, J., Monuteaux, M. C., Doyle, A. E., Seidman, L. J., Wilens, T. E., Ferrero, F. & Faraone, S. V. (2004). Impact of executive function deficits and attention-deficit/hyperactivity disorder (ADHD) on academic outcomes in children. *Journal of Consulting and Clinical Psychology, 72*(5), 757-766.

Birnbaum, R. (1979). *The healing Buddha.* Boston, MA: Shambala Publications.

Birren, F. (1961). *Color psychology and color therapy: A factual study of the influence of color on human life.* Whitefish, MT: Kessinger Publishing, LLC.

Blakeslee, S. & Blakeslee, M. (2008). *The body has a mind of its own: How maps in your brain help you do (almost) everything better.* Kindle edition. New York, NY: Random House Digital Inc.

Boleyn-Fitzgerald, M. (2010). *Pictures of the mind: What the new neuroscience tells us about who we are.* Upper Saddle River, NJ: FT Press.

Bradway, K. & McCoard, B. (1997). *Sandplay-Silent workshop of the psyche.* New York, NY: Routledge.

Brown, S. & Vaughan, C. (2009). *Play: How it shapes the brain, opens the imagination, and invigorates the soul.* New York, NY: Avery.

Budge, E. A. W. (1904). *The gods of the Egyptians: Studies in Egyptian mythology.* Chicago, IL: Open Court Publishing.

Cajete, G. (1999). *Native science: Natural laws of interdependence.* Santa Fe. NM: Clear Light Books.

Campbell, J. (2008). *The hero with a thousand faces.* Novato, CA: New World Library.

Cattanach, A. (1994). *Play Therapy. Where the Sky Meets the Underworld.* London: Jessica Kingsley Publishers.

Chodorow, J. (Ed.). (1997). *Jung on active imagination: Key readings selected and introduced by Joan Chodorow.* London: Routledge.

Coe, Michael D. (1972). "Olmec jaguars and Olmec kings". In E. P. Benson (Ed.), *The cult of the felin* (pp. 1-12). Washington, DC: Dumbarton Oaks.

Cooper, J. C. (2004). *An illustrated encyclopaedia of traditional symbols.* London:

Thames & Hudson.

Damasio, A. (2010). *Self comes to mind: Constructing the conscious brain.* New York, NY: Pantheon Books.

Darian, S. G. (1978). *The Ganges in myth and history: A study of mythology, symbolism, sculpture, and history of the Ganges river.* Honolulu, HI: University Press of Hawaii.

de Gubernatis, A. (1978). *Zoological mythology or the legends of animals.* New York, NY: Arno Press. (Original work published 1872).

De Vries, A. (1984). *Dictionary of symbols and imagery.* Amsterdam: Elsevier Science Publishers B.V.

Doidge, N. (2007). *The brain that changes itself: Stories of personal triumph from the frontiers of brain science.* New York, NY: Penguin.

Dong, L. (2010). *Mulan's legend and legacy in China and the United States.* Philadelphia, PA: Temple University Press.

Dreikurs, R. & Dinkmeyer, D. (2000). *Encouraging children to learn.* London: Routledge.

Eastwood, P. S. (2002). *Nine windows to wholeness. Exploring numbers in sandplay therapy.* Honolulu, HI: Sanity Press.

Eliade, M. (1974). *Shaminism: Archaic techniques of ecstacy.* Princeton, NJ: Princeton University Press.

Eliade, M. (1991). *Images and symbols: Studies in religious symbolism.* Princeton, NJ: Princeton University Press.

Eliade, M. (1996). *Patterns in comparative religions.* Lincoln, NE: University of Nebraska Press.

Elkind, D. (2007). *The power of play: Learning what comes naturally.* New York, NY: Da Capo Press.

Ferguson, G. W. (1966). *Signs and symbols in Christian art.* Oxford: Oxford University Press.

Finke, R. A. (1986, March). Mental imagery and the visual system: What is the relation between mental imagery and visual perception? Recent work suggests the two share many of the same neural processes in the human visual system. *Scientific American, 254*(3), 88–95.

Fox, C. (1993). *At the very edge of the forest: The influence of literature on storytelling by children.* London: Cassell.

Frazier, S. H. (Ed.). (1975). *A psychiatric glossary: The meaning of terms frequently used in psychiatry.* New York, NY: American Psychiatric Association.

Friedrich, P. (2006). Revolutionary politics and communal ritual. In Swartz, M. J., Turner, V. & Tuden, A. (Eds.), *Political anthropology.* Chicago: Transaction Publishers.

Gage, J. (2000). *Color and meaning: Art, science, and symbolism.* Berkeley, CA: University of California Press.

Gallese, V. & Lakoff, G. (2005). The Brain's Concepts: The Role of the Sensory-Motor System in Conceptual Knowledge. *Cognitive Neuropsychology, 22,* 455–479.

Gallese, V. (2007, April). Before and below 'theory of mind': Embodied simulation and the neural correlates of social cognition. *Philosophical Transactions of the Royal Society: Biological Sciences, 362*(1480), 659–669.

Gazzaniga, M. S. (1998). *The mind's past.* (Kindle Edition) Los Angeles, CA: University of California Press.

Gimbutas, M. (1982). *The gods and goddesses of old Europe: Myths and cult images.* Berkeley, CA: University of California Press.

Glasser, W. (1975). *Schools without failure.* New York, NY: Harper and Row.

Glazier, M. & Hellwing, M. K. (Eds.). (2004). *The modern Catholic encyclopedia.* Collegeville, MN: The Order of St. Benedict.

Golinkoff, R. M., Hirsh-Pasek, K. & Singer, D. G. (2006). Why play=learning: A challenge for parents and educators. In Singer, D. G., Golinkoff, R. M. & Hirsh-Pasek, K. (Eds.), *Play=learning: How play motivates and enhances children's cognitive and social-emotional growth* (pp. 3-14). Kindle Edition. New York, NY: Oxford University Press.

Goodenough, E. R. (1992). *Jewish symbols in the Greco-Roman period.* Princeton, NJ: Princeton University Press.

Greenspan, S. I. & Wieder, S. (2009). *Engaging autism: Using the floortime approach to help children relate, communicate, and think.* Cambridge, MA: Da Capo Lifelong Books.

Guðmundsson, E., Skúlason, S. & Salvarsdóttir, K. S. (2006). *WISC-IV IS. Mælifræði og túlkun.* Reykjavik: The Psychological Corporation.

Haber, R. N. (1983). The impending demise of the icon: A critique of the concept of iconic storage in visual information processing. *Behavioral and Brain Sciences, 6,* 1–11.

Hausman, G. & Hausman, L. (2000). *The mythology of cats: Feline legend and lore through the ages.* New York, NY: Berkley Trade.

Hellige, J. B., Laeng, B. & Michimata, C. (2010). Processing asymmetries in the visual system. In Hugdahl, K. & Westerhausen, R. (Eds.), *The two halves of the brain: Information processing in the cerebral hemispheres* (pp. 367–415). Cambridge, MA: MIT Press.

Henderson, J. L. (1990). Ancient myths and modern man. In C. G. Jung (Ed.), *Man and his Symbols* (pp. 104–157). London: Penguin Arkana.

Homer's *Odyssey.* (2000). Lombardo, S. (Trans.). Indianappolis, IN: Hackett Publishing Company.

Howard, J. H., Howard, D. V., Japikse, K. C. & Eden, G. F. (2006). Dyslexics are impaired on implicit highter–order sequence learning, but not on implicit spatial context learning. *Neuropsycholgica, 44,* 1131–1144.

Huizinga, J. (1955). *Homo ludens: A study of the play–element in culture.* Boston, MA: Beacon Press.

Iacoboni, M. (2008). *Mirroring people: The new science of how we connect with others.* New York, NY: Farrar, Straus and Giroux.

Indiviglio, F. (2001). *Seahorses: Everything about history, care, nutrition, handling, and behavior.* Hauppauge, NY: Barron's Educational Series.

Jung, C. G. (1968). *Psychology and alchemy.* Princeton, NJ: Princeton University Press.

Jung, C. G. (1970). *Civilization in transition.* Princeton, NJ: Princeton University Press.

Jung, C. G. (1976). *Symbols of transformation: An analysis of the prelude to a case of schizophrenia.* Princeton, NJ: Princeton University Press.

Jung, C. G. (1977). *Psychological types.* Princeton, NJ: Princeton University Press.

Jung, C. G. (1979). *Freud and psychoanalysis.* Princeton, NJ: Princeton University Press.

Jung, C. G. (1980). *The archetypes and the collective unconscious.* Princeton, NJ: Princeton University Press.

Jung, C. G. (1981a). *The development of personality.* Princeton, NJ: Princeton University Press.

Jung, C. G. (1981b). *The structure and dynamics of the psyche.* Princeton, NJ: Princeton University Press.

Jung, C. G. (1985). *The practice of psychotherapy: Essays on the psychology of the transference and other subjects.* Princeton, NJ: Princeton University Press.

Kalff, D. M. (1988). *Sandplay in Switzerland.* (Seminar notes). Zurich: University of California at Santa Cruz.

Kalff, D. M. (2003). *Sandplay: A psychotherapeutic approach to the psyche.* Cloverdale, CA: Temenos Press.

Konorski, J. (1948). *Conditioned reflexes and neuron organization.* Boston, MA: Cambridge University Press.

Kris, E. (1988). *Psychoanalytic explorations in art.* New York, NY: International Universities Press.

Langton, E. (1949). *Essentials of demonology: A study of Jewish and Christian doctrines, its origin and development.* London: AMS Press Inc.

Lakoff, G. (1987). *Women, fire, and dangerous things: What categories reveal about the mind.* Chicago, IL: University of Chicago Press.

Lewin, K. (1935). *A dynamic theory of personality.* New York, NY: McGraw-Hill.

Luria, A. R. (1932). *The nature of human conflicts.* New York, NY: Liveright.

Lüthi, M. (1986). *The European Folktale: form and nature.* Bloomington: Indiana University Press.

Malek, J. (1997). *The cat in ancient Egypt.* Philadelphia, PA: University of Pennsylvania Press.

Martin, T. (2005). *The world of whales, dolphins, & porpoises: Natural history & conservation.* Minneapolis, MN: Voyageur Press.

Martindale, C. (1989). Personality, situation, and creativity. In J. A. Glover, R. T. Ronning, & C. R. Reynolds (Eds.), *Handbook of creativity* (pp. 211-232). New York, NY: Plenum Press.

Mayes, C. (2005). *Jung and education: Elements of an archetypal pedagogy.* Lanham, MD: R & L Education.

Neill, A. S. (1984). *Summerhill: A radical approach to child rearing.* New York, NY: Pocket Books.

Neumann, E. (1972). *The great mother: An analysis of the archetype.* Princeton, NJ: Princeton University Press.

Noyes, M. (1981). Sandplay imagery: An aid to teaching reading. *Academic Therapy, 17*(2), 231-237.

Opie, I. & Opie, P. (Eds.). (1972). *The classic fairy tales.* London: Addey and Company. (Original version by Grimm, J. & Grimm, W. published 1853).

Opie, I. & Opie, P. (Eds.). (1997) *The Oxford dictionary of nursery rhymes.* London: Oxford University Press.

Ouvinen, P. & Stam, B. (1999). *Jag tycker jag är* (I think I am). Psyckologiförlaget AB.

Oztop, E., Kawato, M. & Arbib, M. (2006, April). Mirror neurons and imitation: A computationally guided review. *Neural Networks, 19*(3), 254-271.

Paley, V. G. (2005). *A child's work: The importance of fantasy play.* Chicago, IL: University of Chicago Press.

Penfield, W. (1977). *No man alone: A neurosurgeon's life.* New York, NY: Little, Brown and Company.

Piaget, J. (1962a). *The language and thought of the child.* London: Routledge & Kegan Paul.

Piaget, J. (1962b). *Play, dreams, and imitation in childhood.* New York, NY: Norton.

Pinker, S. (2007, January). The mystery of human consciousness. *Time, 29.*

Ramachandran, V. S. (2000, May). Mirror neurons and imitation learning as the driving force behind "the great leap forward" in human evolution. Paper for Edge.org.

Reyna, R. (1993). *Dictionary of Oriental philosophy.* New Delhi: Munshiram Manoharlal Publishers.

Rizzolatti, G., Fadiga, L., Gallese, V. & Fogassi, L. (1996a). Premotor cortex and the recognition of motor actions. *Cognitive Brain Research, 3,* 131-141.

Rizzolatti, G., Gallese, V., Fadiga, L. & Fogassi, L. (1996b). Action recognition in the premotor cortex. *Brain, 119*(2), 593-609.

Rogers, C. R. (1977). *On Becoming a person. A therapist's view of psychotherapy.* London: Constable.

Russell, J. B. (1977). *The devil: Perceptions of evil from antiquity to primitive Christianity.* Ithaca, NY: Cornell University Press.

Sacks, O. (1990, November). Neurology and the Soul. *New York Review of Books, November 22.*

Salman, S. (1997). The creative psyche: Jung's major contributions. In Eisendrath, P. Y. & Dawson, T. (Eds.), *The Cambridge companion to Jung* (pp. 52-70). Cambridge, MA: Cambridge University Press.

Samuels, A., Shorter, B. & Plaut, F. (1997). *A critical dictionary of Jungian analysis.* London: Routledge & Kegan Paul.

Sherab, K. P. & Tsewang, K. (2010). *The Buddhist path: A practical guide from the Nyingma tradition of Tibetan Buddhism.* Ithaca, NY: Snow Lion Publications.

Singer, J. (1995). *Boundaries of the soul: The practice of Jung's psychology.* Dorset, U.K.: Prism Press.

Singer, J. L. (1999). Imagination. In Runco, M. A. & Pritzker, S. R. (Eds.), *Encyclopedia of Creativity, II* (pp. 13-25). London: Academic Press.

Singer, J. L. (2006). Learning to Play and Learning Through Play. In Singer, D. G., Golinkoff, R. M. & Hirsh-Pasek, K. (Eds.), *Play=learning: How play motivates and enhances children's cognitive and social-emotional growth* (pp. 251-260). Kindle Edition. New York, NY: Oxford University Press.

Singh, V. (1994). *The river goddess.* London: Moonlight Publishing.

Sperry, R. W. (1976). Hemispheric specialiation of mental faculties in the brain of man. In T. X. Barber (Ed.), *Advances in altered states of consciousness & human potentialities, Volume I* (pp. 53-63). New York, NY: Psychological Dimensions, Inc.

Stewart, L. H. (1992). *Changemakers: A Jungian perspective on sibling position and the family atmosphere.* London: Routledge.

Storr, A. (1989). Individuation and the Creative Process. In P. Abbs (Ed.), *The symbolic order: A contemporary reader on the arts debate* (pp. 183-197). London: The Falmer Press.

Sturluson, S. (1984). *The prose edda: Tales from Norse mythology.* Berkeley, CA: University of California Press.

Suler, J. R. (1980). Primary Process Thinking and Creativity. *Psychological Bulletin, 88,* 144-165.

Sunquist, M. & Sunquist, F. (2002). *Wild cats of the world.* Chicago: University of Chicago Press.

Tatar, M. (1987). *The Hard Facts of the Grimms' Fairy Tales.* Princeton, New Jersey: Princeton University Press.

Turner, B. A. (2005). *The handbook of sandplay therapy.* Cloverdale, CA: Temenos Press.

Turner, B. A. (Ed.). (2004). *H. G. Wells' floor games: A father's account of play and its legacy of healing.* Cloverdale, CA: Temenos Press.

Turner, V. (1990). Are there universals of performance in myth, ritual and drama? In R. Schechner & W. Appel (Eds.), *By Means of performance. Intercultural studies of theatre and ritual* (pp. 8-18). Cambridge: Cambridge University Press.

Unnsteinsdóttir, K. (2002). Fairy tales in tradition and in the classroom: Traditional and self-generated fairy tales as catalysts in children's educational and emotional development. (Unpublished doctoral dissertation). University of East Anglia, Norwich.

Vedfelt, O. (1992). *Drømmenes dimensioner. Drømmenes væsen, funktion og fortolkning.* København: Gyldendal.

Vitruvius, M. P. (2008). *De architectura, libri.* Charleston, SC: BiblioBazaar. (Original work published in first century bce).

von Buchholtz, J. (2007). *Snow White-She was quite a ninny, wasn't she?!* Atlanta, GA: C. G. Jung Society of Atlanta.

von Franz, M. L. (1989). *Eventyrfortolkning. En introduktion.* København: Gyldendal.

von Franz, M. L. (1990). *Individuation in Fairy Tales.* London: Shambhala.

Vygotsky, L. S. (1978). *Mind in Society. The development of higher psychological processes.* In M. Cole, V. John-Steiner, S. Scribner & E. Souberman (Eds.), *Mind in Society: The Development of Higher Psychological Processes.* London: Harvard University Press.

Waldau, P. (Ed.). (2006). *A Communion of subjects: Animals in religion, science, and ethics.* New York, NY: Columbia University Press.

Wasserman, J. (Ed.). (2008). *The Egyptian book of the dead: The book of going forth by day.* Chicago, IL: KWS Publishers.

Wechsler, D. (1992). *Wechsler Intelligence Scale for Children. 3th ed. UK. Manual.* London: The Psychological Corporation.

Weinrib, E. L. (2004). *Images of the self: The sandplay therapy process.* Cloverdale, CA: Temenos Press.

Wickes, F. (1988). *The inner world of childhood.* Boston, MA: Sigo Press.

Wilson, F. R. (1999). *The hand: How its use shapes the brain, language, and human culture.* New York, NY: Vintage Books.

Yang, C. K. (1961). *Religion in Chinese society: A study of contemporary social functions of religion and some of their historical factors.* Berkeley, CA: University of California Press.

Zelan, K. & Bettelheim, B. (1982). *On learning to read.* New York, NY: Vintage.

 찾아보기

인명

내용

저자 소개

Barbara Turner

융 모래놀이치료 전문가로서, 1988년 스위스에서 모래놀이치료의 창시자인 Dora Kalff 밑에서 공부하였다. 저자는 모래놀이치료 전문가로 모래놀이가 어떻게 정신(psyche)을 움직이는지 연구하였으며, 2005년에 완성한 책『모래놀이치료 핸드북(The Handbook of Sandplay Therapy)』에서 이에 대해 자세히 기술하였다. 임상 현장에서 20년 넘게 성인 및 아동과 모래놀이치료를 시행해 왔으며, 현재는 모래놀이치료자 양성과 집필에 전념하고 있다.

Kristín Unnsteinsdóttir

공립 도서관의 사서로서 전문가의 삶을 시작하였고, 박사학위 논문에서 아동이 만드는 동화를 연구하면서 아동이 만들어 낸 동화가 아동의 교육과 정서 발달에 어떠한 영향을 미치는가에 대해 연구하였다. 저자는 박사학위 수여 후, 분석심리 연구를 지속해 가면서 처음 모래놀이치료를 배우게 되었고, 현재 공립학교의 학습센터장으로 근무하면서 학습장애, 읽기 유창성, 주의력 또는 정서 문제를 가진 학생을 돕기 위해 모래놀이와 스토리텔링을 적용하고 있다.

역자 소개

김도연(Kim, Doh Yun)
이화여자대학교 대학원 심리학 박사
서울아산병원 정신건강의학과 임상심리 레지던트 수련
임상심리전문가, 정신건강임상심리사 1급
발달심리전문가, 놀이심리상담사 수련감독자, 모래놀이심리상담사 수련감독자
현 서울상담심리대학원대학교 아동청소년 임상 · 상담 전공 교수

〈주요 저 · 역서〉
K-WISC-V의 이해와 실제: 아동 지능 검사(공저, 시그마프레스, 2021)
Exner가 설명하는 사례를 통한 로르샤흐 해석(공역, 학지사, 2020)
아동 · 청소년 외상치료의 새로운 전략(공역, 학지사, 2019)

김호정(Kim, Hojung)
이화여자대학교 대학원 심리학 박사
놀이심리상담사 수련감독자, 모래놀이심리상담사 수련감독자
현 마음앤발달상담센터 원장
　　상명대학교 통합심리치료대학원 아동 · 청소년상담 겸임교수
　　총신대학교 상담심리대학원 아동상담 겸임교수

〈주요 역서〉
마음의 발달(공역, 하나의학사, 2018)
발달정신병리학(공역, 학지사, 2017)
Bayley-III 임상적 활용과 해석(공역, 시그마프레스, 2016)

모래놀이와 스토리텔링

−창의적 사고가 아동의 학습과 발달에 미치는 영향−

Sandplay and Storytelling:

The Impact of Imaginative Thinking on Children's
Learning and Development

2022년 10월 10일 1판 1쇄 인쇄
2022년 10월 15일 1판 1쇄 발행

지은이 • Barbara A. Turner · Kristín Unnsteinsdóttir
옮긴이 • 김도연 · 김호정
펴낸이 • 김진환
펴낸곳 • ㈜**학지사**

04031 서울특별시 마포구 양화로 15길 20 마인드월드빌딩
대표전화 • 02-330-5114   팩스 • 02-324-2345
등록번호 • 제313-2006-000265호

홈페이지 • http://www.hakjisa.co.kr
페이스북 • https://www.facebook.com/hakjisabook

ISBN 978-89-997-2767-2 93180

정가 22,000원

출판미디어기업 **학지사**

간호보건의학출판 **학지사메디컬** www.hakjisamd.co.kr
심리검사연구소 **인싸이트** www.inpsyt.co.kr
학술논문서비스 **뉴논문** www.newnonmun.com
교육연수원 **카운피아** www.counpia.com